教育行政と労使関係

中村圭介・岡田真理子著

はじめに

　本書は、公立小中学校に働く教員の人事管理と労使関係を、ある県についての事例調査をもとに描き出し、そこにみられる特徴と問題点を探ろうとする。このように書くと、次の二つの視角から、「いまなぜ、そうした研究が必要なのか」との疑問がすぐになげかけられそうである。
　一つは、小中学校の先生の人事管理と労使関係を律する規則は法律、政令、条例などにすでに定められており、それらを整理、叙述するだけでよいではないかという疑問である。なぜに、いまさら「事例調査にもとづく研究」などをする必要があるのだろうか。
　わたくしの答えは次のようである。法律などを整理するだけでは実態はよくわからない。法律や条例が制定者の意図どうりに運用されるとは限らないし、現場で独自にルールがつくられることもある。たとえば、前者として、勤務評定制度を思い浮かべればよいし、後者としては給食時間（先生にとってはこれはれっきとした勤務時間である）に相当する休憩時間をいかに確保するかを考えればよい。
　もう一つは、なぜいま、先生の「人事管理と労使関係」なのかという疑問である。教育はいつの時でも人々が最も強い関心を寄せるテーマのひとつである。人々は自らの経験をふまえて理想を語り、さまざまに「教育」を論じる。小渕内閣総理大臣が2000年3月24日に、「21世紀の日本を担う創造性の高い人材の育成を目指し、教育の基本に遡って幅広く今後の教育のあり方について検討するため」に、教育改革国民会議の設置を決めたことは、人々のそうした関心をさらに強めたに違いない。「教育」はマスコミなどでも大きくとりあげられ、教育論議は否応なしに高まった。わたくしは、なぜ「教育」だけが論じられ、教育の場で「働く人々」のことがもっと論じられないのだろうかとの疑問をもつ。いくら

理想を掲げたとしても、それを実行に移す人々への配慮を欠けば、それは絵に描いた餅になってしまう。教育界で働く人々が高い意欲をもち、能力を向上させ、いきいきと働けるようにするには、どのような「人事管理制度と労使関係」をつくればよいのかが、「教育」と同じ比重で真剣に議論されてよい。わたくしはそう思う。

　すぐさま反論がわたくしに寄せられるかもしれない。教育改革国民会議が提出した「教育改革国民会議報告－教育を変える１７の提案－」には、「教師の意欲や努力が報われ評価される体制をつくる」がもりこまれ、他方、国家公務員制度については内閣総理大臣の諮問をうけた公務員制度調査会が、また地方公務員についても旧自治省に設置された地方公務員制度調査研究会が議論している。きちんと教育の場で「働く人々」のこと、彼らの「人事管理」のことも論じられているのではないか。

　労使関係研究者としてのわたくしの答えは次のようである。国民会議の提案は改革の方向を示しているかもしれないが（今、その方向がよいかどうかは問わない）、それだけでは実際の改革にはつながらない。国民会議の言う方向に向かうために制度をどう変えるかを考えるためには、まず、既存の制度とその運用の実態、さらには自生のルールを知らねばならぬ。そうしなければ木に竹を接ぐ結果となりかねない。公務員制度調査会、地方公務員制度調査研究会に対しては、そこで主として対象とされているのは、行政職であり、教育職ではない。しかも、最初に述べたように、「法律などを整理するだけでは実態はよくわからない」。わからないのにどうやって改革するのだろうか。

　わたくしは以上の思いを胸に、公立小中学校の教員の人事管理と労使関係を描き、そこにみられる特徴と問題点を世に問おうとした。一つの県の事例にすぎず、そこから一般的結論を導き出すのは危険ではないかとの指摘があるのは承知している。だがこの分野での研究蓄積の乏しさ（わたくしの知る限りではあるが）、

はじめに

問題の緊急性にかんがみれば、冒険も必要だと思う。

　この冒険が成功したかどうかについては、読者の判断に委ねるしかないが、もし、少しでも成功している部分があるとしたら、それはひとえに、調査に協力してくださったA県教組のみなさん、A県教育委員会、B市教育委員会のみなさんのおかげである。この種の調査の通例として、また「公務員」調査であることもあって、匿名にせざるをえないのが残念であるが、この場をかりて、みなさんには心より感謝をもうしあげたい。

　本書のもとになった事例調査はひょんなきっかけから始まった。1997年の春だったろうか、日教組の及川茂氏から連絡があり、日教組に設ける労使関係研究会のメンバーになってくれないかと依頼された。わたくしはその際、事例調査の機会を与えてくれるのならばメンバーになってもよいと答えた。東京のビルの中で議論だけをするのは、わたくしの性に合わないからだ。及川氏はわたくしのわがままを聞き入れて下さり、A県教組を紹介して下さった。及川氏がいなかったら本書のもとになった事例調査はできなかった。その意味では及川氏は本書の生みの親の一人である。

　研究会ではわたくしは不規則発言を繰り返す異端児だったのかもしれない。教育行政についても、教育公務員の人事管理、労使関係についても無知であったからだ。調査で知り得た中途半端で断片的な知識をふりかざし、民間部門との違いを声高に述べたこともあった。他のメンバーだった高木郁朗教授（座長）、槙枝一臣弁護士、佐伯仁弁護士、毛塚勝利教授、大沢真知子教授、小笠原浩一教授および事務局の方々にはご迷惑をかけたと反省している。許していただければ幸いである。

　調査は、いつものことであるが、楽しかった。1998年の秋から1999年の秋にかけて、合計6回、組合、教育委員会をたずねて、「僕らは素人ですので、

素人にわかりやすいようにご説明下さい」とお願いして、さまざまな人からいろいろな事を聞いた。働く人々と会って話を聞くことの大切さと楽しさをわかってもらい、事例調査の方法をいわばOJTで学んでもらうために、数年前から若い研究者を調査に誘うようにしている。報告書がすでに出ているものをあげれば、『電気通信産業の労使関係－歴史と現状－』（１９９６年、日本労働研究機構、平木真朗氏との共著）、Toyota in Indonesia: A Case Study on the Transfer of the TPS,（１９９９，The Center for Japanese Studies, University of Indonesia, Padang Wicaksono 氏との共著）がある。今回は、岡田真理子氏（東京大学大学院経済学研究科博士課程）との共同調査であった。岡田氏は調査の大切さと楽しさを実感してくれただろうか。

原稿ができあがったのは、２０００年の５月であったが、こういう形で世に問えるまでには越えなければならないハードル、しかも高いハードルが二つわたくしたちの前にあった。

一つは、調査対象から学術書として出版することにストップがかかったことである。その理由の一つは、事前のコミュニケーションがうまくいっていなかったことにある。調査結果がそういう形で公表されることを事前に知らなかったというのである。もちろん、わたくしとしては事前に了承を得ていたつもりであったから、呆然としてしまった。もう一つの理由は、ここまで深く描くことを想定していなかったのではないかと、わたくしは今では考えている。もしこの推測が正しいとすれば、調査屋としては誇れる結果である。

この第一のハードルをクリヤーできたのは、ひとえに及川氏のおかげである。及川氏はA県教組をねばり強く説得して下さり、９月末にはようやく承諾を得ることができた。出版できる段階までなんとか辿りつけたのである。この意味でも及川氏は本書の生みの親である。

第二のハードルもまた高かった。出版社がみつからないのである。労働関係で、

はじめに

しかも地味な事例調査の出版を引き受けてくれるところは、最近ではなかなかない。途方にくれていたわたくしに、㈱エイデル研究所を紹介してくれたのは、社会科学研究所の先輩、仁田道夫教授である。㈱エイデル研究所の清水皓毅氏は、30万字をこえる分厚いレポートの価値を認めて下さり、出版を快く引き受けて下さった。新開英二氏は面倒な出版業務を担当し、よい本をつくって下さった。お二人がいなければ本書はこうした形で出版されなかった。お二人もまた本書の生みの親である。心より謝意を表したい。

こうしてたくさんの方のご協力をいただき、本書は完成した。本書が真に世に問う価値のあるものかどうか、今度はわたくしたちが問われる番である。

なお、本書は東京大学社会科学研究所研究報告第64集として出版される。

　　　　　　　　　　　　　　執筆者を代表して　中村圭介
　　　　　　　　　　　　　　2001年初春

目　次

はじめに　　3

第1章　目的と方法　　17
　1．目的と関心　　18
　2．枠組と課題　　20
　3．方法　　22
　4．構成と分担　　23

第2章　当事者の性格と労使関係機構　　25
　1．はじめに　　26
　2．文部省系列　　28
　　2．1．文部省　　28
　　　2．1．1．基本ルールの制定　　28
　　　2．1．2．基準の設定　　31
　　2．2．県教育委員会　　34
　　　2．2．1．組織　　34
　　　2．2．2．人事管理の最終責任と実践　　38
　　　2．2．3．県レベルの基準の制定　　40
　　　2．2．4．ルールの普及　　42
　　2．3．市町村教育委員会　　43
　　　2．3．1．組織　　43
　　　2．3．2．人事管理の実践　　45
　　　2．3．3．ルールの制定と普及　　46
　　2．4．学校長　　47
　　　2．4．1．意見の具申　　47

2．4．2．承認、命令、決定　　　　　47
3．人事院系列　　　　　　　　　　　　　48
　3．1．人事院　　　　　　　　　　　　48
　3．2．人事委員会　　　　　　　　　　49
　3．3．県知事　　　　　　　　　　　　49
4．使用者側当事者の性格　　　　　　　　50
5．労働組合　　　　　　　　　　　　　　51
　5．1．日本教職員組合　　　　　　　　51
　　5．1．1．組織と構造　　　　　　　　51
　　5．1．2．基本ルールをめぐる交渉と制定　54
　　　5．1．2．1．96春闘での要求、交渉　55
　　　5．1．2．2．日教組の独自要求、交渉　59
　　　5．1．2．3．人事院勧告期の要求、交渉　60
　　　5．1．2．4．人事院勧告と実施　　　63
　　　5．1．2．5．まとめ　　　　　　　　63
　　5．1．3．基準をめぐる交渉と制定　　64
　　5．1．4．教育訓練の組織化　　　　　65
　5．2．A県教職員組合　　　　　　　　67
　　5．2．1．組織　　　　　　　　　　　67
　　5．2．2．本部　　　　　　　　　　　68
　　　5．2．2．1．機関構成　　　　　　　68
　　　5．2．2．2．活動　　　　　　　　　69
　　5．2．3．支部　　　　　　　　　　　71
　　　5．2．3．1．機関構成　　　　　　　71
　　　5．2．3．2．活動　　　　　　　　　71
　　5．2．4．班と分会　　　　　　　　　72
　　　5．2．4．1．機関構成　　　　　　　72

5．2．4．2．活動 　　　　　　　　　73
5．3．まとめ 　　　　　　　　　　　　73
6．労使関係機構 　　　　　　　　　　　74

第3章　報酬　　　　　　　　　　　　77

1．はじめに 　　　　　　　　　　　　　78
2．法令 　　　　　　　　　　　　　　　79
 2．1．地方公務員としての教員 　　　79
 2．2．教育公務員としての教員 　　　80
 2．3．A県の条例 　　　　　　　　　81
3．制度と運用 　　　　　　　　　　　　82
 3．1．俸給表 　　　　　　　　　　　82
 3．2．教職調整額と義務教育等教員特別手当　86
 3．3．職務関連手当 　　　　　　　　87
  3．3．1．管理職手当 　　　　　　87
  3．3．2．管理職特別勤務手当 　　88
  3．3．3．教員特殊業務手当 　　　89
  3．3．4．教育業務連絡指導手当 　92
  3．3．5．多学年学級担当手当 　　95
  3．3．6．まとめ 　　　　　　　　96
 3．4．生活関連手当 　　　　　　　　96
  3．4．1．扶養手当 　　　　　　　96
  3．4．2．通勤手当 　　　　　　　97
  3．4．3．住居手当 　　　　　　　98
  3．4．4．その他の生活関連手当 　98
  3．4．5．まとめ 　　　　　　　　99
 3．5．期末手当と勤勉手当 　　　　　99

3．5．1．期末手当	99
3．5．2．勤勉手当	100
3．5．3．まとめ	102
3．6．まとめ	102
4．労使交渉	104
4．1．人事院勧告前	104
4．2．人事院勧告後	107
4．2．1．人事委員会交渉	107
4．2．2．県知事交渉	112
4．2．3．教育委員会交渉	116
4．3．まとめ	117
5．労働条件の改善	118
5．1．人事院勧告	118
5．1．1．行政職平均給与額の改定	118
5．1．2．俸給表の改定	121
5．1．3．諸手当の改定	125
5．2．A県における妥結結果	125
5．2．1．俸給表改定とベースアップ	126
5．2．2．諸手当	128
5．2．3．特殊勤務手当	129
5．2．4．特別昇給と昇給抑制	129
5．3．まとめ	129
6．中央主導と県の独自性	130

第4章　労働時間　　　　　　　　　　　　133

1．はじめに	134
2．時間外勤務をめぐる法的枠組 　　—給特法を中心とした歴史的経緯—	136

    2．1．給与法制定と教員の
           勤務時間管理に関する枠組の成立　　　136
    2．2．時間外勤務手当をめぐる議論　　　142
    2．3．給特法の制定　　　146
    2．4．まとめ　　　154
  3．法的枠組　　　155
    3．1．勤務時間　　　155
      3．1．1．教員の勤務時間　　　155
      3．1．2．勤務時間の割り振り　　　157
    3．2．週休日　　　158
    3．3．時間外勤務　　　160
    3．4．休日・休暇と休憩・休息　　　161
      3．4．1．休日・休暇　　　161
      3．4．2．休憩・休息　　　163
    3．5．まとめ　　　164
  4．運用　　　165
    4．1．時間外勤務をめぐる問題　　　166
    4．2．休憩をめぐる問題—三者協定の締結　　　172
  5．教員の勤務時間管理に関する特徴
       —法的枠組の持つ問題点と運用上の問題—　　　176

第5章　教育訓練　　　179
  1．はじめに　　　180
  2．教育訓練の権利と義務　　　181
    2．1．命令による研修　　　181
    2．2．勤務時間内の自主研修　　　182
    2．3．勤務時間外自主研修と教育研究活動　　　184

3．課題研究　　　　　　　　　　　185

3．1．文部省指定とA県指定　　　185
- 3．1．1．研究課題と指定校　　　185
- 3．1．2．県独自指定　　　　　　187
- 3．1．3．課題件数の推移　　　　190
- 3．1．4．まとめ　　　　　　　　191

3．2．B市指定　　　　　　　　　191

3．3．課題研究の構造　　　　　　193
- 3．3．1．重層的構造　　　　　　193
- 3．3．2．研究指定校数　　　　　193

3．4．課題研究の推進　　　　　　194
- 3．4．1．学校指定　　　　　　　194
- 3．4．2．研究体制　　　　　　　195
- 3．4．3．指導と成果のまとめ　　196

3．5．まとめ　　　　　　　　　　198

4．校内研修　　　　　　　　　　　199

4．1．定義と種類　　　　　　　　199

4．2．実態　　　　　　　　　　　199
- 4．2．1．実施状況　　　　　　　199
- 4．2．2．研究課題　　　　　　　200

4．3．研究の推進　　　　　　　　203
- 4．3．1．課題の設定　　　　　　203
- 4．3．2．研究体制と指導　　　　204

4．4．まとめ　　　　　　　　　　204

5．階層別教育と教科別教育　　　　206

5．1．初任者研修　　　　　　　　206
- 5．1．1．内容　　　　　　　　　206

5．1．2．特徴　　　　　　　　　　208
　　5．1．3．不満　　　　　　　　　　209
　　5．1．4．申し入れ　　　　　　　　210
　　5．1．5．まとめ　　　　　　　　　211
　5．2．管理職・教職経験者研修　　　　212
　　5．2．1．文部省　　　　　　　　　212
　　5．2．2．県教育委員会　　　　　　213
　　5．2．3．市教育委員会　　　　　　215
　5．3．階層別教育の特徴　　　　　　　216
　5．4．教科別教育　　　　　　　　　　217
　　5．4．1．文部省　　　　　　　　　217
　　5．4．2．県教育委員会　　　　　　217
　　5．4．3．市教育委員会　　　　　　218
　5．5．受講者の選定　　　　　　　　　219
　5．6．まとめ　　　　　　　　　　　　220
6．教育研究連盟　　　　　　　　　　　　221
　6．1．目的と組織　　　　　　　　　　221
　6．2．支部教研と特徴　　　　　　　　224
　6．3．県教研集会　　　　　　　　　　226
　6．4．まとめ　　　　　　　　　　　　229
7．多様な教育訓練と多忙化　　　　　　　231
　7．1．多様な教育訓練　　　　　　　　231
　7．2．問題　　　　　　　　　　　　　234
　7．3．背景　　　　　　　　　　　　　236

第6章　人事異動　　239

1．はじめに　　240
2．教育委員会　　241
　2．1．権限配分　　241
　2．2．基本方針　　242
　2．3．選考プロセス　　244
　2．4．まとめ　　246
3．労働組合　　246
　3．1．基本原則　　246
　3．2．人事対策委員会　　248
　3．3．まとめ　　249
4．人事異動をめぐる交渉　　251
　4．1．県教育委員会　　251
　4．2．異動希望調書と委任状　　254
　4．3．教育事務所と市町村教育委員会　　255
　4．4．結果　　257
　4．5．まとめ　　258
5．成果と課題　　259
　5．1．成果　　259
　5．2．新たな課題　　261
　5．3．まとめ　　263
6．自主交渉の成果　　264

第7章　階層構造と制度の混乱
　　　　－教育公務員の労使関係の特徴－　　265

第 1 章

目的と方法

1．目的と関心

　1990年代が、日本経済にとって「喪失の10年」だったとすれば、公務員にとっては「激動の10年」であった。規制緩和、行政効率化、情報公開、地方分権をキーワードに行政改革をめぐりさまざまな議論がなされ、90年代最後の1999年夏にはその集大成ともいうべき、中央省庁等改革関連17法律、地方分権の推進を図るための関係法律の整備等に関する法律が成立した。これらの法律は中央政府、地方政府の権限、組織構造、組織運営および中央と地方の相互関係を変革することを目的としており、当然のことであるが、国家公務員および地方公務員の仕事と生活にも少なくない影響を与えるであろう。さらに、これらと並行して、公務員の人事管理と労使関係の改革それ自体も議論され、1999年3月には公務員制度調査会が「公務員制度改革の基本方向に関する答申」を、同年4月には地方公務員制度調査研究会が「地方自治・新時代の地方公務員制度－地方公務員制度改革の方向」をまとめている。国家公務員、地方公務員の仕事と生活は、こうして大きく変わろうとしている。本書がとりあげようとする公立小中学校の教職員（地方公務員である）もまた例外ではない。
　戦後50年にわたって築き上げられてきた公務員制度の何が、どのように変わろうとしているのだろうか。使用者、労働者の多くが納得し、とにかく受容するという意味で実効性があり[1]、なおかつ効率的で透明性のある行政システムを可能にするという意味で望ましい方向に、公務員制度が変革されようとしているのだろうか。
　本書では、この疑問に直接答えることはできない。ただ、以下で述べるような関心から、公務員制度改革論議に新たな視点を加えたい。もちろん、公務員制度すべてをとりあげるわけではない。公務員の中でも地方公務員、地方公務員の中でも公立小中学校に働く教職員に限定する。その上で公務員「制度」すべてを議論するわけではなく、「仕事と報酬」をめぐる諸制度に限定する。
　公立小中学校の教職員の「仕事と報酬」をめぐる諸制度というように、対象を

---

[1] 制度の変革は、その制度にかかわる人々（当事者）の多くが、積極的であれ、消極的であれ、それを納得し、受容することなしには、絵に描いた餅に終わるのが通常である。

限定した場合、それら諸制度は、意味のある改革論議を許すほどに明らかにされているのであろうか。もちろん、その「仕事と報酬」をめぐって法律、政令、条例、人事委員会規則などの文書化された公式のルールは既に制定されている。そして通常、これらの法規は公立小中学校の教職員の「仕事と報酬」の全体を律することが予定されており、それらを整理、解釈、叙述することによって全体像が描けると想定されている。だが、常識的にみて、法律、政令、条例などに書かれてあるルールどおりに実態が動いているとは考えにくい。事実は、ルールが本来の趣旨とは離れて運用され、あるいは労使の当事者による慣習（custom and practice）がうまれていると考えるのが自然である。公務員制度調査会「公務員制度改革の基本方向に関する答申」が「特別昇給、勤勉手当等の勤務成績等に応じて支給される給与上の仕組みについては、その制度本来の趣旨に沿って、より能力・実績を反映した運用とすべく改善することが必要である」(2)（強調　引用者）とし、同じく地方公務員制度調査研究会「地方自治・新時代の地方公務員制度－地方公務員制度改革の方向」が「…現行の給与制度において職員の勤務実績が反映される仕組みである特別昇給や勤勉手当の成績率については、多くの地方公共団体において条例等で制度が設けられているものの、勤務評定が実施されなかったり勤務評定結果が十分に活用されていないなど必ずしも制度本来の趣旨に沿った運用が行われておらず、職員に対するインセンティブとして十分に機能していない状況にある」（p.29）と述べているのは、制度の趣旨と運用の乖離を示す一つの例である。

　つまり、「仕事と報酬」をめぐる諸制度というように、対象を狭く限定したとしても、公式の文書化された法令などのルールを整理、解釈、叙述しただけでは、改革すべき対象を十分に把握したことにはならず、その運用実態、慣習（custom and practice）を含めて全体像をとらえなければならないのではないか(3)。さらに、対象の全体像を把握することがなければ、意味のある改革の方向を探ることも難しいのではないか。再び、「本来の趣旨を」離れてしまうことになるのではないか。これが本書を通ずる問題関心である。

----

(2)　http://www.somucho.go.jp/jinji/fchousaより。
(3)　もちろん、運用実態や慣習などはなかなか表面には出てこない。ここに公務員の労使関係研究の最大の困難がある。だが、この困難を乗り越えることなしには、表面的な労使関係研究にとどまり、その中心にたどり着くことはできない。

以上を要するに、激動の90年代を経て、今後、本格化する公務員制度改革論議の前提となるべき公務員制度の実態と特徴、問題点を、公立小中学校の教職員の「仕事と報酬」をめぐる諸制度に限定して明らかにすること、これが本書の目的である(4)。

2．枠組と課題

　以上の問題関心にもとづき、ある県の公立小中学校の教職員をとりあげ、その「仕事と報酬」をめぐる諸制度とその運用実態、そこにみられる特徴と問題点を明らかにしたい。
　分析枠組として階層的モデルを考慮した労使関係論（労使関係論についてはDunlop　1958；Flanders　1970；氏原　1979、1980などを参照。階層的モデルについてはKochan=Katz=McKersie　1986；仁田　1988などを参照）を採用する。具体的には次のような枠組を設定する。
　第一に、分析の焦点を使用者と雇用労働者との雇用関係を規制するために制定されている諸制度とする。いまこの諸制度を「仕事と報酬」をめぐる諸ルールと呼ぶとすると、それらは大別して次の二種類のルールからなる。一つは、賃金、一時金、退職金、労働時間、教育訓練、作業環境などの労働諸条件を規制するルールであり、これは実体的ルール（substantive rules）と呼ばれている。もう一つが、たとえば、誰がどのようにルールを制定するのか、誰がルールの運用にあたるのか、運用にあたっての解釈に意見の相違が生じたときに誰がどのように処理するのかなど、ルールを制定、改定、廃止、運用するための手続を定めたルールであり、手続的ルール（procedural rules）と呼ばれている。
　これらの実体的、手続的ルールは、たとえば、法律、政令、条例、あるいは委員会規則などで定められていたりする場合もあり、また、たとえば使用者間協定、就業規則のように使用者により定められていたり、団体協約（collective agreement）のように労使合意による場合も、組合が独自に定めていたり（union rules）、職場の慣行、慣習（custom and practice）であったりする場合もある。

---

(4) 同様の問題関心から、現在、行政職を中心とした地方公務員制度の実態についての研究も進めているところである。

労使関係論は、以上の「仕事と報酬」をめぐる実体的、手続的ルールの総体とその生成・変容過程を明らかにすることを目的とする。

　第二に、諸ルールの分析に際しては、労使特に使用者側の当事者が事実上、階層構造をなしている点に留意する。次章以下で明らかにするように、公立小中学校の教職員は、当該小中学校が所在する市町村の地方公務員である。したがって、普通に考えれば、当該市町村の首長、教育委員会、校長などを使用者側の当事者として考えることができる。だが、公立小中学校の教職員のほとんどの任命権を持っているのは、県の教育委員会であり、また教職員の給与などの労働条件は県の条例で定めることになっており、県教育委員会、県知事なども使用者側の当事者に加わる。さらに、県教育委員会に対しては文部省が、県知事に対しては県人事委員会が影響力を有し、県人事委員会に対しては人事院が強い影響力をもっている。したがって、公立小中学校の教職員の労使関係を考える上で、使用者側として文部省系列、人事院系列という二つの系列の階層的組織を分析の対象にする必要がある。

　第三に、たとえば、労働時間にかかわるルールは、一つではなく、いくつかのルールから構成されているのが普通であるが、それら諸ルールが全体としてどのように組み合わされ、運用されているのかを統一的に把握する。しかも、それら諸ルールは、公立小中学校の教職員の場合には、しばしば、中央レベル、県レベル、市町村レベル、学校レベルというように階層的な構造をなしており、諸ルールを統一的に把握する際には、階層間の整合性を考慮する必要がある。

　第四に、手続的ルールや、報酬をめぐる諸ルール、労働時間をめぐる諸ルール、教育訓練をめぐる諸ルールなどの実体的ルールは、それぞれが無関係に独立して存在するのではなく、相互に関連をもって一つのシステムをなしていると考えられるが、公立小中学校の労使関係を一つのまとまりをもったシステムとして描きだし、その特徴を明らかにする。その際においても、階層的関係に着目し、各レベル間の整合性の程度がシステムにどのような特徴を与えているのかに注意を払うこととする。

　仕事と報酬をめぐるルールを上述のように定義し、分析枠組を定めたとしても、労使関係のすべてを分析することは難しい。そこで本研究では、次の五つについてその実態を明らかにしていくこととする。

いま、ルールの制定、改廃、運用を担う主体を当事者（actors）と呼べば、公立小中学校の労使関係における当事者の機能、役割そして、当事者間に設けられた交渉、協議、話し合いの場を明らかにする。公立小中学校の場合には、労働者側、使用者側いずれの当事者も事実上の階層的構造をもつから、各当事者内の階層レベル間の分業関係、相互関係を考慮に入れる必要がある。同じく、労使間の交渉、協議、話し合いの場もまた階層的構造をもっているから、これについても、分業関係、相互関係を考慮する必要がある。以上は、先の用語を使えば、公立小中学校の労使関係における手続的ルールを明らかにすることである。

ついで、報酬、労働時間、教育訓練、人事異動の四つをとりあげ、それらに関する諸ルールをその運用実態を含め、総合的に把握する。

3．方法

研究方法としては、事例研究の方法を採用した。具体的には、日本教職員組合からある県（以下、A県と称する）の県教職員組合を紹介してもらい、そこの書記局、支部へのインタビューを行うとともに、文書資料を収集し、さらに、A県のある市（以下、B市と称する）の教育委員会およびA県教育委員会へのインタ

表1-1　インタビュー・リスト

年月日	面接対象者の属性	調査者	調査項目
1998年10月19日	A県教職員組合委員長 書記長 組織対策部長	中村圭介 岡田真理子 日教組組織対策部長	A県の労使当事者の性格 A県の労使間の交渉、協議機構 交渉、協議事項
1998年11月24日	A県教職員組合 組織対策部長	中村圭介 岡田真理子	組合の年間活動 支部、班、分会の組織体制、役割
1998年11月24日	A県教職員組合 北部支部書記長	中村圭介 岡田真理子	北部支部の活動内容
1999年2月26日	A県教職員組合 組織対策部長 書記局賃金担当書記	中村圭介 岡田真理子	交渉協議機構、人事異動、 研修、俸給・諸手当、
1999年3月25日	A県教職員組合 組織対策部長	中村圭介 岡田真理子	教育委員会、人事異動、 労働時間、班組織、教育政策
1999年9月29日	A県B市教育委員会 教育次長、指導課長	中村圭介	B市教育政策、指導主事の職務内容、 校内研修、研究指定、多忙化、労働時間
1999年9月30日	A県教育委員会 教育次長	中村圭介	A県教育政策、指導主事の職務内容、 校内研修、研究指定

ビューを実施し、文書資料を収集した。インタビューは、組合組織について、県教育委員会との交渉についてなど、おおざっぱな項目をたてて、自由に回答してもらうという方法で行った。さらに、公務員共闘、日教組からも大会資料などの文書資料の収集を行った。インタビューを行った対象者および日程、調査項目については表1-1にまとめた。なお、収集した主な文書資料の一覧は、章末の表1-2にまとめた。

4．構成と分担

本書は7つの章から構成され、第1章で目的と方法、第2章で当事者の性格と労使関係機構を明らかにした後に、第3，4，5，6章で、報酬、労働時間、教育訓練、人事異動に関する分析結果をまとめ、最後の第7章で、以上の要約と結論を述べることとする。本研究は中村、岡田の緊密な協力関係のもとに進められ、執筆に際しても互いに意見交換を行ったが、最終的にはそれぞれの責任において、中村が第1章、2章、3章、5章、6章、7章を、岡田が第4章を執筆した。原稿作成後、調査対象となったA県教職員組合、A県教育委員会、B市教育委員会の担当者に原稿を送付し、これらの人々のチェックを経たのちに、最終原稿とした。

なお、本書では、地方分権一括法の成立以後の変更は触れられていない。戦後50年間にわたって築き上げられてきた労使関係の実態を明らかにしようというのが、本書の基本的なスタンスである。

表1-2 収集した主要文書資料一覧

資料番号	文書資料名
1	A県教育庁義務教育課『公立学校 教職員の服務と管理 七訂版関係法令付』(1998年1月)
2	A県学校長会『学校運営必携 四訂版』(1996年1月)
3	A県教育委員会『平成10年度 教育行政の概況』(1998年4月)
4	A県教育委員会『平成11年度 教育行政の概況』(1999年4月)
5	B市教育委員会『'99 Bの教育』(1999年8月)
6	A県教育委員会『A県教育プラン 実施計画編』(1999年3月)
7	A県教育委員会『A県教育プラン』(1995年12月)
8	A県教育委員会『平成11年度 学校教育指導方針』(1999年3月)
9	B市教育委員会指導課『平成11年度 Bの教育－資料編－ 園・学校別研究課題一覧』
10	A県教育庁義務教育課『給与事務の手引』(1996年7月)

11	A県教育研究連盟『Aの教育　第42回A県教育研究集会報告』（1998年5月）	
12	A県教育研究連盟　「会報」（1998年6月）	
13	A県教職員組合『A教組50年誌』（1998年3月）	
14	A県教職員組合『規約・諸規定・規則集　1997年4月現在』（1997年4月）	
15	A県教職員組合『Q－BOX　'98』	
16	A県教職員組合『私たちの権利』（1996年3月）	
17	A県教職員組合「1996年度A教組第1回中央委員会議案　機関紙No.779」（1996年10月22日）	
18	A県教職員組合「1996年度A教組第2回中央委員会議案　機関紙No.786」（1997年2月26日）	
19	A県教職員組合「1997年度A教組運動方針案　第63回A教組定期大会　機関紙　号外」（1997年6月26日）	
20	A県教職員組合『第63回　A教組定期大会議案　別冊資料』（1997年6月26日）	
21	A県教職員組合「1997年度A教組第1回中央委員会議案　機関紙No.799」（1997年10月31日）	
22	A県教職員組合「1997年度A教組第2回中央委員会議案　機関紙No.810」（1998年3月6日）	
23	A県教職員組合「1998年度A教組運動方針案　第64回A教組定期大会　機関紙　号外」（1998年6月17日）	
24	A県教職員組合「1998年度A教組第1回中央委員会議案　機関紙No.820」（1998年10月28日）	
25	A県教職員組合「1998年度A教組第2回中央委員会議案　機関紙No.827」（1999年2月23日）	
26	A県教職員組合「1998年度A教組活動計画」	
27	A県教職員組合「人事異動に関する要求について」（1998年10月9日）	
28	A県教職員組合「教職員の待遇改善及び勤務条件等の改善に関する要求書」（1998年4月8日）	
29	A県教職員組合『人事くんの素顔が見える　1998年度人事学習資料』	
30	A県教職員組合北部支部『第79回支部中央委員会議案』（1996年6月7日）	
31	A県教職員組合北部支部『第80回支部中央委員会議案』（1996年11月15日）	
32	A県教職員組合北部支部『第82回支部中央委員会議案』（1997年5月30日）	
33	A県教職員組合北部支部『第83回支部中央委員会議案』（1997年11月18日）	
34	A県教職員組合北部支部『第86回支部中央委員会議案』（1998年11月20日）	
35	A県教職員組合北部支部B班『1996年度B班定期大会議案』（1996年3月2日）	
36	A県教職員組合北部支部B班『1997年度B班定期大会議案』（1997年3月1日）	
37	A県教職員組合北部支部B班『1998年度B班定期大会議案』（1998年3月7日）	
38	A県教職員組合北部支部B班「1998年度 A県教職員組合北部支部B班年間行事計画」	
39	A県教職員組合北部支部B班「校長会への要求書」（1996年7月15日）	
40	A県教職員組合『A教組'99春季生活闘争討論集会資料』（1999年2月）	
41	日本教職員組合『1996年度　日教組の運動』（1996年7月）	
42	日本教職員組合『1997年度　日教組の運動』（1997年7月）	
43	日本教職員組合『1998年度　日教組の運動』（1998年7月）	
44	日本教職員組合『日教組第130回中央委員会決定事項』（1996年10月7日）	
45	日本教職員組合『日教組第132回中央委員会決定事項』（1997年10月28日）	
46	日本教職員組合『日教組第84回臨時大会決定事項集』（1998年3月17日）	
47	日本教職員組合『日教組第133回中央委員会決定事項』（1998年10月7日）	
48	日本公務員労働組合共闘会議『96年人事院勧告の解説－その内容と問題点』（1996年8月）	
49	日本公務員労働組合共闘会議『97年人事院勧告の解説－その内容と問題点』（1997年8月）	
50	日本公務員労働組合共闘会議『98年人事院勧告の解説－その内容と問題点』（1998年8月）	

第2章

当事者の性格と労使関係機構

1. はじめに

　本章では、公立小中学校における労使関係を構成する当事者の性格と、当事者間に設置されている協議、話し合いの機構を明らかにする。民間部門とは異なり、公共部門の労使関係における当事者は多く、また、協議、話し合いの機構もやや複雑である。本研究がとりあげる教育公務員の場合には、当事者、話し合いの機構ともにさらに複雑となる。教育公務員の仕事と報酬をめぐる諸ルールの基本が、地方自治法、地方公務員法、教育公務員特例法などによって定められていること、さらに、その具体的勤務条件が各都道府県の条例によって制定されていることなどを考慮すれば、国会および都道府県議会そして自治省も当事者であるといってよい。だが、この研究では国会、都道府県議会、自治省を主な対象とはせず、主として次の機関を当事者として取り上げる。

　使用者側の当事者としては、まず第一に、文部省、県教育委員会（及び地方教育事務所）、市町村教育委員会、校長をとりあげる。この四つの機関を、いまかりに文部省系列と呼べば、この系列は教育行政の企画、立案、実施に携わる機関であり、公立小中学校の教職員の労働時間、教育訓練、人事異動などに関するルール（実体的ルール）の設定と運用に実質的に関与している。この四つの機関のうち、文部省、県および市町村教育委員会は、労働時間、教育訓練、人事異動、俸給などに関するルールを、誰がどのように改定し、あるいは廃止するのか、そして誰が運用するのかを定めるルール（手続的ルール）の制定にも関与している。なお、これらの四つの機関は文部省を頂点に指揮命令系統のある階層的組織をなしているというわけではなく、この研究ではこれらの機関を便宜的に、文部省系列と呼んでいるだけである。

　ただし、これらの実体的および手続的ルールが条例で定められる場合は、条例案が県知事によって議会に提出され、そこで審議、議決されるというプロセスを経るから、県知事、県議会の二機関も当事者として関与するといってよい。また人事院も国家公務員の労働時間などに関する規則の制定あるいは人事院報告を通じて、そして県人事委員会も地方公務員の労働時間などに関する規則の制定を通じて、公立小中学校教職員の仕事にかかわる実体的ルールの制定に関与するとい

ってよい。

　第二に、人事院、県人事委員会、県知事（総務部門）をとりあげる。このうち、人事院、県人事委員会は、国および県における人事行政の企画、立案、勧告、実施に携わる機関であり、正確には使用者側当事者ではなく、独立した中立行政機関であるが、事実上、公立小中学校の教員の俸給、諸手当の決定に大きく関与している。人事院は直接、地方公務員である公立小中学校教職員の報酬などを決定しているわけではないが、後述するように、地方公務員法にいう均衡の原則などを通じて、事実上、人事委員会に影響を及ぼし、それを通じて公立小中学校教職員の報酬などに影響を及ぼしている。県知事は、俸給表改定などについて県人事委員会の勧告を踏まえて、県議会に予算案を提出する。予算案が認められるかどうか、いいかえれば俸給表の改定が認められるかどうかは最終的には県議会の決定によるが、県知事の作成する予算案は、公立小中学校の教員の俸給の改定額に直接に関係する。人事院、県人事委員会、県知事の三機関もまた、階層的組織をなしているわけではないが、この研究ではこの三機関を便宜的に人事院系列と呼ぶこととする。

　俸給表、諸手当をめぐるルールの設定、運用に関しては、上記の三機関だけではなく、文部省、県教育委員会も関わっている。文部省は、たとえば1971年の「国立および公立の義務教育諸学校の教育職員の給与等に関する特別措置法」（以下、給特法と略称）、1974年の「学校教育の水準の維持向上のための義務教育諸学校の教育職員の人材確保に関する特別措置法」（以下、人材確保法と略称）などのような、俸給、諸手当に関する原則の変更が試みられる際に、法案作成者として登場する。他方、県教育委員会は、俸給等の改定にあたって、県知事に意見を述べることができることになっており、また昇任、昇給など俸給表の運用の当事者でもあり、俸給表、諸手当に関するルールの設定、運用にも関係している。

　労働者側の当事者としては、日本教職員組合、A県教職員組合をとりあげる。A県教職員組合はその内部に階層組織を有しており、ブロック単位の支部、市・郡単位の班も分析の対象とする。

　以下では、文部省系列、人事院系列、労働組合の三者に関して、それぞれの労使関係上の機能および系列内、組織内の役割分担、権限配分を明らかにし、それ

らを踏まえて労使間の協議、話し合いの機構を描くことにする。

2．文部省系列

2．1．文部省
　公立小中学校の労使関係において文部省が実質的に果たしている機能は、おおよそ次の二つに分けることができる。一つは、労使関係の諸ルールの基本を定める法律の法案作成者としての機能である。ここで諸ルールとは、仕事と報酬を直接規制する実体的ルールだけでなく、実体的ルールの改廃、運用の主体およびその方法に関する手続的ルールを含んでいる。もう一つは、教育委員会に対する指導、助言、援助機関として、労使関係の諸ルールの基準を設定し、それを普及させていく機能である。このそれぞれについて、具体的にみていこう。

2．1．1．基本ルールの制定
　文部省が法案作成者であるとしても、原案は与党政府内での調整、国会での審議を経て、なんらかの変更が加えられるのが普通であり、文部省が基本ルールの単独の（unilateral）制定者であるわけではない[1]。また、労働側の当事者である日教組も、国会審議の過程で、支持政党を通じて審議に参加している。とはいえ、文部省が法案作成者として、労使関係に関する基本ルールの制定に大きな影響力を有していることは確かであろう。文部省がその制定に関与してきた労使関係にかかわる基本ルールを、上述の手続的ルール、実体的ルールに分けてみれば、例えば次のものがあげられる。
　手続的ルールのなかで最も重要なものは、1956年に制定された「地方教育行政の組織及び運営に関する法律」（以下、地教行法と略称）である。地教行法は、地方における教育行政の責任者としての教育委員会の組織と役割を定めたものであるが、本研究からみれば、次の点が重要である[2]。

---

[1]　戦後における教育関係の法律の形成、決定過程において、GHQ、文部省、与野党、いわゆる自民党文教族、日教組の支援を受けた議員などさまざまな関係者が登場し、いかに法案の作成、変更、そして法律の制定あるいは廃止にかかわったかを、当時の担当者である文部官僚がビビッドに語ったものとして木田（1987）がある。また、法案ではないが、文部官僚が、ときには審議会答申の影響を受けながら、文部省内関連部局、他省庁および与党との折衝をへて、いかに文教予算案を編成していくかを文部官僚自身が描いたものとして齊藤（1984）がある。
[2]　1956年に制定された地教行法は、1948年制定の教育委員会法を廃止して、新たに教育委員会の

第一に、県教育委員会を労使関係の使用者側の主要な当事者として明確に位置付けたことである。詳しくは、次の項で述べるが、地教行法は、市町村立小中学校の教職員の任命権者として県教育委員会を位置付け、県教育委員会に公立小中学校教職員の人事管理を行う責任と権限を与えている。さらに、これも詳しく後に述べるが、県教育委員会に人事管理上の規則を制定する権限を与え、人事管理にかかわる条例案の制定に関与できる権限も与えている。

　第二に、使用者側当事者内部における、人事管理上の分業関係の基本を定めたことである。地教行法は市町村教育委員会に対し、教職員の服務の監督、研修、任免その他の進退の際の内申、勤務評定に関する責任と権限を与え、他方で、校長に対して教職員の任免その他の進退についての意見を申し出る権限を与えている。そればかりでなく、人事管理業務の一部を市町村教育委員会および校長に委任する権限を県教育委員会に与え、また市町村教育委員会に対しても、人事管理業務の一部を校長に委任する権限を与えている。

　このように、地教行法は、県教育委員会に公立小中学校の教職員の人事管理の最終的な責任と権限を与え、他方で市町村教委、校長との間の分業関係の基本を定めているのである。

　実体的ルールの中で、文部省がその制定に直接関与してきたものはいくつかあるが、その代表的なものは、前出の給特法と人材確保法であろう。このうち人材確保法は、1971年6月の中央教育審議会（中教審）答申が、「初等・中等教育の教員の初任給は、大学卒業者の職業選択の動向に関する現状分析の結果によれば、教職への人材誘致の見地から、一般公務員に対して30～40％程度高いものとする必要がある。なお、校長の最高給は一般行政職の最高給まで到達できる道を開く必要がある」（教育事情研究会　1981：275）と教員給与の大幅改善

　組織と権限を定めたものである。教育委員会法では、教育委員の公選制、教育長の教育委員会による任命、市町村教委に対し小中学校の校長、教員の人事権、教育関係の予算、条例案の原案作成権限を付与するなど、教育行政の民主化、地方分権、自主性確保がうたわれていた。これに対して、地教行法では、教育委員公選制は廃止されて首長による任命制とし、教育長は文部省あるいは都道府県教委の承認を得ることが求められ、校長、教員の人事権は都道府県教委に移され、教育関係の予算、条例案の原案作成権限も弱められたから、教育行政の中央集権化、民主主義の否定といった批判がまきおこり、法案成立は混乱を極めた（この間の事情については、たとえば笹森（1987：1-48）、日教組（1977：88-100）、木田（1987：93-117、211-235）を参照のこと）。労使関係の実態を明らかにしようとする本研究では、旧教育委員会法との比較で地教行法を評価するようなことはしない。これについては、たとえば神田（1974；1980）を参照されたい。また、教育法学の通説的理解に対する疑問を呈する黒崎（1994）特にpp.42-46も合わせて参照されたい。

29

策を提言したことを契機に、文部省、自民党文教族を中心にまとめられたものである(3)。人材確保法そのものは、義務教育諸学校の教育職員の給与は一般公務員と比べて優遇措置をとらなければならない（第3条）、そのために人事院は必要な勧告をしなければならない（第4条）と定めただけであって、具体的な優遇措置を示しているわけではない。だが、これを受けて人事院勧告が出され、一般職の職員の給与に関する法律が改定され、公立小中学校の俸給、諸手当の基本ルールは次のように改定された（金子　1977：390、392、423-425；日教組1977：597）。

第一に、教育職の俸給表が改定された。公立小中学校の教員は教育職（三）に格付けされているが、教育職（三）の本俸は1974年には平均して9.0％、同じく75年には平均3.0％改善された(4)。

第二に、俸給表の等級が新設された。人材確保法以前は、教育職（三）の俸給表は一等級＝校長、二等級＝教諭、三等級＝助教諭の三つの等級からなっていたが、教頭が法制化されたのに伴い等級が一つ新設され、特一等級＝校長、一等級＝校長、教頭、二等級＝教頭、教諭、養護教諭、三等級＝助教諭、講師などの四つの等級から構成されることになった。

第三に、諸手当が新設、改定された。新設された諸手当は義務教育等教員特別手当、教育業務連絡指導手当（いわゆる主任手当）(5)、支給条件の緩和されたものが教員特殊業務手当である。

以上、わずか二つの例をあげたにすぎないが、これらはいずれも、手続的ルールと実体的ルールの基本ルールの制定に、文部省が関与したケースである。

---

(3)　中教審答申はさらに「教員の研修を体系的に整備し、その適当な課程の修了者には給与上の優遇措置を講ずる。また、教頭以外の校内の管理上、指導上の職務に従事する者についても特別の手当を支給する」（教育事情研究会　1981:275）と論じていたため、学校に主任などの中間管理職をもちこむことをねらっているとして、日教組の激しい反対を巻き起こした。日教組の反対運動および人材確保法をめぐる文部省と日教組の対立などについては日教組（1977：576-631；1997：922-934）を参照されたい。また、文部省内部の事情、他省庁との関係、自民党文教族の役割などについての当時の担当者の興味深い証言については木田（1987：342-361）を参照されたい。
(4)　1978年にも中堅教員の俸給表の改定が行われているが（木田　1987：359）、それがどの程度なのかはわからない。
(5)　このいわゆる主任手当に関しては、日教組は主任制反対闘争を繰り広げ、主任手当返上、あるいは主任手当の拠出・プール化を行ってきた（日教組　1997：922-934）。
(6)　新任教員に対する研修制度の必要性は臨教審ではじめて強調されたわけでなく、その必要性は戦後改革当初の教育刷新委員会からはじまり、中教審答申、教育職員養成審議会答申で繰り返し指摘されてきた（細井　1987：56-73）。

2．1．2．基準の設定

　地教行法第48条は「・・・文部大臣は都道府県又は市町村に対し、都道府県委員会は市町村に対し、都道府県又は市町村の教育に関する事務の適正な処理を図るため、必要な指導、助言、援助を行うことができる」と定めている。木田（1983）によれば、この条文は「・・・文部大臣や都道府県の教育委員会に上級機関としての指導的地位を与えたものということができ」（p.38）、地教行法は「・・・教育行政の全般にわたり、上級機関に指導助言の事務を与え」（p.38）たのである。指導、助言、援助は、通常、それらを受ける対象がある望ましい状態に向かうように行われるから、そこでは予め「望ましい状態」が確定されている必要がある。いいかえれば、指導的地位にたつ文部大臣は教育行政について一定の基準を作成しておくことが求められる。地教行法自体にはそうした定めはないが、それは木田（1983）の解釈によれば、「文部大臣が地方公共団体の教育事務について基準を設けえないことを意味するものではなく、それぞれの実定法規に委ねられているところで足りるとされた」（p.187）からである。

　教育事務のある部分は直接、間接に教職員の仕事と報酬に関係するから、上記のことは、労使関係に即してみれば、文部省が公立小中学校における労使関係の諸ルールの基準の設定者だということを意味する。文部省によって設定された労使関係上の基準は少なくないが、たとえば、最近の例でいえば、初任者研修モデルをあげることができる。

　初任者研修は臨時教育審議会の第二次答申（1986年4月23日）が教員の資質向上策の一環として「…新任教員に対して、実践的指導力と使命感を養うとともに幅広い知見を得させるため、…初任者研修制度を導入することとし、早急に具体策を検討する。／ア　新任教員に対し、採用後1年間、指導教員の指導のもとにおける教育活動の実務およびその他の研修を義務づける。／初任者研修制度の実施に当たっては、校長のリーダーシップのもとに、指導教員を含め学校全体としての協同的な指導体制を確立することが肝要である。／イ　新任教員を配置した学校に対しては、特別の指導教員を配置するほか、各都道府県においては、研修担当指導主事の配置を含め研修体制の整備を図る。／ウ　この制度の導入に伴い、教員の条件附採用期間を6か月から1年に延長する」（ぎょうせい　1986：163）と提言したことを受けて、導入されたものである[6]。

法律上の根拠は、教育公務員特例法（以下、教特法と略称）に1988年に追加された第20条の2（初任者研修）および同じく地教行法に追加された第47条の2（初任者研修に係る非常勤講師の派遣）にある。前者の教特法では新しく採用された教諭に1年間の初任者研修を実施しなければならないこと、配属された学校の教員から指導教員を選んで新任教員の指導、助言にあたらせることなどが定められている。後者の地教行法では、初任者研修を実施する際に、新任の教員の代わりに授業を担当する非常勤講師を県教育委員会の負担で派遣できることが定められている。

　こうした法律改正は新任教員の教育訓練に関する基本ルールの一つを定めたものといってよく、ここでも文部省は、労使関係上の基本ルールの制定に直接、関与しているといってよい。

　だが、どのような初任者研修を行うかについての規定が、教特法、地教行法に特にあるわけではない。教特法第19条で「教育公務員の任命権者は、教育公務員の研修について、それに要する施設、研修を奨励するための方途その他研修に関する計画を樹立し、その実施に努めなければならない」、第20条の2の2項「任命権者が定める初任者研修に関する計画は、教員の経験に応じて実施する体系的な計画の一環をなすものとして樹立されなければならない」とされているだけで、初任者研修を含め体系的な研修計画を樹立する義務がうたわれているにすぎない。

　研修計画の内容は時代とともに変化していくのであり、法律で定めることがなじまないこと、さらにその内容は任命権者である県教育委員会が定めるべきであり、法律で一律に定めるべきではないことなどのために、上記のような規定にとどまっていると解すべきであろう。

　ところで、文部省は「初任者研修実施要項モデル」を作成しており、そこでは研修方法として「初任者は、校内において指導教員を中心とする指導及び助言による研修（週2日程度・少なくとも年間60日程度）を受けるとともに、校外において教育センター等における研修（週1日程度・少なくとも年間30日程度）を受けるものとする」「初任者は宿泊研修（4泊5日程度）を受けるものとする」[7]

---

[7] 日教組（1997）におさめられた「資料11　初任者研修実施要項モデル（1991年文部省）」（pp. 1505-1512）より。

としている。いま、本研究の対象であるA県の学校長会『学校運営必携　四訂版』（1996年1月、A県教育センター）をみると、「初任者研修の内容は何か」という設問に対する答えとして、「初任者は、校内において指導教員を中心とする指導及び助言による研修（週2日程度・少なくとも年間60日程度）を受けるとともに、校外において教育研修センター等における研修（週1日程度・少なくとも年間30日程度）を受けるものとする」「初任者は、宿泊研修（4泊5日程度）を受けるものとする」（p.107）とある。さらに、A県教組B班が1997年8月4日に行った市教育長交渉で、初任者研修の内容を改善するよう求める組合に対し、市教育長は「初任者研修の回数は、校内で60日（1日3時間、週2回）、研修センターで21日、事務所（県教育委員会の教育事務所・・・引用者）で7日、市で2日のスケジュールが組まれている。専門職としてこれくらいの研修は必要である」(8)と答えている。

　以上の例から、初任者研修の方法、内容に関して、文部省の実施要項モデルが県レベル、市レベルにそのまま降りてきていることを確認できよう。実施要項モデルは法律で定められたものではなく、あくまでも文部省の作成した一つの基準であるが、この基準がそのまま実施に移されていることがわかる。

　初任者研修は、いわば新入社員の教育訓練であり、重要な人事管理施策の一つである。ごく簡単にみた初任者研修の例は、県教育委員会の行う人事管理に、文部省の定める基準が強く影響を及ぼしていることを示すものである。文部省が公立小中学校の労使関係に関わるルールの基準の設定者だというのは、以上のような意味においてである。

---

(8)　A県教組B班『1998年度B班定期大会議案』（1998.3.7）のp.16。

2．2．県教育委員会

　公立小中学校の労使関係における使用者側の当事者としての県教育委員会は、主として次の三つの機能を果たしている。第一は、公立小中学校の教職員の人事管理に最終的な責任を有するものとして、人事管理を実践する。いいかえれば、労使関係の実体的、手続的ルールの改廃、制定、運用に携わる。第二は、県レベルにおける公立小中学校の労使関係のルールの基準を設定し、それを市町村教育委員会に示すことである。第三は、法律、条例、委員会規則などで定められた労使関係のルールを、学校の管理主体としての市町村教育委員会に行き渡らせることである。以下では、まずA県教育委員会の組織を概観し、その後、3つの機能について明らかにしていく。

2．2．1．組織

　図2-1はA県教育委員会およびその事務局の組織の一部を簡単に図示したものである。この図はA県教育委員会および事務局のすべてを描いたものではなく、主として公立小中学校の労使関係に係わる組織を描いている。以下、この図にそって簡単に説明しよう。

表2-1　A県教育委員会

委員長	男性
委員長職務代理者	男性
委員	女性
委員	男性
委員	男性

資料出所：A県教育委員会のホームページより作成。

　県の教育委員5名（委員長1名、委員長職務代理者1名を含む）は県知事が県議会の同意を得て任命した特別職地方公務員[9]であって、任期は4年とされている。5名の教育委員の中から教育委員長が教育委員による選挙で選ばれる。また、委員長に事故があるとき、又は欠けたときのために委員長職務代理者である委員を予め指定することになっている。教育委員は「人格が高潔で、教育、学術及び文化に関し識見を有する」（地教行法第4条）ことが期待され、現在のA県にお

---

[9]　特別職とは地方公務員法の適用が除外される地方公務員であって（地方公務員法第4条の2）、教育委員は「就任について公選又は地方公共団体の議会の選挙、議決若しくは同意によることを必要とする職」（同3条の3項の第1号）に属する。なお、特別職、一般職の区別については、山本＝木村（1986：22-27）を参照されたい。

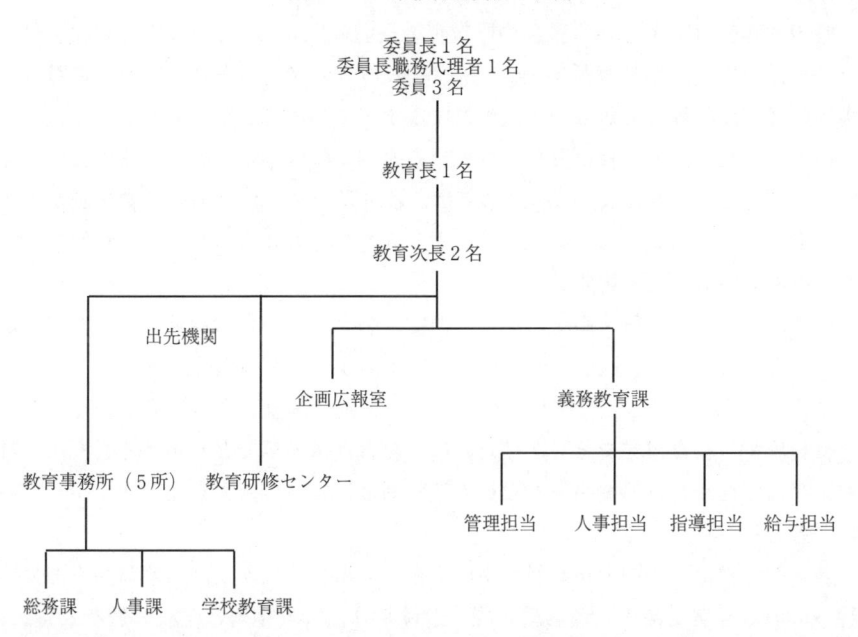

図2-1　A県教育委員会の組織

```
              委員長1名
          委員長職務代理者1名
              委員3名
                │
              教育長1名
                │
              教育次長2名
        ┌───────┴───────┐
     出先機関              │
        │          ┌──────┼──────┐
        │        企画広報室      義務教育課
        │                  ┌─────┼─────┬─────┐
   ┌────┴────┐          管理担当 人事担当 指導担当 給与担当
教育事務所(5所) 教育研修センター
   │
┌──┼──┐
総務課 人事課 学校教育課
```

資料出所：A県教育委員会『平成11年度　教育行政の概況』（1999年4月）のpp.1-3より作成。
注：教育庁本庁の総務課、財務課、高等教育課、特殊教育課、生涯学習課、保健体育課、福利厚生課、文化課など、及び学校、学校以外の教育機関である図書館、近代美術館、その他の財団法人などは省いた。

ける教育委員は表2-1にあるように、男性4名、女性1名からなっている。

　狭義の教育委員会とはこれら「教育委員の集合体のみを指」し、広義の教育委員会とは「教育委員の集合体と教育長及び事務局を包括」（木田　1983：149）する。

　狭義の教育委員会は、合議制の執行機関として、「大局的立場に立って、教育行政の方針、重要事項を決定」（木田　1983：151）し、法令又は条例に違反しない限りにおいて、その権限に属する教育事務に関する教育委員会規則を制定する。この狭義の教育委員会、および個々の教育委員が実際の教育事務を処理することは期待されておらず、そのために、教育長および事務局が置かれている。A県では広義の教育委員会のうち、教育長に統括される事務局を教育庁と呼び、さらに出先機関として教育事務所があり、教育研修センターその他の教育機関が

設けられている。

　県の教育長は、上でいう狭義の県教育委員会(10)が、予め文部大臣の承認を得た上で、任命する。県教育長はA県の一般職の地方公務員であり、県教育委員会の指揮監督下に県教育委員会の権限に属するすべての事務をつかさどることになっている。また、県教育長は県教育委員会のすべての会議に出席し、議事について助言を行うことになっている。A県では、教育長のもとに2人の教育次長が置かれ、その下に総務課をはじめ課・室および5つの地方教育事務所、教育研修センターその他が置かれている。

　教育庁に置かれた課・室その他の部門で、公立小中学校の労使関係に直接にかかわるものについて、図2-1にそいながら簡単にその所管事務を説明しよう(11)。

　企画広報室はA県の教育施策、教育事業の企画、調整、進行管理を行う。ここで教育施策、教育事業をとりあげたのは、教育訓練の章でとりあげるように、県および市で行う教育研究事業が教員の教育訓練にとっても大きな意味を持っていると考えるからである。

　義務教育課は、県内の市町村立小中学校の人事管理にかかわる事務の大部分を行っている部署である。義務教育課に設けられた管理担当は学校の教職員定数、学校の適正配置と設置廃止、教職員免許状、免許法認定講習などにかかわる事務を担当し、人事担当は学校の教職員の人事管理についての指導助言、A県教組にかかわる事務を担当する。指導担当は学校の教育課程および学習の指導、学校教育の指導助言、現職教員の教育などを担当する。指導担当には生徒指導推進班という班がもうけられており、主として学校の生徒指導にかかわる指導助言を行う。給与担当は給与および旅費関係の条例や規則の制定、教職員の昇給、昇格、初任給の管理、退職手当の管理に関する事務を担当する。

　教育事務所はA県には5カ所設置され、それぞれの管轄区域における市町村教育委員会、市町村立小中学校に対する指導助言を行っている。教育事務所に置か

---

(10) 地教行法で、「狭義」のという条件がついているわけではない。狭義、広義は木田（1983）の解釈によったものである。地教行法では「教育委員会に、教育長を置く」「都道府県に置かれる教育委員会……は、文部大臣の承認を得て、教育長を任命する」（第16条）となっている。木田（1983）のいう教育長を含めた「広義の」教育委員会が教育長を任命するのは、論理上、無理があり、「狭義の」教育委員会が教育長を任命すると考えた方が自然である。

(11) 以下の説明はA県教育委員会『平成11年度　教育行政の概況』（1999年4月）のpp.1-3による。

れた総務課は管轄区域の市町村教委への指導助言、教職員の給与、旅費などにかかわる事務を担当し、人事課は同じく管轄区域にある市町村立小中学校の教職員の人事にかかわる事務などを担当し、学校教育課は学校教育の指導助言、現職教員の教育を行っている。学校教育課には生徒指導班がおかれている。

　教育研修センターは教職員の研修事業の企画、実施を担う。

　A県教育委員会の事務局つまり教育庁等の職員は、大別して、人事委員会の実施する試験を受けて採用されるいわゆる行政職と教育職出身職員の二つから構成されている(12)。教職員の給与に関係する部門はすべて前者の行政職が占めているが、その他の学校と直接関係する部門には多くの教育職出身者が配置されている。教育次長１名のほか、義務教育課、高等教育課、特殊教育課などの課長、指導主事、管理主事はほとんどが教育職出身である。さらに、５つの教育事務所では、所長のほとんど、人事課、学校教育課の課長、管理主事および指導主事のすべてが教育職出身である。加えて教育研修センターの所長、６人いる課長のほとんど、そして指導主事が教育職出身である。彼ら教育職出身者は、教育職の身分のまま教育庁に出向中であるか、または教育職を退職し行政職として職務についている。ここで指導主事とは、地教行法第19条に定めのある職員であって、学校における教育課程、学習指導その他学校教育に関する専門的事項の指導に関する事務に従事するものとされ、大学以外の公立学校の教員をもって充てることができるとされている。平成11年度には、教育庁、教育事務所、教育研修センターに、それぞれ14名、26名、53名の指導主事が配置されており、彼らはいずれも公立学校における教職経験者である(13)。管理主事は地教行法に特段の定めがあるものではないが、「…人事管理ないし学校管理などの事務を担当する」(神田　1980：92)。また新井（1992）によると、県教育委員会義務教育課の管理主事は管理職人事、管理職研修、学校訪問（学校管理に関する指導）、教職員の措置・処分に関する事務などを担当している。

---

(12)　以下の叙述は、A県教組組織対策部長とのインタビューによる（1999年３月26日）。
(13)　A県教育庁教育次長とのインタビューによる（1999年９月30日）。

２．２．２．人事管理の最終責任と実践

　A県において公立小中学校はすべて市町村立の小中学校である。そこに勤める教職員は、したがって、当該市町村の公務員である。しかし、1948年に公布された市町村立学校職員給与負担法は、市町村立小中学校の教職員⒁の給与を都道府県が負担することとし（第1条）、地教行法ではこれら「県費負担教職員」の任命権その他の重要な人事管理権限を県教育委員会に与えた。なお、地方公務員法、教特法では、公立小中学校の教職員の人事管理に関して、独特の用語が使われることが多いが、本研究は、無用の混乱を避けるため、人事管理論、労使関係論で普通に使われている用語を用いている。

　第一に、公立小中学校の教職員を採用⒂する権限を県教育委員会に与えた。A県教育委員会では、現在、筆記試験、適性検査、面接試験等による教員採用試験を実施している⒃。

　第二に、校長、教頭への昇任を決定する権限を県教育委員会に与えた。A県において平成11年度、校長へ昇任した教員は83人、教頭へ昇任した教員は75人となっている⒄。

　第三に、公立小中学校の教職員の学校間の配置転換を行う権限を県教育委員会に与えた。ここで学校間の「配置転換」とは、民間企業における事業所内配置転換、事業所間配置転換として一般に使用されている用語を援用したものであるが、教職員の配置転換が市町村を越える場合には、雇用関係上、正確には配置転換とはいえない。前述したように、公立小中学校教職員は当該市町村の地方公務員であるから、市町村を越える異動は異動元の市町村の地方公務員であることを辞めて、あらたに異動先の市町村の地方公務員になることを意味する。したがって、正確には、対象となる教職員は、配置転換されたのではなく、退職と採用のプロセスを経ていることになる。ただし、このプロセスが、公立小中学校の教職員の

⒁　ここでいう教職員は、校長、教頭、教諭、養護教諭、助教諭、養護助教諭、寮母、講師、学校栄養職員および事務職員をさす。
⒂　教育公務員特例法でいう「採用」は、通常使われている「採用」よりも広い概念である。教特法第13条にいう採用とは、通常の言葉でいえば、教頭、校長への昇任、市町村立小中学校間の異動、行政職から教育職への異動なども含まれる（木田　1983：244-246；山本＝木村　1987：118-119）。
⒃　A県教育委員会『平成11年度　教育行政の概況』（1999年4月）のp.32。
⒄　A県教育委員会『平成11年度　教育行政の概況』（1999年4月）のp.31。

賃金、労働時間などの労働条件に影響を及ぼすことはなく、事実上、広域にわたる配置転換と考えられる(18)。

　第四に、県教育委員会は公立小中学校教職員の任命権者として、個々の教職員の昇給（一般昇給と特別昇給）を決めることができる。

　以上の他、公立小中学校教職員の降任、免職、休職、降給、失職、懲戒も、任命権者たる県教育委員会が行う。

　なお、以上の人事管理の実践にあたっては、後述するように、地教行法上、市町村教育委員会の内申をまっておこなう（第38条）、また学校長は市町村教育委員会に意見を申し出ることができる（第39条）と定められている。県教育委員会は最終的な権限を与えられているとはいえ、単独で行えるわけではない。

　また、県教育委員会は公立小中学校の教職員の教育訓練を計画、実施する。新任教員に対する初任者研修、勤続5年の教員に対する5年次研修、同じく10年次研修などの計画、実施である。

　採用、昇任、配置転換、昇給、降任、免職、休職、降給、失職、懲戒、教育訓練といった人事管理業務は、すでに法律、条例、規則などで定められているルールにのっとって進められるものであり、ここでは県教育委員会いわば仕事と報酬をめぐるルールを運用していると考えられる。

　これに対して、県教育委員会が人事管理制度の制定、改廃にかかわることもある。もちろん、地教行法第42条は給与、勤務時間その他の勤務条件については、都道府県条例で定めるとされており、ここに県教育委員会の関与する余地がないようにみえる。ただし、地教行法第29条は「地方公共団体の長は、歳入歳出予算のうち教育に関する事務に係る部分その他特に教育に関する事務について定める議会の議決を経るべき事件の議案を作成する場合においては、教育委員会の意見をきかなければならない」としている。公立小中学校教職員の給与、勤務時間その他の勤務条件は、教育に関する事務と解されるから、県教育委員会は勤務条

---

(18)　地方公務員法は、新しく採用された職員は、6ヶ月間、勤務を成績良好で遂行してはじめて正式採用されると定め（22条）、教特法はこの期間を1年とすると定めている（第13条の2の2）。したがって、市町村を越えて異動した公立小中学校の教職員は、新たに異動先の市町村に採用されたことになるから、1年間は正式採用されないことになる。しかし、地教行法第40条はこの規定を適用しないことを定め、したがって、当初より正式採用されることしている。さらに、俸給については、任命権者たる県教育委員会が定めているのであり、市町村間を異動したとしても、影響がない。

件にかかわる条例の制定にあたっては、その意見を県知事に伝えることができると考えられる。さらに、地教行法33条において「教育委員会は、法令又は条例に違反しない限度において、その所管に属する学校その他の教育機関の施設、組織編制、教育課程、教材の取扱その他学校その他の教育機関の管理運営の基本的事項について、必要な教育委員会規則を定めるものとする」と定めている。ここで学校管理は「人的管理と物的管理及び運営管理の三つに分けて考察することができる」（木田　1983：201）とされているから、人事管理制度についても法令、条例に違反しない限りにおいて県教育委員会も規則を制定できると考えられる(19)。

後者の例としては、「A県立学校並びに市町村立学校教職員の勤務成績の評定に関する規則」があげられる。この規則は地方公務員法第40条第1項「任命権者は、職員の執務について定期的に勤務成績の評定を行い、その評定の結果に応じた措置を講じなければならない」、および地教行法第46条「県費負担教職員の勤務成績の評定は、地方公務員法第40条第1項の規定にかかわらず、都道府県教育委員会の計画の下に市町村委員会が行うものとする」を受けて、勤務評定の「計画」として、A県教育委員会が勤務評定者、評定時期、その処理方法などを定めたものであり、さらに「A県立学校並びに市町村立学校教職員の勤務成績の評定に関する規則の施行並びに勤務成績の評定の実施について」は、勤務評定の実施にあたっての具体的な実施方法の詳細を定めたものである(20)。

以上みたように、県教育委員会は、公立小中学校教職員の人事管理を、最終責任者として実践しているといってよい。

２．２．３．県レベルの基準の制定

県教育委員会が最終的な人事管理の責任者であるとしても、実際の人事管理業務に関しては、市町村教育委員会、学校長など現場に近い機関に依存せざるをえ

---

(19)　ただし、地方自治法において、県教育委員会が、①職員の採用、昇任の基準に関する事項、②昇給の基準並びに扶養手当、時間外勤務手当、宿日直手当、夜間勤務手当、休日勤務手当、勤勉手当及び旅費の支給の基準に関する事項などに関する教育委員会規則を制定、改廃する場合には、あらかじめ、県知事に協議をしなければならないとされている（木田　1983：176-177）。

(20)　この勤務評定に関するA県教育委員会の規則および施行規則は、A県教育庁義務教育課『教職員の服務と管理　七訂版』（1998年）pp.237-242による。なお、この規則および施行規則の制定に、文部省がどのような影響を及ぼしているのかはわからない。文部省が、基準の制定者であることを考えれば、なんらかの基準が提示されていたと考えることもできるが、これについてはわからない。

ない。他方、公立小中学校の管理主体は市町村教育委員会にあり、学校管理にかかわることについて県教育委員会が直接関与することは難しい。地教行法第49条は「都道府県教育委員会は、法令に違反しない限り、市町村委員会の所管に属する学校その他の教育機関の組織編制、教育課程、教材の取扱その他学校その他の教育機関の管理運営の基本的事項について、教育委員会規則で、教育の水準の維持向上のため必要な基準を設けることができる」としている。県レベルでの基準を制定し、それを市町村教育委員会に提示し、指導、助言を行うことが期待されている。こうした基準の一つの例が学校管理規則準則であるが、その中に人事管理にかかわることが定められている。

A県学校管理規則準則[21]には、たとえば、第一に、学校の組織編制について、小学校及び中学校に教務主任、学年主任、生徒指導主事、保健主事などを設置すること（ただし特別の事情のあるときは、この限りでない）、中学校には進路指導主事も設置すること（ただし特別の事情のあるときは、この限りでない）、その職務内容、任命形式（教育長の承認を得て校長が命ずる）などが規定されている。これは人事管理に即していえば、特定の役割をもった職位を設計し、そこへある方法で労働者を配置することを定めていることを意味するから、配置管理の一環と考えられる。管理規則準則は、第二に、校長および職員の年次休暇の時季変更、療養休暇および特別休暇の承認を行う主体を定めている。これは労働時間管理の一側面である。以上、簡単にみたように、A県学校管理規則準則には、人事管理に係わる事項の基準も定められている。

この学校管理規則準則を受けて、各市町村教育委員会は、それぞれの市町村の学校管理規則を制定することとなるが、「同一都道府県内の市町村にあっては、ほぼ共通した内容の学校管理規則となっている」（木田　1983：219）。

もっとも、学校管理規則準則はA県教育委員会が独自に定めたものではなく、学校の組織編制に関しては文部省の省令「学校教育法施行規則」第22条の3「小学校には、教務主任及び学年主任を置くものとする」、第22条の4「小学校においては、保健主事を置くものとする」、第52条の2「中学校には、生徒指導主事を置くものとする」、第52条の3「中学校には、進路指導主事を置くも

---

[21] A県教育庁義務教育課『教職員の服務と管理　七訂版』(1998年1月22日)pp.197-204より。

のとする」を受けて、それに違反しない範囲で制定されていると考えられる。同じく、休暇に関しては、A県の「職員の休日及び休暇に関する条例」の第4条「休暇は、年次休暇を除き、あらかじめ任命権者の承認を受けなければ与えられない」、第5条の2「年次休暇は、職員が請求した場合に与える。ただし、公務に支障があると認められる場合においては、他の時季に与えることができる」を、公立小中学校に適合するように具体化したものだと考えられる。

　こうしてみると、県教育委員会が県レベルの基準を制定するとはいっても、「法令または条例に違反しない限りで」という条件のもとでは、文部省で制定された労使関係の基本ルールあるいは基準を県独自の事情を加味しながら改定するか、あるいは県全体で条例として定まった事項を公立小中学校に合うように具体化するかであるようにみえる。とすると、次で述べる「ルールの普及者」としての機能とあまり変わらないとも考えられる。

2．2．4．ルールの普及

　地教行法第43条4項は「都道府県教育委員会は、県費負担教職員の任免その他の進退を適切に行うため、市町村委員会の行う県費負担教職員の服務の監督又は前条若しくは前項の規定により都道府県が制定する条例の実施について市町村委員会に対し、一般的指示を行うことができる」と規定している。ここで、前条とは給与、勤務時間その他の勤務条件は都道府県条例で定めるとした第43条をさし、前項とは県費負担教職員の任免、分限、懲戒に関しては都道府県条例で定めるとした第44条3項をさす。公立小中学校の教職員の人事管理について、県教育委員会が市町村教育委員会に一般的指示を与えることができることを示したものである。いいかえれば、文部省、県教育委員会、および県議会、人事委員会で制定された労使関係のルールを市町村教育委員会に伝えていく役割が県教育委員会に期待されている。

　たとえば、表2-2は1971年の給特法のケースであるが、給特法が国会で制定され、A県でも同じ内容の条例が公布されたことを受けて、市町村教育委員会、県教育委員会地方教育事務所、県立（高等、特殊教育）学校に、条例の趣旨、内容、留意点についての通知を行っている。

表2-2 ルールの普及—給特法のケース—

義務教育諸学校等の教育職員の給与等に関する特別措置に関する条例の施行について 昭和46年12月22日 教一第535号 教二第552号　　　教育長 　　　　　　　　　　市町村教育委員会教育長 　　　　　　　　　　各教育事務所長 　　　　　　　　　　県立学校長 「義務教育諸学校等の教育職員の給与等に関する特別措置に関する条例」（以下「条例」という。）が、昭和46年12月22日A県条例第55号をもって公布され昭和47年1月1日から施行されることになりました。この条例の趣旨及び時間外勤務等について留意すべき事項は、下記のとおりであるので、学校の管理運営上遺憾のないように願います。 なお、各市町村教育委員会においては、管下各小中学校長に対し、この趣旨の周知徹底について配慮願います。 以下　略

資料出所：A県教育庁義務教育課『教職員の服務と管理　七訂版』（1998年）p.91より。

2．3．市町村教育委員会

　市町村教育委員会は、前述したように、公立小中学校の管理主体であり、地教行法第43条で県費負担の公立小中学校教職員の服務を監督する責任をもたされている。いいかえれば、公立小中学校の教職員の人事管理の一部を、法律、条例、規則などにそって実行することが、市町村教育委員会に期待されている役割である。他方、前出の地教行法第33条の規定、つまり学校管理運営の基本的事項について、法令、条例に違反しない限り教育委員会規則を制定できるとする規定は、市町村教育委員会にも適用されるから、自ら労使関係に係わるルールを改廃、制定、運用する権限も与えられている。以下では、A県B市の教育委員会を例にとり、その組織を簡単に述べたあと、市町村教育委員会の上述の二つの機能を明らかにする。

2．3．1．組織

　図2-2は、A県B市教育委員会の組織を概観したものである。この図にそって、市教育委員会の組織、そして特に公立小中学校にかかわる教育事務について明らかにしよう。

　A県B市の教育委員は5名（委員長1名、委員長職務代理者1名、教育長1名を含む）であり、市長が市議会の同意を得て任命し、任期は4年とされている。5名の教育委員の中から教育委員長が教育委員による選挙で選ばれる。また、委員長に事故があるとき、又は欠けたときのために委員長職務代理者である委員を

図2-2　A県B市教育委員会

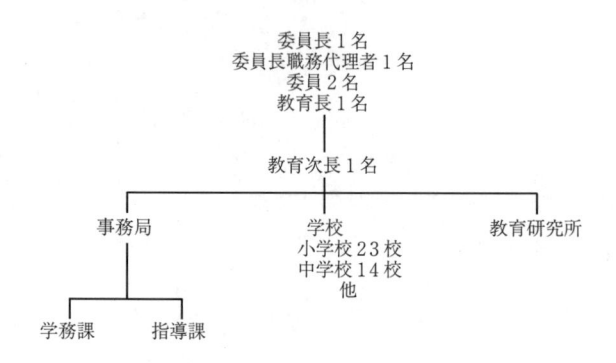

```
          委員長1名
      委員長職務代理者1名
          委員2名
          教育長1名
             │
         教育次長1名
             │
    ┌────────┼────────┐
  事務局      学校      教育研究所
   │      小学校23校
   │      中学校14校
   │         他
┌──┴──┐
学務課 指導課
```

資料出所：A県B市教育委員会『'99　Bの教育』（1999年8月）pp.5-6より作成。
　　　　　ただし、この図では事務局の総務課、施設整備課、生涯学習課、スポーツ振興課、幼稚園16校、養護学校1校、公民館、図書館、共同調理場等は除かれている。

　予め指定することになっている。県教育委員会では教育長は「狭義」の教育委員会が予め文部大臣の承認を得て、任命し、教育長は「狭義」の教育委員会を構成しない。これに対し、市町村教育委員会においては、教育長はあらかじめ県教育委員会の承認を得て、教育委員の中から任命され、「狭義」の教育委員会を構成する[22]。教育長を除く4名の教育委員は特別職の地方公務員であるが、教育長は一般職の常勤の地方公務員である。ただ、県教育委員会の教育長には任期制がとられていないのとは異なり、市町村教育委員会の教育長は教育委員であるため、任期は4年と定められている。教育委員には「人格が高潔で、教育、学術及び文化に関し識見を有する」（地教行法第4条）ことが期待されるのは、市町村教育委員会でも同様であり、現在のA県B市の教育委員は、男性4名、女性1名からなっている。

　市町村教育委員会の教育長は、教育委員でありながらも、教育委員会の指揮監督を受けて、その所管事務をすべて執行する。A県B市教育委員会では、教育長のもとに、教育次長1名、そのもとに、事務局、市立小中学校、市立幼稚園、市

---

[22] 市町村教育委員会の教育委員に教育長が含まれることになった経緯については、木田（1987：219-223）を参照されたい。この証言によれば、市町村教育委員会を残すための、担当文部官僚の苦肉の策だったことがわかる。

立養護学校、公民館、図書館、博物館、共同調理場、教育研究所などが設けられている。

　事務局に置かれた課で公立小中学校の労使関係に直接にかかわるもの、および教育研究所について、図2-2にそいながら簡単にその所管事務を説明しよう[23]。学務課は公立小中学校の県費負担教職員の任免、分限、および懲戒の内申にかかわる事務、同じく県費負担教職員の服務、免許、給与および福利厚生にかかわる事務などを担当する。指導課は学校教育内容の助言指導、教職員研修の計画、実施、教職員の教育研究指導などを担当し、教育研究所は教員研修の企画、実施、教育相談の実施などを行う。

　A県B市教育委員会には、指導主事が9名配置されており、事務局指導課に7名、教育委員会に1名、視聴覚センターに1名となっている。これらの指導主事はいずれも教職経験者である。また教育長、教育次長も教職経験者である。これら以外の職員のほとんどはB市の地方公務員行政職である[24]。

2．3．2．人事管理の実践

　前述したように、公立小中学校教職員の任命権は県教育委員会にある。しかし、地教行法第38条は、市町村教育委員会に対し、県費負担教職員の任免その他の進退に関して内申する権限を与えている。内申とは、「内々に申し述べること」（広辞苑　第四版）であるから、このことは、各々が所管する公立小中学校に勤務する教職員の採用[25]、昇任、配置転換[26]、昇給、降任、免職、休職、降給、失職、懲戒に関して、県教育委員会が最終決定を行う前に、市町村教育委員会が内々に意見を申し述べることである。文部省の施行通達41号によれば「市町村教育委員会の内申に対し、都道府県教育委員会はその内容にすべて拘束されるものではないが、市町村教育委員会の内申をまたずに任免その他の進退を行うことができない」とされているから、この内申権は実質を伴っていると考えられよう。

---

[23]　以下の叙述は、A県B市教育委員会『'99　Bの教育』（1999年8月）pp.6-7による。
[24]　以上、A県B市教育委員会教育次長、指導課長とのインタビューによる（1999年9月29日）。
[25]　ただし、新任教員の採用は、前述したように、県教育委員会による選考過程を経て行われるのであり、これに市町村教育委員会がどのように関与し、内申するのかという点についてはよくわからない。もちろん、新規採用された教員の配置については、市町村教育委員会が内申することは可能である。
[26]　教職員の配置転換に関しては、当該市町村教育委員会の所管する公立小中学校へ転任してくる教職員、およびその小中学校から他の学校（他地区も含め）へ転任していく教職員のいずれの場合でも、県教育委員会へ内申できると考えるのが普通であろう。

前述したように、県教育委員会の定める規則にそって、市町村教育委員会は公立小中学校の教職員の勤務評定を行う。ただし、実際には、後述するように、市町村教育委員会（正確には教育長）が直接勤務評定を行うのは、校長に限られ、教頭以下の職員、教員については、校長が評定を行い、市町村教育委員会がそれを調整することになっている。

　市町村教育委員会は、地教行法第45条の定めにより、独自に教職員研修を企画、実施することができる。そして同条2項により、県教育委員会の行う研修に協力する義務をおっている。たとえばA県B市教育委員会では、教員2年次研修、教員3年次研修、小学校理科実技研修会、生活科研修会などの教員研修を企画、実施している[27]。

　以上、簡単にみたように、市町村教育委員会は、自ら所管する公立小学校に勤務する教職員の人事管理の一部を実践している。

2．3．3．ルールの制定と普及

　上述したように、各市町村教育委員会は、県教育委員会の示す基準にそって、学校管理規則、教育委員会教育長事務委任規程などの規則を制定している。学校管理規則については県教育委員会の項で論じたから、ここでは後者についてみてみよう。A県教育委員会は教育委員会教育長事務委任規程準則を作成しており、ここでは、人事管理に関しては、職員の時間外勤務、休日勤務、夜間勤務、日直勤務及び宿直勤務の命令権を学校長に委任すること、通勤手当、住宅手当などに係わる確認および決定権を学校長に委任することが定められている。この準則を前提に、各市町村教育委員会はほぼ同一の委任規程を制定する。

　もっとも、こうした規則は前述したように、文部省の基本ルール、基準、あるいは県条例などにそったものであり、独自に制定したというよりも、県教育委員会の指導、助言のもと、そうしたルール、基準を普及、定着させるためのものだといってよい。

　このほか、給特法のケースでみたように、県教育委員会の通知は市町村教育委員会に送られ、市町村教育委員会は所管する各学校に周知徹底することを求められる。

---

[27] A県B市教育委員会『'99　Bの教育』（1999年8月）p.24による。
[28] 「校務」とは何か、「監督」とは何かをめぐって論争があるといわれる（木田　1983：214-215）が、ここではそうした点については立ち入らない。学校長が日々行っている、あるいは行うことを期待されている人事管理業務に着目し、そのことを踏まえて、校長の労使関係上の位置を明らかにする

2．4．学校長

　学校教育法第28条3には、「校長は、校務をつかさどり、所属職員を監督する」とあり(28)、労使関係からみると、公立小中学校の学校長は日常の人事管理業務を行ういわば現場管理者の位置にあると解される。法令、条例、規則などで定められたルールにのっとり、日々の人事管理業務に従事するのが学校長なのだと考えられる。ここでは、そうした日々の人事管理業務を例示しよう。

2．4．1．意見の具申

　地教行法第39条は、公立小中学校の校長は、自らの学校に所属する県費負担教職員の任免その他の進退に関する意見を市町村教育委員会に申し出ることができるとしている。これがいわゆる校長の具申権である。いいかえれば、校長は、自らが率いる公立小中学校の教職員の採用、昇任、配置転換、昇給、降任、免職、休職、降給、失職、懲戒に関して、市町村教育委員会に校長自身の意見を述べる権利を持つ(29)。

2．4．2．承認、命令、決定

　教特法第20条2項は「教員は、授業に支障のない限り、本属長の承認を受けて、勤務場所を離れて研修を行うことができる」とさだめており、ここで本属長とは校長をさす。

　既に論じたように、学校管理規則、教育委員会教育長事務委任規程の基準は、準則として県教育委員会が制定し、それとほぼ同じものが規則、規程として市町村教育委員会で制定される。この規則、規程のなかに、時間外勤務、宿日直勤務の命令、年次休暇の時季変更、療養および特別休暇の承認が、市町村教育委員会から学校長に委任されることが定められている。同様の委任が勤務時間の割り振り(30)に関しても行われ、校長が教職員の勤務時間の割り振りを行っている。

　このほか、前述したように、教頭以下の教職員の勤務評定を行っている。

　というアプローチをとっている。
(29)　新任教員の採用、および配置転換に関する具申権については、市町村教育委員会に関して触れた注(25)、(26)がそのまま当てはまると考えられる。
(30)　勤務時間の割り振りとは、①年間の休日を特定し、②1日当たりの労働時間を定め、③1日の始業および終業時刻を定め、④1日の休憩、休息時間の配置を行うことであり、一般的にいう労働時間管理の一部をなす。ただ、公立小中学校の教職員の場合、夏休み・冬休みなどの長期の学校休業日（学校休業日は、児童生徒が学校に来ない日であって、教職員の休日とは別のものである）があること、現在のところ、完全週休2日制と学校月2回週休2日制を両立する必要があること（したがって、休みとはならない土曜日の代わりをどこかで取る必要があること）、給食時間が労働時間に当たることなどから、特別の配慮が必要になる。

3．人事院系列

3．1．人事院

　人事院[31]は、公務の民主的かつ能率的な運営を保障するような人事行政が、国家公務員に関して、公正かつ円滑に行われるために設置された機関であり、しかも高度の専門的能力を有しかつ独立性・中立性を保障された人事行政機関である（菅野　1983：36-38）。人事院の主な任務は、「(a)競争試験の実施、選考、勤務成績の評定、研修、職階制の立案・実施、等の成績主義・科学主義に基づく人事行政、(b)給与その他の勤務条件の調査研究と情勢適応のための報告・勧告、(c)勤務条件に関する措置要求の審査・判定、および不利益処分についての不服申立に対する裁決、などである」（菅野　1983：38-39）。本研究が着目するのは、このうち、(b)の任務、中でも人事院勧告および報告である。人事院勧告、報告はもともと、国家公務員の勤務条件について、行われるものであるが、以下の理由で、公立小中学校の教職員の給与にも大きな影響を及ぼしている。

　第一に、教特法第25条の5は「公立学校の教育公務員の給与の種類及びその額は、当分の間、国立学校の教育公務員の給与の種類及びその額を基準として定めるものとする」と規定し、人事院勧告が公立小中学校教員の給与引き上げに直接関係する。

　第二に、地方公務員法第24条3項は「職員の給与は、生計費並びに国及び他の地方公共団体の職員並びに民間事業の従事者の給与その他の事情を考慮して定められなければならない」とされ、運用上は「国家公務員の給与に準じることとされて」（山本＝木村　1986：215-216）いる。いわゆる国家公務員と地方公務員の均衡の原則である。このため、金子（1973）、西村（1999）などが指摘するように、人事院勧告と県人事委員会勧告の内容はほぼ同じであり、A県公立小中学校の教員および事務職員の俸給、諸手当は国家公務員に対する人事院勧告に大きく依存する。もっとも、同じく、金子（1973）、西村（1999）が

---

[31] 本章の最初に指摘したように、人事院および次に論じる人事委員会は、正確には使用者側当事者ではなく、独立した中立の人事行政機関であるが、本研究では、人事管理に関して勧告、規則の制定を行っており、実際上、使用者側の一当事者として機能しているとみなしている。

明らかにしたように、同じ俸給表が必ずしも同じ結果をうむわけではなく、運用によって、等しく公立小中学校の教職員とはいえ、都道府県ごとに違いが出てくることはありうることである。

3．2．人事委員会

人事院が国家公務員に関する独立した人事行政機関であれば、人事委員会は地方公務員に関する独立した人事行政機関であり、人事院と同じ任務を担う。A県人事委員会も、県費負担教職員の俸給表および諸手当に関し、A県議会およびA県知事に勧告を行っている。上で述べたように、また次章で見るように、A県人事委員会勧告は人事院勧告とほぼ同じである。

これ以外に、地方公務員法第8条4項は「人事委員会又は公平委員会は、法律又は条例に基きその権限に属せしめられた事項に関し、人事委員会規則又は公平委員会規則を制定することができる」としており、たとえば、労働時間に関する人事委員会規則を制定する[32]。公立小中学校教職員は県費負担であり、県人事委員会規則は準用されると考えられる。たとえば、A県の県費負担の公立小中学校教職員の労働時間を規制するルールとしては、まず基本として「市町村立学校県費負担教職員の勤務時間に関する条例」があり、さらに「職員の勤務時間に関する規則」（A県人事委員会規則）があり、そして、A県教育委員会が定めるいくつかの規則がある。

3．3．県知事

地教行法第42条は、県費負担の公立小中学校教職員の給与、労働時間、その他の労働条件は都道府県条例で定めると規定している。給与に関しては、知事は人事委員会の勧告を受け、予算案を作成して、議会にはかり、議会もまた人事委員会の勧告を受けて、予算案の審議を行い、最終的に「A県職員の給与に関する条例」が改定されて、公立小中学校教職員の俸給および諸手当の改定が行われることになる。労働時間、その他の労働条件についても、知事は法案を作成し、議

---

[32] 人事院も当然に、そうした規則を制定する権限を与えられている（国家公務員法第16条）。しかも人事院は、国家公務員法の「実施に関し必要な事項を制定することができるという包括的権限を与えられている点において」（山本＝木村　1986：44）、人事委員会とは異なる。

会にはかり、議会が審議を行ったのちに、条例として定まることとなる。
　なお、前述したように、地教行法第29条により、公立小中学校教職員の給与、労働時間その他の労働条件にかかわる法案の作成に際しては、A県教育委員会は県知事に意見を述べることができる。

4．使用者側当事者の性格

　以上、公立小中学校の労使関係の使用者側の当事者として、文部省系列各機関および人事院系列各機関の機能、役割を明らかにしてきた。最初に述べたように、これらの四つの機関および三つの機関は文部省および人事院を頂点にした指揮命令系統のある階層的組織をなしているというわけではない。少なくとも公式にはそうではない。だが、労使関係上、使用者として果たしている機能に着目すると、法令、条例、規則にあらわれた限りでいえば、実質的には、相互に緊密な関係をもつ階層的組織をなしているといってよいように思える。もちろん、各機関は独自の自由裁量権をもち、ルールの運用にしても目標と実態が違ってくることは考えられる。
　文部省は、労使関係の基本的ルール、基準の制定者である。人事院は国家公務員に関する俸給、手当、労働時間などに関する基本的ルールの制定者であるが、県人事委員会は人事院勧告に準じた勧告をだすことから、人事院は地方公務員に関しても基本的ルールの事実上の制定者だといってよい。県知事は県人事委員会の勧告にほぼしたがう。県教育委員会はこれらの機関よって定められた基本的ルール、基準を前提に公立小中学校の教職員の人事管理の最終責任者として人事管理業務の重要部分を担い、かつ法令、条例に違反しない範囲で、県独自の労使関係の基本ルールあるいは基準を制定し、普及させる。市町村教育委員会は学校の管理主体として、県教育委員会が行う人事管理業務を補助し、他方で、文部省の基本的ルール、基準、条例、そして県教育委員会規則を前提に、それに違反しない限りにおいて（というよりも、むしろ、ほぼ同じものを）市町村教育委員会規則として制定する。公立小中学校長はこれら諸ルールを日々運用し、いいかえれば日々の人事管理業務に現場の管理者として携わる。こうした全体図を描くことができるようにみえる。

だが、ここで、「法令、条例、規則にあらわれた限りでは」という修飾節をつけたように、また「ルールの運用にしても目標と実態が違ってくる」と付け加えたように、このような全体像で公立小中学校の労使関係を描ききることには無理がある。労使関係のもう一方の当事者である労働組合、特に県教組およびその下部組織の活動、学校現場でのルールの運用状況を丹念にみていく作業が是非とも必要である。労働組合については以下で、運用状況については、次章以下で、詳しく論じることとする。

5．労働組合

5．1．日本教職員組合

日本教職員組合（以下、日教組と略称）は、1947年に結成された、学校教職員を組織する労働組合である。以下では、日教組の組織、構造を明らかにし、そして労使関係上の機能について明らかにしていこう。日教組の労使関係上の主要機能は、大別すると、三つある。一つは使用者側との交渉、協議、話し合いを通じて、仕事と報酬をめぐる基本ルール制定に、労働者側の代表として関与することである。二つめは、同じく仕事と報酬をめぐる基準の制定に、労働者側の代表として関与することである。三つめは、教育研究集会の組織者として、教職員の自主的な教育訓練を促し、能力向上をはかることである。

5．1．1．組織と構造

日教組の組織範囲は、国立、公立、私立の幼稚園、小学校、中学校、高校、中等教育学校[33]、大学、高等専門学校、盲学校、聾学校、養護学校[34]に働く教職員である。

1997年6月現在の組織人員は365,307人（単一組合ベース）である。図2-3は結成時の1947年から1997年現在までの組織人員の推移をみたものである。組織人員の最も多かったのは1982年の678,625人であり、1997年にはそれに比べ約30万人減っている。組織人員が特に大きく減少したのは1990年であり、ナショナルセンター加盟をめぐる対立をきっかけとして、連合加盟の

---

[33] 中等教育学校とは、小学校の後にいわゆる中高一貫教育を行う学校である。
[34] これらの諸学校は、学校教育法第一条にいう「学校」にあたる。

日教組と全労連加盟の全日本教職員組合（全教）に分裂したためである（日教組 1997：128-134）。もっとも、1982年以降、日教組の組織人員は減少しつづけており、この分裂とはさしあたり無関係に、日教組加盟を含め教育関係の組合員数は全体として減っている。表2-3は、日教組、全教、教育関連の組合員数総計の推移を1991以降についてみたものであるが、ここからも以上の点は確認できる。

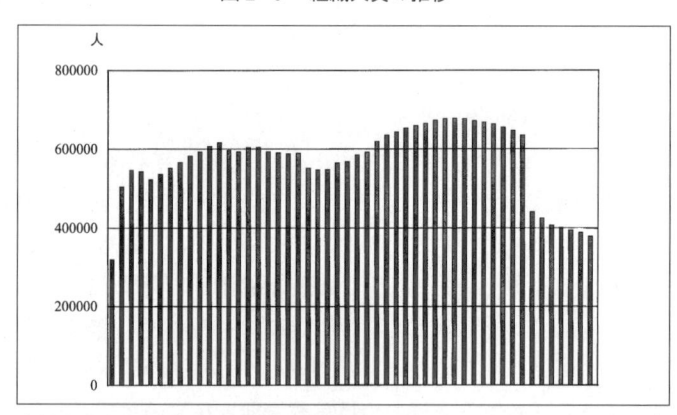

図2-3 組織人員の推移

資料出所：1977年までは労働省『労働組合基本調査30年史』（労働基準調査会、1978年）、それ以降は、労働省『労働組合基本（基礎）調査報告』各年版による。

表2-3 組織人員の変化

年	教育関連組合員数	日教組	全教
1991	775,001	423,199	169,785
1992	759,543	406,544	168,970
1993	745,481	400,484	164,856
1994	733,692	393,989	157,320
1995	719,127	386,841	152,026
1996	707,498	377,014	149,857
1997	686,586	365,307	143,392
6年間の変化	- 88,415	- 57,892	- 26,393
変化率	- 11.4%	- 13.7%	- 15.5%

資料出所：労働省『労働組合基礎調査』各年版。教育関連組合員総数は単位組合ベース、日教組、全教は単一組合ベース。

こうした組合員数減少の大きな原因の一つは、定年などによる退職で既存組合員が減少する一方で、新規採用の教職員の組織化が困難であることである。たとえば、1996年では、公立諸学校に採用された教職員20,448人のうち、組合に加盟した者は6,308人、30.8％にすぎない(35)。

　日教組の構成単位は主として都道府県単位の教職員組合であり、これら都道府県単位の組合の連合体であるといってよい。ただし、実際には、さまざまな加盟方式がとられており、日本労働組合総連合会（1991）によると、次のごとくである（p.5）。第一に、公立小中学校等教職員の都道府県単位の組合（単一組合であることもあれば、地域別の単位組合の連合体であることもある）が、日教組に加盟する。第二に、公立高校教職員の都道府県単位の組合が日教組に加盟する。この二つが組織上は日教組の中心をなす。第三に、政令都市の市立高校の教職員が当該都市単位で組合をつくり、日教組に加盟することもある。このほか、第四に、公立の特殊教育諸学校の教職員が学校単位の組合をつくり、日教組に加盟することもあり、第五に、公立学校の事務職員が都道府県単位で組合をつくり日教組に加盟することもある。第六に、国公立大学および高等専門学校の教職員は日本国立大学高専教職員組合（日大教）を通じて日教組に加盟する。日大教は国公立大学などの教職員が学校単位で組織する組合の連合体であり、日教組との関係では、日教組を構成する一つの単位組合として位置付けられている(36)。第七に、私立学校の教職員は日本私立学校教職員組合（日私教）を通じて日教組に加盟する。日私教は都道府県単位の私立学校教職員組合の連合体であり、日教組との関係では、日教組を構成する一つの単位組合と位置付けられている(37)。

　このように様々な構成単位があるが、その中心が都道府県単位の公立学校の教職員組合であるため、組合員規模別の構成を日本労働組合総連合会（1991）でみると、組合員規模5,000人以上の組合に所属する組合員が全組合員数の78.9％

---

(35)　日教組『きょういく2001』1997,No.6（1997年10月）のp.31による。なお原資料は文部省『教職員団体の組織実態について』（1996年10月1日）である。組織化された6,308人の内訳は、日教組3,705人、全教499人、全日本教職員連盟423人、日本高等学校教職員組合（麹町）413人、その他の組合1,208人となっている。
(36)　以前は大学部を通しての加盟であったが、1992年に日大教が結成され現在のような形態になった。この間の経緯については日教組（1997：210-217）を参照されたい。
(37)　以前は私立学校部を通しての加盟であったが、1992年に日私教が結成され現在のような形態になった。この間の経緯については日教組（1997:218-220）を参照されたい。

近くを占め、また、5,000人以上の組合および1,000～4,999人の組合がそれぞれ全組合数の36.1％、37.5％を占めるなど、大規模組合の連合体であるといってよい（p.9）(38)。

　補助組織としてブロック単位の地区協議会をもっている。地区協議会には専従者はおかれておらず、決議機関、執行機関ももたず、情報収集・伝達を主要な役割としている（日本労働組合総連合会　1991：14）。また、幼稚園部、事務職員部、養護教員部、現業職員部、栄養職員部などの専門部がおかれ、それらの専門部が中央執行委員の選出単位となるなど、教職員内部のさまざまな職種のニーズが組合運営に反映されるよう工夫が講じられている。

5．1．2．基本ルールをめぐる交渉と制定

　労働条件の基本である給与、あるいは基本的な人事管理制度の改定は、これまで述べてきたように人事院勧告が極めて重要な影響をもつ。したがって、日教組も日本公務員労働組合共闘会議（公務員共闘）、連合の公務員労働組合連絡会（公務員連絡会）(39)の主要メンバーとして、人事院等と交渉、協議を行い、勧告内容の改善を働きかける。それと並行して、日教組独自で文部省、人事院などと交渉、協議を行い、教育公務員特有の労働条件に係わる勧告内容の改善を働きかける。なお、公務員共闘と連合公務員連絡会は中心的メンバーが重複しており、また事務所も同じ場所にあるなど、活動にさほど大きな違いはみられないようである。1997年現在で、日教組は公務員共闘に対しては常駐の事務局次長を派遣しており、公務員連絡会には6名の委員をだしている（ただし常駐ではない）。6名のうちわけは表2-4のようになっている。

---

(38)　ちなみに自治労は、組合員規模5,000人以上の組合に所属する組合員数は全体の37.1％、5,000人以上および1,000-4,999人規模の組合数は全組合の1.4％、5.0％を占めるにすぎない。民間部門と比べると、たとえば、電機連合は組合員規模5,000人以上の組合に所属する組合員数は全体の76.9％であり、日教組と近い。ただ、5,000人以上および1,000-4,999人規模の組合数は全組合の9.5％、29.1％であり、日教組に比べ、小規模組合の比率が高くなる（全日本民間労働組合連合会　1989：21-22）。

(39)　公務員共闘の構成メンバーは、日教組以外に、自治労、国公総連、都市交、全水道、日高教（麹町）、政労連、全駐労、国会職連、都労連である。公務員連絡会は、公務員共闘から日高教（麹町）、全駐労、国会職連、都労連を除いたメンバーと全官公系の自治労連、税関労連、建職組、統計労組から構成されている。

表2-4　日教組出身の連合公務員連絡会委員

日教組での役職	公務員連絡会での役職
委員長	副代表委員
書記長	企画調整委員、行革専門委員
中央執行委員、生活部長	幹事、社会保障、高齢対策専門委員
中央執行委員、法制部長	権利専門委員、労働時間専門委員
中央執行委員、地方分権対策部長・事務職員部長	行革作業委員
賃金対策部長	賃金専門委員

資料出所：日教組『1997年度　日教組の運動』（1997年7月15日）のpp.94-106より作成

5．1．2．1．96春闘での要求、交渉

　以下では、最終的に1996年度人事院報告・勧告に結実した給与、その他の人事管理制度の改定をめぐり、公務員共闘、公務員連絡会そして日教組が人事院、総務庁、自治省、文部省に対しどのような要求、交渉、協議をおこなったのかをみよう[40]。

表2-5　96年度要求書の提出（1996年2月6日、7日）

公務員共闘・公務員連絡会	要求書提出機関と要求内容（主要なもの）
公務員連絡会委員長クラス交渉委員	総務庁長官へ要求書提出 ①賃金引き上げ18,000円、5％。 ②人事院勧告の早期実施(10月)。 ③公務員労働者の労働基本権確立。ILO144、151号条約批准 ④公務員制度審議会の審議の再開。 ⑤労働条件決定手続にかかわる法制度改善に向けての法改正。公務員の労使問題に関する協議の場の設定。在籍専従制限の緩和・弾力化 ⑥労働時間の短縮、1996年度までに1,800時間。 　所定内労働時間の短縮、超過勤務の実態調査と上限規制、人員増、年次有給休暇の計画的・連続的取得促進。 　完全学校5日制の実施、当面は月単位の4週8休制実施。 ⑦福利厚生施策の拡充。健康管理の充実、住宅事業の拡充、福利厚生施設の拡充。 ⑧公務高齢者雇用対策の推進。希望者全員雇用、多様な働き方、充分な賃金・労働条件の保障、公務員連絡会との協議。 ⑨公務における男女平等実現、女子採用枠拡大、職場環境整備。
公務員連絡会地方公務員部会委員長クラス交渉委員	自治大臣へ要求書提出 ①各自治体と労働組合との交渉とその合意に基づき、賃金引き上げを早期に行うこと。寒冷地手当の維持

[40]　以下の既述は、特にこだわらない限り、日本公務員労働組合共闘会議『96年人事院勧告の解説－その内容と問題点－』（1996年8月）によっている。

公務員連絡会委員長クラス交渉委員	②各人事委員会の早期勧告の実現。 ③地方公務員の賃金改定に必要な財源確保措置 ④労働時間の短縮、1996年度までに1,800時間。 　所定内労働時間の短縮、超過勤務の縮減、年次休暇の取得促進、人員確保、完全週休2日制未実施職務、職場への措置、完全学校5日制の実施。 ⑤各種休暇制度の新設・拡充。夏期休暇日数の拡大、リフレッシュ休暇、ボランティア休暇の新設。 ⑥国に遅れることなく、自治体の高齢者雇用制度がスタートできるよう、諸課題の検討と制度化。制度化にあたっては労使合意。 ⑦女性の雇用安定・権利確立。 ⑧ILO144,151号条約批准、在籍専従制限緩和、弾力化 ⑨各自治体労使の自主的交渉の尊重 人事院総裁へ要求書提出 ①賃金引き上げ18,000円、5％。 ②配分にあたっては、本棒への配分を重視、かつ中堅層への配分を手厚く。公務員連絡会との十分な協議と合意。 ③諸手当改善。扶養手当は「子」等を中心として引き上げ、住居手当の制度改正と引き上げ、通勤手当の引き上げと支給除外距離を1km未満とする、寒冷地手当は現行支給基準の確保を基本に公務員連絡会と協議と合意。 ④一時金は期末手当一本で、年間6カ月。 ⑤職務の実態にみあうよう賃金決定基準の抜本的改善、行政職（一）Ⅱ種試験採用者の初任給格付けを2⑨3号棒とする、教育職（二）、（三）等の棒給表等の抜本的水準是正。 ⑥勧告作業の改善。官民比較方法の改定。 ⑦早期勧告（7月中） ⑧労働時間を1996年度までに1,800時間。 　所定内労働時間を1日7時間30分、週37時間30分に短縮、当面、交替制・不規則勤務職場の労働時間短縮を最重要視。超過勤務の実態調査と上限規制、人員増。年次休暇の計画的・連続的取得促進、 ⑨夏期休暇日数を5日に拡大、リフレッシュ休暇（勤続10年目に5日、20年目に10日、30年目に15日）、ボランティア休暇新設。 ⑩福利厚生施策の拡充。健康管理の充実、持ち家支援のための住宅事業の拡充、公務員宿舎退去時の費用負担の軽減、福利厚生施設の拡充。 ⑪公務高齢者雇用対策の推進。希望者全員雇用、多様な働き方、充分な賃金・労働条件の保障を基本に、公務員連絡会との協議を行う。2001年度からスタートできるよう明確なタイムスケジュールを設定。 ⑫公務における男女平等実現、女子採用枠拡大、職場環境整備。

資料出所：日本公務員労働組合共闘会議『96年人事院勧告の解説―その内容と問題点』（1996年8月）pp.115-123より作成。

公務員共闘、公務員連絡会の96年春闘への取り組みは、表2-4にあるような内容の要求書を2月6日に総務庁長官、自治大臣へ、翌7日に人事院総裁に提出することから正式にスタートした。要求書の内容は似通っているものの、いくつかの違いを指摘することができる。第一に、人事院総裁へ提出した要求書の方が、数字がはいっているなどより具体的であり、かつ配分、諸手当、一時金などの要求も含まれているなど詳細である。第二に総務庁長官へ提出した要求書ではILO条約批准（労働諸条件の決定への労働組合の参加）、労働組合参加をめざす法改正、労使協議の場の設定など、交渉協議機構の整備も盛り込まれている。第三に、自治大臣へ提出した要求書では、地方自治体への財源措置、人事委員会の早期勧告の働きかけ、自治体における自主的交渉の尊重など、地方自治体での交渉促進のための環境整備が盛り込まれている。

要求書提出時に、公務員共闘、公務員連絡会は3月25日に回答するよう申し入れており、この回答指定日までに、統一行動、本格的交渉が行われることになる。

表2-5 総務庁、人事院との交渉経過

月　日	公務員共闘、公務員連絡会側	総務庁、人事院側	事　項
2月23日	賃金専門委員会	人事院給与局参事官	俸給、諸手当、一時金
28日	幹事交渉委員	人事院高齢対策室長	「公務の高齢者雇用制度確立に向けた考え方」組合側提示
3月　1日	権利専門委員会	人事院任用局企画課長	労働基本権などの権利
5日	幹事交渉委員	人事院職員団体審議官	要求全体
5日	幹事交渉委員	総務庁人事局次長	要求全体
12日	労働時間専門委員会	人事院職員団体審議官	労働時間
13日	賃金専門委員会、権利専門委員会	総務庁人事局担当参事官	俸給、諸手当、一時金、労働基本権等
13日	賃金専門委員会	人事院職員団体審議官	俸給、諸手当
14日	高齢対策専門委員会	人事院高齢対策室長	高齢者雇用制度
19日	書記長交渉委員	総務庁人事局長	最終交渉（特に権利問題）
19日	書記長交渉委員	人事院給与・職員・管理各局長	最終交渉

資料出所：日本公務員労働組合共闘会議『96年人事院勧告の解説－その内容と問題点』（1996年8月）p.86より作成。なお、寒冷地手当関係の交渉はこの表には含まれていない。

3月5日には第一次中央行動、19日に第二次中央行動が日比谷大音楽堂で実施され、これと並んで2月9日、3月5日、19日に全国各地で一斉に公務員の組合が要求行動を行う全国統一行動も行われた。A県教職員組合も全国統一行動に参加している。公務員共闘、公務員連絡会は、こうして大衆動員をはかりながら、表2-5にあるように2月下旬から3月中旬にかけて集中的に総務庁、人事院の実務担当者と交渉を行うのである。

　回答指定日の3月25日には、公務員連絡会の委員長クラス交渉委員は人事院総裁、総務庁とこの時期における最終交渉をもち、回答をひきだし、同じく公務員連絡会地方公務員部会委員長クラス交渉委員もまた自治大臣と交渉をもって回答を引き出す。ただ、回答といっても、この時期のそれは、具体的な数字、条件を伴ったものではなく、どちらかといえば、表2-6にあるように、考え方、方針の提示にとどまるといってよい。

表2-6　公務員共闘、公務員連絡会要求への回答（1996年3月25日）

当事者	回答内容の要約
総務庁長官	①人事院勧告制度は尊重する。勧告の早期完全実施に向けて最大限の努力をはかる。 ②超過勤務の縮減や年次休暇の計画的使用の一層の促進に努める。 ③在籍専従期間の取扱やILO条約批准の促進に対する、組合の強い関心は十分に認識している。在籍専従問題は新たな場で話し合っていきたい。公務員制度審議会は廃止したいと考えているが、新たな場を設置することを検討する。 ④公務部門の高齢者雇用推進に向けて、組合の意見をききながら検討していく。 ⑤組合とは誠意をもった話し合いによる一層の意志疎通に努めたい。
自治大臣	①地方公務員の給与改定は、基本的には人事院勧告に基づく国家公務員の給与改定に準じておこなうべきと考えている。人事院勧告の早期完全実施に努力する。 ②給与改定財源には、地方財政計画に予め計上している給与改善費（1％相当額）をあてるなどにより、適切な措置を講じる。 ③超過勤務の縮減や年次有給休暇の取得促進を一層推進するよう必要な指導、助言を行う。 ④公務の高齢者雇用は、地方の実態に留意しながら、国の検討状況を踏まえ、均衡をとりつつ積極的に検討する。 ⑤在籍専従期間の取扱やILO条約批准促進に組合が強い関心を持っていることは認識している。 ⑥組合と誠意をもった話し合いを行い、情報交換に努める。
人事院総裁	①官民較差に基づき、適正な公務員の給与水準を確保するという基本姿勢は変わらない。 ②民間給与の実態を正確に把握し、公務員連絡会の要求及び公務員の生活を考慮して、勧告に向けて対処する。 ③できる限り早期の勧告に努力する。

	④官民比較方法の見直しについては引き続き検討する。 ⑤配分、体系、水準などで公務員連絡会の要求を反映するよう努める。 ⑥寒冷地手当は水準を引き下げ、職員の扶養状況に応じた支給額になるよう見直す。 ⑦人事院勧告の早期完全実施に努力する。 ⑧勤務時間・休暇制度の充実について引き続き検討する。ボランティア休暇についても検討を進める。 ⑨福利厚生の充実は、民間の実態等を踏まえて引き続き検討する。 ⑩高齢者雇用施策の骨格の早期策定にむけて検討を進める。

資料出所：日本公務員労働組合共闘会議『96年人事院勧告の解説－その内容と問題点』（1996年8月）pp.87-91より作成。

　労働組合側は、人事院勧告の尊重、早期勧告、勧告の早期完全実施などの回答を引き出すとともに、労働時間短縮努力、高齢者雇用制度の検討、組合との協議・話し合いの尊重、地方自治体での財源確保などに関して、これら三機関から確約を受けることで、この時期の交渉、協議は一段落することになる。

5.1.2.2. 日教組の独自要求、交渉

　この間、日教組も独自に文部省、人事院に対して、要求、交渉を行っている[41]。「18,000円、5％」を基本に、各教職員間の俸給表の標準化、より高い号数まで到達できるような俸給表の改善、義務教育等教員特別手当の改善、教職調整額の改善などを内容とする賃金制度検討委員会の報告（1994年9月）[42]および、教育職（二）（三）で昇給の頭打ちを解決するため、俸給表水準の引き上げ、上級への格付けなどを内容とする賃金水準問題検討委員会最終報告「教育職など賃金の水準問題について」（1996年2月）[43]を反映させた要求書を3月中に文部省と人事院に提出している。特に賃金水準について文部省、人事院の両方から「検討する」との回答を引き出すことに成功している。さらに、完全週休2日制の早期実現をめざし、3月中に文部省交渉を行い、完全週休2日制は完全学校5日制の実施が条件であるが、本来ならば休日であるが学校が休みではないために出勤することになっている土曜日の代休を長期休暇中に「まとめどりする」方式について検討したいとの回答を引き出した。

---

[41]　日教組の96年春闘のこの時期における独自の活動については、特に断らない限り日教組『1996年度　日教組の運動』（1996年6月）のpp.18-21によっている。
[42]　賃金制度検討委員会の報告内容に関しては日教組（1997：367-369）による。
[43]　賃金水準問題検討委員会最終報告の詳細は日教組（1997：1430-1437）を参照されたい。

5.1.2.3. 人事院勧告期の要求、交渉

　以上の2月から3月末にかけての要求、交渉、協議が一段落すると、次に6月ころから、人事院勧告の内容をめぐる要求、交渉、協議が始まることになる。組合側は民間部門での春闘結果を踏まえ、表2-7にあるように、具体的な要求を人事院に提出することになる。

表2-7　人事院勧告にかかわる要求（主なもの）

事　　項	要　求　内　容
1．賃金	
①賃金水準の引き上げ	＊国家公務員の賃金を平均3,800円、1.1％引き上げる。 ＊教育職（二）（三）等級の俸給表構造や水準のあり方について本格的検討を開始する。 ＊官民比較方法の改善を行い、公務員賃金全体の水準を引き上げる。
②初任給	＊行政職（一）の初任給基準表を改善し、Ⅱ種試験採用者の初任給については2⑨3号俸に格付けする。
③配分	＊本俸と諸手当の配分については本俸重視を基本としつつ、本年の諸手当改善の内容を踏まえた配分比とする。 ＊生計費が増大する世帯形成時から標準世帯層を最重点に、30-40歳代半ばまでについては平均引き上げ率以上の引き上げを行う。 ＊教育費が家計を圧迫する45-50歳代前半層については、教育加算額の引き上げと合わせて、中堅層と同等程度の水準引き上げとする。 ＊その他の層の引き上げ水準については、最低でも最高引き上げ率の1/2程度とする。
④諸手当	＊扶養手当については「子」等の教育加算額の引き上げを行う。 ＊交通機関利用者、交通用具使用者ともに、通勤手当の改善を行う。通勤手当の支給除外距離を1km未満にする。 ＊筑波研究学園都市移転手当については廃止し、他の手当を新設する。見直しにあたっては公務員連絡会と十分協議し、合意のうえ行う。 ＊寒冷地手当については、支給地域の生活実態と公務員連絡会の要求をふまえ、合意に基づく勧告を行う。
⑤一時金	＊調査、比較方法を改め、民間の支給水準を機敏かつ正確に反映した支給月とする。
⑥実施時期	＊1996年4月1日とする。
2．労働時間	
①時間短縮	＊公務員の時短に向けた今後の基本方針を人事院報告で明記する。 ＊交替制・不規則勤務職場の連続休日化を一層促進する。
②休暇制度	＊15日の有給ボランティア休暇制度を新設する。
3．福利厚生施策	
①持ち家政策	＊使用者の負担による持ち家者のローンの利子補填などの措置を検討する。
②公務員宿舎	＊公務員宿舎の充実に努めるとともに、宿舎退去時の原状回復のための自己負担の軽減や公平な基準などについて提言する。
③健康管理	＊健康管理の一層の充実に向けた施策の検討を進める。
4．高齢者雇用制度	＊人事院報告において、公務員の高齢者雇用制度の骨格と2001年に向けた明確なタイムスケジュールを提言する。骨格については、公務員連絡会の申し入れを十分に踏まえ、その内容を反映させる。
5．女性の労働権確立	＊人事院報告において、女性の労働権確立と公務における男女共同参画の前進に向けた基本方針を明らかにする。
6．早期勧告	＊できる限り速やかに作業を進め、7月中に勧告を行う。

資料出所：日本公務員労働組合共闘会議『96年人事院勧告の解説－その内容と問題点』（1996年8月）pp.126-129より作成。

表2-7の要求と表2-5の人事院総裁への要求を比較すると、賃金引き上げ要求が5％から1.1％へと変わったこと、配分要求がより詳細になったこと、労働時間短縮の具体的目標が数字で掲げられなくなったこと、休暇制度がボランティア休暇に絞られたことなどの違いがみられる。96年春闘の結果は、定昇込みで2.83％、8,277円（連合集計）、日経連集計では2.81％、8,628円、労働省集計では2.86％、8,172円であった[44]。公務員共闘、公務員連絡会はかかる春闘結果を踏まえて、官民格差是正のための賃上げ要求として、1.1％、3,800円要求を行ったのである。さらに、この表では省略したが、行政職（一）について特定の級、号俸に関する具体的要求がなされている。公務員共闘、公務員連絡会は1996年6月12日に、この要求書を人事院総裁に提出するとともに、表2-8にみるように人事院の実務者との交渉を開始した。

表2-8 人事院への要求書の提出と回答（1996年6月12日）

担当部局長	公務員共闘、公務員連絡会要求事項	人事院の主要回答内容
給与局長	＊給与関係部分の要求説明。 ＊配分についての交渉充実。 ＊昨年を上回る水準引き上げ。 ＊7月中の勧告実現。	＊早期勧告の努力はするが、難しいことを了承してほしい。 ＊配分については、過年度の物価上昇率がマイナス0.1％であり、実質生活が既に確保されているので、それを考慮して考えていきたい。 ＊筑波移転手当を廃止し、研究公務員を対象とした新たな手当を検討中である。 ＊寒冷地手当の見直しを検討中であり、6月中に成案としたい。 ＊一時金について今年は改善までいくのは難しいと思うが、民間実態の正確な把握に努めていきたい。
職員局長	＊労働時間、休暇、福利厚生関係の重点要求項目の説明	＊時短については超勤や年休で取り組んできたが、実態として進んでいない面があり、さらに検討したい。 ＊交替制職場での時短については着実に進めていきたい。 ＊ボランティア休暇については前向きに検討していきたい。 ＊福利厚生は人事院独自で行えることは少ないので難しい。 ＊公務員宿舎の現状復帰問題は調査を進めてきており、アンバランスを解消するような施策を検討していきたい。
管理局長	＊高齢者雇用制度の概要を早急提すること。 ＊女性の権利問題の検討 ＊研究職員の処遇問題の考え方を提示すること。	＊高齢者雇用制度についてはスケジュールにそって骨格を示すべく作業中である。 ＊男女参画審議会等の答申を踏まえながら女性の権利問題に関する検討を進める。

資料出所：日本公務員労働組合共闘会議『96年人事院勧告の解説－その内容と問題点』（1996年8月）pp.93-95より作成。

[44] 日本公務員労働組合共闘会議『96年人事院勧告の解説－その内容と問題点』（1996年8月）p.18

3月の人事院総裁の回答に比べ、各担当局長から具体的内容のある回答を引き出し、その後、3月期と同様に、統一行動、本格的交渉を行うことになる。
　96年春闘では、7月5日、25日の2度にわたり中央行動を組織し、さらに全国での統一行動を6月12日、7月5日、25日の3度にわたって組織した。A県教職員組合もこの統一行動に参加している。公務員共闘、公務員連絡会はこうした大衆動員をかけながら、表2-9にあるように、7月中の人事院勧告をめざし交渉を本格化していく。

表2-9　人事院、総務庁との交渉経過

月　日	公務員共闘、公務員連絡会側	総務庁、人事院側	事　項
7月2日	賃金専門委員会	人事院給与局参事官	俸給、諸手当、一時金
2日	労働時間専門委員会	人事院職員課長	労働時間
3日	高齢対策専門委員会	総務庁人事局高齢対策課長	高齢者雇用制度
4日	女性連絡会	人事院管理局企画官	女性の権利問題
5日	高齢対策専門委員長	人事院高齢対策室長	高齢者雇用制度
11日	幹事交渉委員	人事院職員団体審議官	全体
16日	賃金専門委員会	人事院職員団体審議官	俸給、諸手当、一時金
16日	労働時間専門委員会	人事院職員団体審議官	労働時間
25日	書記長交渉委員＋各専門委員長	人事院給与・職員・管理各局長	最終交渉

資料出所：日本公務員労働組合共闘会議『96年人事院勧告の解説－その内容と問題点』（1996年8月）p.86より作成。なお、寒冷地手当関係の交渉はこの表には含まれていない。

　表2-9にあるように個別課題ごとに、担当者と交渉を積み重ね、7月25日の人事院各局長との最終交渉では「要求事項に対する回答を引き出すとともに、96勧告・報告内容の概要を確認し、人事院総裁との最終交渉に臨むこと」[45]となる。7月30日、人事院総裁は①勧告日は8月1日になる、②官民較差は0.9％台半ば、③中堅層職員を中心とする改善を行う、④教育職など一部の俸給表について調整措置を行う、⑤扶養手当については教育加算額を引き上げる、⑥通勤手当の全額支給限度額の引き上げを行う、⑦筑波移転手当を廃止し、研究員調整手当を新設する、⑧寒冷地手当については見直す、⑨5日の有給ボランティア休暇を導入する方向で検討する、⑩高齢者雇用については新たな再任用制度の骨格を具体的に示す、⑪人事管理制度全般の見直しを行うなどを内容とする回答を、公式の人事院勧告の前に行った。これを表2-7にある組合要求とを比較すると、組合側の要求がある程度、受け入れられていることがわかる。

[45]　日本公務員労働組合共闘会議『96年人事院勧告の解説－その内容と問題点』（1996年8月）p.98。

5．1．2．4．人事院勧告と実施

翌8月1日、人事院総裁は内閣総理大臣、衆・参議院議長に「給与等に関する報告と勧告」を行った。報告は三つの柱からなり、一つは給与（現状、官民比較、給与改定、中・長期的な給与制度の検討、給与勧告実施の要請等）、二つは新たな人事管理システムへの取り組み（人材の計画的育成・採用、研究公務員への任期制導入、ボランティア休暇、人事管理システムの見直し等）、三つは高齢者の活用と高齢者雇用制度の骨格（高齢者雇用の基本方向、高齢者雇用制度の骨格、実施のための条件整備）である。

勧告では「一般職の職員の給与に関する法律の改正」と「国家公務員の寒冷地手当に関する法律等の改正」が勧告された。具体的には、官民較差を0.95％、3,336円とし、この3,336円を俸給の改善に2,980円、手当の改善に167円、その他に189円配分するよう勧告し、それに基づいて行政職（一）をはじめ、すべての俸給表が改定された。諸手当については、扶養手当が2,500円から3,000円に、通勤手当の全額支給限度額が40,000円から45,000円になり、また研究員調整手当が新設、寒冷地手当が変更された。

人事院勧告の直後に、公務員共闘、公務員連絡会は委員長クラス交渉委員を代表として、96人事院勧告の早期完全実施を求める要求書を内閣総理大臣、他の主要な給与関係閣僚に提出した。他方、公務員連絡会地方公務員部会は全国人事委員会連合会に対し、人事院勧告を上回る賃金引き上げを行うことなどを記した要請書を提出した。

この後、人事院勧告早期完全実施に向けた闘争が行われ、96年度では9月20日に閣議決定、12月5日に給与法案が可決、成立することになる。

5．1．2．5．まとめ

以上、やや詳しく明らかにしてきたように、公務員関係の労働組合と人事院との間で、勧告に至る過程で、個別課題に関して事実上の交渉、協議が行われている[46]。日教組は公務員共闘、公務員連絡会の主要メンバーとして、この交渉、協

---

[46] 菅野（1983）は「…情勢適応原則に基づく勧告制度は、…判例上公務員の団体交渉権制限・争議権否定の代償措置と把握されている。そして、ILO結社の自由委員会は、この勧告制度が代償措置として適格なものたるためには、勧告に至る過程での職員代表との協議が必要であるとしている。立法政策としても、勧告作成過程および実施過程の双方において職員代表との協議の制度化が望まれる」（p.40）と論じている。

議に参加しているのである。と同時に、独自に文部省、人事院に要求を提出し、交渉も行っている。この交渉は、結果として、人事院勧告、国会決議をへて、国家公務員の「一般職の職員の給与に関する法律」等の改正という形で終了することになる。日教組が基本ルールに関して交渉を行い、その制定に関与しているというのは以上のような意味においてである。

5．1．3．基準をめぐる交渉と制定

　文部省が労使関係のルールに関する基準を制定し、それを県教育委員会、市教育委員会、学校に普及、定着させていく機能を持っていることは、初任者研修モデルを素材に既に述べた。この基準の制定に、時として日教組がかかわることもある。ここでは、県教育委員会などが行う各種研究指定や研修にかかわる負担の軽減に結びついた文部省の通知をとりあげることとする[47]。

　日教組は1994年10月、主として時間外勤務の実態を把握するために、「教員の勤務実態調査」を実施した。41都道府県57単組9,224人から得られた回答によると、実際の週平均時間外労働[48]は9時間6分であり、その他にいわゆる「風呂敷残業」（家庭に仕事を持ち帰って仕事を行うこと）が週平均4時間37分であった。その内訳をみると、「部活動」による時間外勤務は小学校で週平均5時間33分、中学校で同8時間35分、県教委などによる「研修」による時間外勤務と風呂敷残業を合わせて3時間4分であった。当然のことであるが、研究指定校、研修対象者の時間外勤務は多くなっていた。こうした実態把握に基づき、日教組は部活動、研修の是正を求めていくこととなった。

　日教組は、95年3月の春闘における対文部省交渉において、文部省教育助成局長から「給特法、部活動、研究・研修、年休取得などの実態を調査し結果にもとづき各県教育委員会を指導する」との回答を引き出した。さらに、7月に文部省に設置された「児童生徒の問題行動などに関する調査研究協力者会議」が「いじめ問題に関する総合的なとりくみについて」と題する報告をだすと、文部省はこれを受けて7月26日に都道府県教育委員会に「いじめ問題に関する総合的な

---

[47] 以下の叙述は、日教組（1997：426-430）および日教組『日教組第130回中央委員会　決定事項集』（1996年10月7日）のpp.6-7、p.10によっている。
[48] 正しくは、給特法の限定5項目以外の時間外勤務である。限定5項目および教職員の時間外勤務の特殊性については、第4章で詳しく論じる。

取組みについて」という通知を出した。この中で、「各学校において、教師と児童生徒や保護者が触れあう機会を十分確保する観点から、教育委員会は例えば学校を対象とする諸会議の開催や調査報告の求め方、各種の調査研究のあり方、教員研修の体系化等について積極的に検討し改善することが必要であること。なお、国においても、学校を対象とする各種調査の方法や内容、調査研究の在り方などについて検討し改善を図ることとしている」[49]と述べられている。この文部省の通知を受けて、各都道府県教委は、会議等の縮減、研究発表会の負担の軽減、出張、研修の精選など時間外勤務の短縮に向けた通知を市教委などに出すこととなった。

以上で簡単に明らかにした、時間外勤務の軽減を目指した文部省通知は、法令などではなく、いわば指導、助言であり、先に触れた初任者研修モデルの場合とその性質において類似である。いいかえれば、文部省は時間外労働短縮にかかわる基準を制定し、それを普及させたのだといってよい。日教組の要求、交渉がこの文部省通知にどのくらいの影響を及ぼしたのかを測定することは極めて難しいが、だが、なんらかの影響を及ぼしたという点は確かであろう。以上のように、日教組は仕事と報酬にかかわる基準をめぐる交渉を行い、その制定に関与している。

5．1．4．教育訓練[50]の組織化

日教組は1951年11月に教育研究活動の強化を目的として第一回全国教育研究大会[51]を開催して以来、毎年、教育研究全国集会を開いている。1998年1月22日から4日間にわたり鹿児島で開かれた第47次教育研究全国集会では、11の教科別分科会（日本語、外国語、社会科、数学、理科、音楽、家庭科、保健・体育、技術職業、自治的諸活動と生活指導）、14の問題別分科会（幼年期の教育と保育問題、人権問題、障害児教育、国際連帯教育、両性の自立と平等をめざす教育、環境・公害と食教育、平和教育、情報化社会と教育・文化活動、学習と評価・選抜制度と進路保障、大学入試と高等教育・研究、民主的学校づくりと

---

[49] 日教組『日教組第130回中央委員会　決定事項集』（1996年10月7日）のp.10。
[50] 教育行政の分野では、「教育訓練」という用語は通常使われず、「研修」と呼ばれている。だが、本研究においては、前述したとおり、人事管理論、労使関係論の用語を使うこととしており、したがってここでも、分析のツールとしては「教育訓練」を使用する。
[51] 1954年の第三回までは教育研究大会と称していた（日教組1977：247）。

PTA、教育条件整備の運動、地域における教育改革、学校五日制・教育課程)、そして1つの特別分科会(いじめ・不登校)の計25分科会で、報告、議論がおこなわれた(日教組　1998)。

　日教組の教育研究活動のユニークさは、一つには、その組織化のあり方にある。表2-10は教育研究全国集会がどのように組織されていくかを示したものであるが、ここからこの教研全国集会が、学校や市町村単位での教育研究活動を基礎とし、それをブロック単位、都道府県単位に集約しながら進められる、文字通り、職場からの活動をベースに進められる教職員の教育研究活動の集大成であることがわかる。

表2-10　教育研究全国集会の組織化

時　　期	全国レベル	都道府県レベル
1月中旬～2月上旬	教育研究全国集会	
3月	全国教育文化部長会議 (総括と次年度方針)	
4月～5月		分会(学校単位)教研委員からなる「教研世話人会」(方針の浸透)
8月		支部(市、ブロック)、専門部単位の課題別の実践交流、教科別の検討
9月下旬～10月下旬		教研要項の執筆
10月	全国教育文化部長会議(次年度教育研究全国集会の具体的運営方針)	
10月～11月下旬		県単位の教研集会開催、全国集会への参加リポートの選択、提出。
12月上旬	各県から提出されたリポートの受領 分科会ごとの仕分け	
12月中旬	リポートの検討 教研要項の執筆	

資料出所：日教組(1997：1901-1903)より作成

　こうした活動の存続が、それに参加する人々の自主性に大きく依存しているであろうことは容易に想像しうる。

　第二の特徴は、取り上げる素材の具体性である。第5章で詳しく取り上げるが、教室であるいは教育する過程で生じた様々な問題、課題を素材に、問題の解決方法と教育方法の改善方法あるいはその過程を具体的に論じたリポートが多い。民間部門とのアナロジーでいえば、QCサークル、ZD運動など、小集団による仕事

の改善をめざす自主管理活動[52]に近く、労使関係論からみれば「…個々の労働者または労働者の自発的グループが、金銭的刺激や管理者の統制、制裁による強制などによらず、仕事の達成、品質の向上、欠陥の除去、作業方法、機械設備、安全衛生措置の改善などを追求し、人間に本来的な労働の満足感を得ようとする自発的意識的運動」であり、いわば「個人的職務中心型参加」といってよい（氏原1989：152）。第一の特徴とあわせ考えると、文字通りの「自主管理」活動だといってよいように思える。この活動の結果、教育上の問題の解決、教育方法の改善が図られ、あるいはその糸口を発見でき、さらに、その経験を相互に交換することになる。それを通じて教職員は、学校教職員としてのみずからの能力の向上を図ることができる。ここに、本研究が教研活動を教育訓練の一環だという理由がある。

第三の特徴は、かかる意味の教育訓練を労働組合自身が企画し、組織しているということである。日本の労働組合の中で、こうした教育訓練活動を行っている組合は極めて稀であろう。教職員という専門職の団体（professional association）の特色であると考えられる。

5．2．A県教職員組合

A県教職員組合（以下、A教組と略称）は、1946年に結成された、A県内の公立小中学校および公立幼稚園の教職員を組織する労働組合である。以下では、A教組の組織を明らかにし、本部、支部、班の機関、活動について簡単に述べることとする。

5．2．1．組織

A教組の組織人員は約14,000人であり、県下の公立小中学校および幼稚園等に勤める教職員のほぼ90％を組織している。A教組はこれらの教職員が直接加盟しているという意味で単一組織であり、A教組本部の下に、地域別の9支部、市・郡単位の34班、学校単位の830分会がある。

A教組は、いうまでもなく日教組に加盟し、他方、A県職員組合、自治労A県

---

[52] 自主管理活動については、QCサークル本部編（1990）、石川（1984）、木暮（1988）などを参照されたい。また自主管理活動を労使関係論の視角から位置付けた仁田（1988）の第1章、また個別企業における歴史的生成過程を跡づけた宇田川＝佐藤＝中村＝野中（1995）、中村（1996）の第3章も参照されたい。

本部、A県高教組など他の地方公務員組合とともにA県地方公務員労働組合共闘会議を構成している。

5．2．2．本部
5．2．2．1．機関構成

　A教組本部は、決議機関として大会および中央委員会、執行機関として執行委員会、補助機関として各種委員会を有している。執行委員会を構成する役員は、委員長、副委員長、書記長、書記次長、財政部長各1名、執行委員26名の合計31名からなる。うち、本部に常駐する専従役員は、委員長、副委員長、書記長、書記次長、財政部長及び3名の執行委員の計8名である。それ以外の執行委員23名のうち、9名はブロックごと（北部、南部など）に設けられた9支部の専従書記長であり、さらに9名は非専従の支部長、5名は5つの専門部（女性部、青年部、事務職員部、養護教員部、幼稚園部）の非専従の部長あるいは副部長である。この他に、本部役員として特別執行委員と会計監査がいる。特別執行委員2名は専従役員であるが、1名は日教組へ派遣、もう1名は労働金庫へ派遣されている。執行委員会のもとにおかれた書記局は、執行委員会の執行業務の処理および一般事務を担うこととされ、図2-4にあるように8つの部を有している。

　各部の業務内容は、その名称から明らかであるが、以下の章との関係で必要な

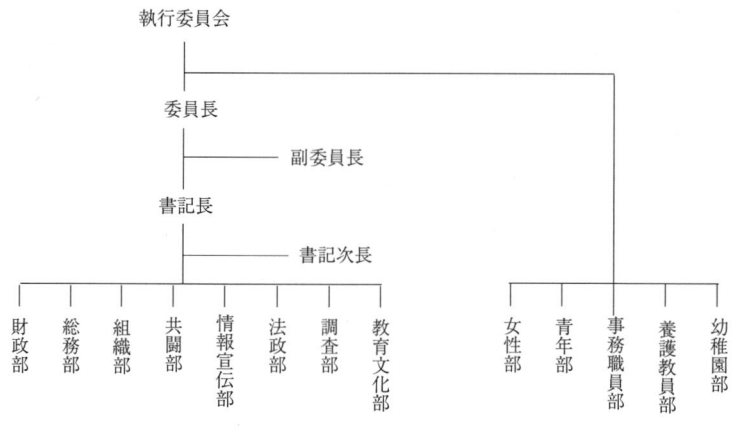

図2-4　A教組本部執行委員会と書記局

[組織図：執行委員会―委員長―副委員長、書記長―書記次長。書記長の下に財政部、総務部、組織部、共闘部、情報宣伝部、法政部、調査部、教育文化部。執行委員会の下に女性部、青年部、事務職員部、養護教員部、幼稚園部。]

資料出所：A教組『規約・諸規定・細則集（1977年4月現在）』より作成。なお、これ以外に栄養職員部もあるが、まだ、専門部に格付けされていないため、この図から省いた。

限り簡単に触れておこう。組織部は、A教組の本部と班、分会をつなぐ重要な要である支部との連絡調整、指導などを担当している。また、女性部をはじめ各専門部との連絡調整をも担当している。法政部は、人事異動対策を担当し重要な委員会である人事対策委員会の事務局的役割を担い、調査部は俸給、諸手当などの労働条件に関する調査を行い、要求案の企画立案を行う。教育文化部は教育研究活動の推進を担い、教育研究全国集会へとつながる教育研究活動にかかわる事務を処理する部である。

A教組の5つの専門部は執行委員会のもとに置かれており、通常の組合でいう専門部とは異なる。各専門部は大会、委員会、常任委員会をもち、部長、副部長、常任委員という役員を有している。この専門部は、それぞれの課題につき、A県教育委員会と交渉を行っている。たとえば、1996年度についてみれば、青年部は9月11日に県教育委員会に対し「青年教職員の勤務、及び諸権利に関する要求書」を、A教組委員長、青年部長の連名で提出しており、11月21日には県教委交渉を行っている。

5．2．2．2．活動

A教組本部の主要活動は、A県地公労共闘の主要メンバーとして、俸給等の労働条件および人事管理制度の改定をめぐり、A県人事委員会、県知事と交渉、協議を行い、それと並行して単独で教育公務員特有の労働条件に関してA県教育委員会と交渉、協議を行うことである。

96年春闘を例にあげれば、A教組は表2-11にあるようなスケジュールで県人事委員会、県知事、県教育委員会に対して要求を行い、それにもとづいて交渉している。

このようにして、A教組は公立小中学校の教職員の仕事と報酬をめぐる県レベルの基本ルールに関して、交渉を行い、その制定にかかわっている。

配置転換、退職など人事異動は、前述したように、県教委が最終責任を負い、市町村教委は内申権、学校長は具申権をもつとされているが、A教組もまたそれに影響を及ぼそうとしている。96年度では表2-12にあるように、8月22日にA教組本部に人事対策委員会を設置し、その後、人事異動に関する要求、交渉を行うなど本部として活動を行っている。

こうした人事異動への取り組みを通じて、A教組は、公平な人事異動が行われ

表2-11　96春闘の要求、回答、交渉の日程

月　日	A県地公労共闘	A　教　組
3月17日	人事委員会への申入書（労働条件改善に関する）	
22日		教育委員会に対し、教職員の待遇改善に関する要求書提出
5月14日	人事委員会事務局長交渉（3月17日の申入書に関する）	
20日		教育委員会からの回答
9月6日	人事委員会への申入書（労働条件改善に関する）	
24日	人事委員会事務局長交渉（9月6日の申入書に関する）	
30日	人事委員会委員交渉	
10月3日	県知事に対し、地公労統一要求書提出	
9日	人事委員会「職員の給与等に関する報告、勧告」を県知事、県議会へ提出	
14日		教育委員会に対し、教職員の待遇改善に関する要求書提出
26日	県知事、地公労統一要求書に対する回答	
11月7日	第1回県総務部長交渉	
12日		教育委員会からの回答
18日	第2回県総務部長交渉	
25日	第3回県総務部長交渉、決着　県知事および地公労共闘による「確認書」	

資料出所：A教組『第63回A教組定期大会議案　別冊資料（経過報告）』（1997年6月26日）より作成。

るように、組合として監視あるいは県教委に要求するのである。したがって、人事異動に関するルールの改廃にA教組が関与しているのではなく、ルールの運用をチェックしているのだといってよい。

　基本ルールに関する交渉、制定、運用のチェック以外のA教組の主たる活動として、教育訓練活動の組織化をあげることができる。A教組は、教職員の自主的な教育研究活動を支援する組織としてA県国民教育研究所を設置している。このほか、A県教育研究連盟の重要な構成団体として、公立小中学校の教職員の教育研究活動を推進している。県教育研究連盟は国立大学教育学部、県教育委員会、校長会そしてA教組からなるユニークな組織であり、県教育研究集会はここが主催する。県教育研究集会に提出されたリポートの中から、日教組の主催する教研全国集会へ提出するリポートが選ばれるということになる。

表2-12　人事異動への取り組み

月　日	事項
8月22日	第1回　人事対策委員会　（A教組本部に設置、95年結果、96年方針などの議論）
10月9日	第2回　人事対策委員会　（経過と情勢、要求など）
11月6日	県教育委員会に対し、人事異動に関する要求書を提出
12月18日	人事異動に関して、県教育委員会と交渉
1月29日	第3回　人事対策委員会（経過と情勢、当面の人事対策の推進、異動希望の支部間交流等）

資料出所：A教組『第63回A教組定期大会議案　別冊資料（経過報告）』(1997年6月26日)より作成。

5．2．3．支部

A教組は前述したように地域ごとに9つの支部をもっている。ここでは北部支部を例にとって、機関構成と活動をみることとする。

5．2．3．1．機関構成

支部は支部の最高決議機関として支部中央委員会、執行機関として支部執行委員会をもつ。支部執行委員会を構成する支部役員は、支部長1名、副支部長2名、財政部長1名、財政部次長1名、書記長1名、書記次長1名の計7名である。このうち、専従は支部書記長だけであり、それ以外は非専従である。また専従の支部書記長および非専従の支部長はA教組の執行委員をかねている。

支部もまた専門部を設置しており、北部支部の場合、女性部、青年部、養護教員部、事務職員部の4つの専門部がある。

5．2．3．2．活動[53]

支部はA教組の組合活動の要といってよく、本部で決定された方針の班、分会への徹底、班、分会の要求事項の本部への伝達といった、いわば本部と班、分会をつなぐパイプ役としての機能が期待されている。それとともに、班、分会に対する世話活動の主たる担い手としても期待されている。

春闘における支部の役割は、春闘要求にかかわる討論会を開催し、人事院勧告、人事委員会勧告をめぐる日教組、A教組からの中央行動、統一行動要請に応えること、勧告後では人事院勧告、人事委員会勧告の下部組織への説明および確定闘争にむけての行動の組織化などである。

---

[53] 以下の支部活動については、特にことわらない限り、A教組北部支部『第80回支部中央委員会議案』(1996年11月15日)および同『第82回支部中央委員会議案』(1997年5月30日)によっている。

また、支部は労働条件に関して、県教育委員会の地方事務所である教育事務所（北部支部の場合は、北部教育事務所）との交渉を行っている。北部支部の場合、96年の6月17日に交渉を行い、時間外勤務の割り振りなどをはじめ、従来の慣行を遵守することの確認などを行っている。

支部の最も重要な活動の一つは、人事異動への対応である。96年度には、本部の人事対策委員会が設置された後の11月6日に、北部支部人事対策委員会の第1回会合が開かれ、「希望・納得・公開」の三原則のもとに、民主的な人事異動を要求していくことが確認されている。支部の人事対策委員会は、傘下の各班の代表および各専門部長、支部三役から構成され、人事異動対策活動の中心的役割を担う。北部支部人事対策委員会は、12月3日に北部教育事務所に、人事異動に関する要求書を提出し、つづいて、12月7日、97年1月10日、1月28日、2月7日、2月27日に北部教育事務所と人事異動に関する交渉を行っている。この間、すぐ後で述べるように、各班と市町村の教育委員会との人事異動に関する交渉が行われており、北部支部はそれを支援するのである。

教育研究活動では、支部は教職員が日教組およびA教組独自の教育研究活動へ参加することを支援するとともに、上出の県教育研究連盟の支部での活動を支援する。

支部のもう一つの重要な活動は、上述のように班、分会の世話活動である。たとえば北部支部は4つの班から構成されているが、各班の行う市町村教育委員会および校長会との交渉に支部長、支部書記長は参加する。96年度には4つの班合計で7回の交渉が行われており、北部支部支部長、書記長は班側のメンバーとして交渉に参加している。各班が行う分会＝各学校への訪問にも随行し、組合員の不満、苦情、要望を直接吸い上げてもいる。

5．2．4．班と分会

北部支部は上述したように4つの班を有している。ここではB市の公立小中学校等を組織範囲とするB班を例として機関構成と活動をとりあげる。B班は各学校単位の37分会から構成されているが、分会の活動も簡単に述べよう。

5．2．4．1．機関構成

B班は決議機関として班大会、班委員会をもち、執行機関として班執行委員会をもつ。班執行委員会を構成する班役員はいずれも非専従であり、班長1名、副

班長2名、書記長1名、書記次長2名、財政部長1名からなる。また班にも養護教員部、青年部、女性部、事務職員部が設置されている。

5．2．4．2．活動

　班の主要な活動の一つは、労働時間の短縮、職場環境の整備、権利の遵守などをめぐる分会組合員の不満、苦情、要望を支部とともに吸い上げ、それを市町村教育委員会、校長会などに伝え、その是正を要求することである。

　96年6月にはアンケートによる「職場の権利点検」を行い、労働時間、時間外労働に関するルールが遵守されているかどうか、主任人事がどのように行われているのかなどをたずねている。また、北部支部役員とともに、5月15日から6月3日にかけて、37の全分会を訪問し、直接、組合員の不満、苦情、要望を聞いている。それらは、たとえば忙しすぎる状況とその原因、労働時間の割り振り、年次有給休暇などの取得、人事異動、教育施設・設備、教育予算など多岐にわたっている。

　こうした組合員の声を背景に、支部役員とともに、8月5日にはB市教育委員会教育長交渉、12日にはB市市長懇談会、同じく12日にB市校長会交渉を行っている。

　もう一つの重要な活動は人事対策委員会である。B班人事対策委員会は、11月12日に設置され、12月6日には人事異動希望調書、委任状を集約し、12月24日、1月6日にはB市教育委員会と人事異動をめぐる交渉を行っている。

　もちろん、B班もまたB市における教育研究活動を支援している。

　分会はもっぱら労働時間や権利に関して、校長と話し合いを行っている。話し合いがうまくいかない場合は、班レベル、支部レベルから支援が行われることになる。

5．3．まとめ

　以上でみたように、使用者側が事実上、階層的組織をなしているのとほぼ同様に、労働組合側も階層的組織を形成し、ルールの制定、運用に交渉、協議、話し合いを通じて関与している。

　日教組は、公務員共闘、公務員連絡会の主要なメンバーとして、人事院などの中央省庁と交渉、協議を行い、国家公務員の俸給、労働時間、人事管理制度に関

する基本ルールの制定に関与する。そして国家公務員に関する仕事と報酬にかかわる基本ルールは、均衡原則などにより、県人事委員会の勧告を通じて、地方公務員である教育公務員に影響を及ぼす。他方、日教組は独自に文部省と交渉、協議を行い、教育公務員特有の仕事と報酬に関わる基本ルール、基準の制定に関与している。

　県レベルにおいても、A教組はA県地公労共闘の主要メンバーとして、県人事委員会、県知事と基本ルールの制定に関与し、また県教育委員会との交渉、協議を通じて、公立小中学校の教職員に特有のルールの制定に関与している。と同時に、A教組は、人事管理の最終責任者としての県教育委員会との話し合いを通じて、ルールの運用にも影響を及ぼしている。

　A教組の支部、分会は中央行動、統一行動への組合員の参加を促すとともに、市町村教委および学校レベルにおけるルールの運用状況の監視、ルール遵守の徹底、組合員の苦情、不満、要望の吸い上げを行う機関として、A教組の活動を末端で支えている。

6．労使関係機構

　以上で公立小中学校の労使当事者の性格を、階層的組織に着目しながら明らかにしてきた。以上から、図2-5にあるような労使関係機構を描くことができる。

第2章 当事者の性格と労使関係機構

図2-5 公立小中学校の労使関係機構

人事院系列		文部省系列		交渉、協議	労働組合
人事院	国家公務員の俸給、労働時間、人事管理制度等の勧告、報告			交渉、協議	公務員共闘、公務員連絡会（日教組は主要メンバー）
↓強い影響		文部省 ↓指導	教育公務員特有の俸給、労働時間、人事管理制度等の基本ルール、基準の制定	交渉、協議	日教組
A県人事委員会 ↓勧告	A県地方公務員の俸給、労働時間、人事管理制度等の勧告、報告	助言 ↓ 援助		交渉、協議	A県地公労共闘（A教組は主要メンバー）
A県知事	条例改正、予算案提出	↓		交渉、協議	A県地公労共闘（A教組は主要メンバー）
		A県教育委員会 ↓指導 助言 援助	A県公立小中学校の人事管理業務の最終責任者として人事管理の実践 県レベルの基本ルールの制定、基準の設定、普及	交渉、協議 運用の監視	A教組 ↑ 要望 吸収 ↓ 方針 伝達
		地方教育事務所 ↓	A県教育委員会の補助機関として、人事管理業務の実践	運用の監視 交渉、協議	A教組北部支部 ↓ 支援
		市町村教育委員会 ↓	当該地区内公立小中学校の教職員に対する人事管理業務の一部を分担 基本ルールの制定	運用の監視、交渉、協議	A教組北部支部B班 ↓ 支援
		学校長	日々の人事管理の実践	運用の監視	A教組北部支部B班の分会

第3章

報　酬

1. はじめに

　本章では、第一に公立小中学校の教員の俸給、諸手当など報酬をめぐるルールとその運用を明らかにする。その後、報酬の引き上げ（それはルールの改定である）をめぐり労使当事者がどのような交渉、話し合いを行っているのか、その結果、どのような改定が行われたのかを、具体的に描くこととする。なお、分析にあたっては次の三点に留意する。

　第一に、既に述べたように、教特法第25条5項が「公立学校の教育公務員の給与の種類及びその額は、当分の間、国立学校の教育公務員の給与の種類及びその額を基準として定めるものとする」と規定しており、国家公務員との比較を常に念頭においておく必要がある。また、義務教育費国庫負担法により公立小中学校の教職員給与の半分を国が負担することとなっており、文部省予算の5割程度（1996年度では51.6％）がこれに向けられている。この財政上の措置は教特法第25条5項を遵守させることに対する強い圧力となっていることは想像に難くない。

　第二に、公立小中学校教員はまた地方公務員でもあるわけであるが、そのことからも国家公務員との比較を踏まえる必要がある。それは一つには、地方公務員法第24条3項で「職員の給与は、生計費並びに国及び他の地方公共団体の職員並びに民間事業の従事者の給与その他の事情を考慮して定められなければならない」とされ、運用上は「国家公務員の給与に準じることとされて」（山本＝木村 1986：215-216）いるからである。二つには地方公務員給与については、地方財政の改善をはかることなどを目的に、地方交付税などを通じて、自治省が1970年代からその適正化に向けた指導を行ってきたからである（西村 1999）。

　第三に、前章でも明らかにしたように、労使間の交渉、協議、話し合いの機構は階層的構造をなしており、ルール改定の分析にあたっても、各階層間の分業関係、相互関係を考慮する必要がある。特に、俸給、諸手当については、中央レベルの公務員共闘、公務員連絡会と人事院の果たす役割が大きく、ここにまず焦点を置き、その上で県レベルの交渉、協議をみていかなければならない。

　なお、本章においては、公立小中学校の教職員のうち、とくに教育職をとりあ

げ、学校栄養職員、事務職員の報酬については論じない。また国家公務員では基本給を俸給、地方公務員では給与とそれぞれ称しているが、ここでは法令に現れてくる以外は、俸給に統一する。

2．法令

　公立小中学校の教員の報酬に関する法令は、中央レベルで定められたものとして、地方公務員法、地方自治法、「一般職の職員の給与に関する法律」（以下、給与法と略称）、特殊勤務手当に関する人事院規則、教特法、給特法、人材確保法などがある。

2．1．地方公務員としての教員

　公立小中学校教員は地方公務員であることから、その報酬も、地方公務員法、地方自治法に定める規定によるところとなる。地方公務員法第24条6項には「職員の給与、勤務時間その他の勤務条件は、条例で定める」とし、同法第25条3項で、給与に関する条例では、給料表、昇給の基準、時間外勤務・夜間勤務・休日勤務に関する給与、特別地域勤務・危険作業その他特殊な勤務に対する手当および扶養手当を定めるべきこととしている。

　地方公務員の手当については、地方自治法第204条2項が次の25種類の手当を列記している。すなわち、普通地方公共団体は、条例にもとづき、扶養手当、調整手当[1]、住居手当、初任給調整手当、通勤手当、単身赴任手当、特殊勤務手当、特地勤務手当（これに準ずる手当を含む）、へき地手当（これに準ずる手当を含む）、時間外勤務手当、宿日直手当、管理職員特別勤務手当、夜間勤務手当、休日勤務手当、管理職手当、期末手当、勤勉手当、期末特別手当、寒冷地手当、義務教育等教員特別手当、定時制通信教育手当、産業教育手当、農林漁業改良普及手当、災害派遣手当、退職手当を支給することができる。

　公立小中学校教員は、もともと学校の管理主体である市町村の地方公務員であるが、地教行法第42条が「県費負担教職員の給与、勤務時間その他の勤務条件

---

[1] 調整手当は民間の賃金、物価及び生計費が特に高い地域に在勤する職員に対して支給される手当のことである（山本＝木村　1987：233）。

については、地方公務員法第24条第6項の規定により条例で定めるものとされている事項は、都道府県の条例で定める」と規定していることから、その報酬も都道府県の条例で定められることになっている。したがって、上記でいう条例は都道府県の定める条例のことをさす。

2．2．教育公務員としての教員

他方、前述のように、教特法は公立小中学校の教員の報酬を国家公務員である国立学校の教員のそれを基準とするよう定めているから、後者の報酬を定めた給与法は公立小中学校教員の報酬に密接に関連する。給与法では小中学校の教員には教育職（三）の俸給表が適用されており、この俸給表を基準に公立小中学校の教員のそれも定められる。なお、給与法第10条で、著しく特殊な職務である場合には、俸給表で定められる俸給月額に、月額の25％を限度として俸給の調整額を加えることができると定められている。

給与法に定める手当は、初任給調整手当、扶養手当、調整手当、研究員調整手当、住居手当、通勤手当、単身赴任手当、特殊勤務手当、特地勤務手当等、ハワイ観測所勤務手当、超過勤務手当、休日給、夜勤手当、宿日直手当、管理職員特別勤務手当、期末手当、勤勉手当、義務教育等教員特別手当である。もちろん、これらの諸手当すべてが国立学校の教員に支給されるわけではない。なお、特殊勤務手当については、人事院規則でその詳細が定められており、教員にかかわるものをあげれば、教員特殊業務手当、教育実習等指導手当、多学年学級担当手当、教育業務連絡指導手当がある。この他、国家公務員の関連地手当に関する法律は、北海道などの寒冷地に勤務する国家公務員に対し、寒冷地手当を支給することを定めている。

以上の俸給および諸手当のいくつかは国立学校の教員に支給すると定められているものであり、これらが教特法第25条5項により、公立小中学校の教員にも準じて適用される。

他方、給与法とは別に、1971年に制定された給特法は、国立及び公立の義務教育諸学校の教員を対象としたものであり、公立小中学校の教員に対し、俸給月額の4％を教職調整額として支給し、他方で、原則として時間外労働を命じないことを定めている。またへき地教育振興法第5条の2項は「都道府県は、条例

で定めるところにより、文部省令で定める基準に従い条例で指定するへき地学校並びにこれに準ずる学校及び共同調理場に勤務する教員及び職員に対して、へき地手当を支給しなければならない」としている。これら教職調整額、へき地手当の公立小中学校教員への支給は、法律によって定められている。

2．3．A県の条例

以上の中央レベルで制定された法令を踏まえて、A県は公立小中学校教員の報酬に関するルールを、条例、規則によって定めている。

A県の公立小中学校教員の賃金体系とその法的根拠を図示すると、図3-1のようになる。

図3-1　A県公立小中学校教員の賃金体系と法的根拠

1.月例賃金	基本賃金	俸給	（職員の給与に関する条例）
		俸給の調整額	（同上）
		教職調整額	（義務教育諸学校等の教育職員の給与等に関する特別措置に関する条例＝給特条例）
	職務関連手当	管理職手当	（職員の給与に関する条例）
		義務教育等教員特別手当	（同上）
		教員特殊業務手当	（職員の特殊勤務手当に関する条例）
		多学年学級担任手当	（同上）
		教育業務連絡指導手当	（同上）
		管理職員特別勤務手当	（職員の給与に関する条例）
	生活関連手当	扶養手当	（同上）
		通勤手当	（同上）
		住居手当	（同上）
		単身赴任手当	（同上）
		へき地手当	（A県市町村立学校職員へき地手当等支給条例）
2.一時金		期末手当	（職員の給与に関する条例）
		勤勉手当	（同上）
3.特別給付		退職手当	（職員の退職手当に関する条例）

資料出所：A県教育庁義務教育課『給与事務の手引』（1996年7月）より作成。なお、月例賃金（基本賃金、職務関連手当、生活関連手当）、一時金、特別給付の項目は筆者が独自に追加したものである。
注1）A県の公立小中学校の教員には無関係と思われる学校職員手当、5つの特殊勤務手当（有害薬剤等取扱手当、漁ろう作業手当、水上作業手当、温室内作業手当、特殊作業用自動車運転手当）、定時制通信教育手当、産業教育手当、宿日直手当は除いた。また、A県としては、現在、支給していない調整手当も除いた。なお、学校職員手当とは、①通信教育を本務としない職員が行う当該教育の面接授業、②通信教育を本務としない職員が行う当該教育の添削指導、③夜間授業を本務とする職員が行う夜間授業、④通信教育を本務とする職員が行う昼間授業、⑤夜間授業を本務とする職員が行う昼間授業、夜間授業を本務としない職員が行う夜間授業などに支給される手当である。
注2）寒冷地手当はA県にもあるが、利用した資料『給与事務の手引』には掲載されていなかった。したがって、本文でもとりあげない。

図3-1を参照しながら、A県公立小中学校の教員の賃金体系を、普通の人事管理の用語を使って説明すると次のようになる。賃金は大別して、月例賃金、一時金、退職時の特別給付からなっている。この図でみる限り、いずれの賃金項目も地方公務員法、地方自治法、給与法などに規定されているものであり、それを基礎にA県の条例で根拠づけられている。

　月例賃金はさらに、基本賃金、職務に関連する手当、生活に関連する手当に分かれている。月例賃金に関する特徴は、第一に、給特法、給特条例で定められているように、時間外勤務手当、休日出勤手当がないことである。第二に、職務に関連する手当が多いことである。たとえば、教頭、校長以外の教諭、助教諭などでは義務教育等教員特別手当、教員特殊業務手当、多学年学級担当手当、教育業務連絡指導手当がある。第三に、基本賃金は三つの部分から構成されているが、俸給の調整額は事実上、特殊勤務手当といった性格に近く、他方、教職調整額は俸給の定率（4％）であり、俸給と同じ性格をもつ。前者の俸給の調整額は盲、聾唖および養護学校の教職員および小中学校の特殊学級を担当する教職員に支給されるものである。これらの調整額を手当ではなく基本賃金と解釈しているのは、それらが期末手当、勤勉手当そして退職手当の算定基礎に入るからである。

3．制度と運用

　次に、それぞれの賃金項目の水準および決定方式を国家公務員と比較しながらみていこう。俸給、教職調整額、諸手当をみることとする。なお、以下では、A県について報酬に関する詳細なデータが得られる1996年5月現在の数字と、それに相応する国家公務員の数字を比較することとする[2]。

3．1．俸給表

　公立小中学校の教員は前述のとおり教育職（三）の俸給表が適用される。教育職（三）は4つの等級からなり、原則として、1級は講師、助教諭、養護助教諭、寮母又は実習助手に適用され、2級は教諭又は養護教諭、3級は教頭、4級は校

---

[2] A県についてはA県教育庁義務教育課『給与事務の手引』（1996年7月）によっている。

長に適用されることになっており、これについては、国立小中学校の教員と公立小中学校の教員との間に違いはない。各級にはいくつかの号が設けられており、国家公務員の教育職（三）の俸給表には、1級では33号、2級では39号、3級では28号、4級では28号が設けられている。A県の教育職（三）では各級にそれぞれ2〜10程度の号が追加されている。もっとも、国家公務員の場合であっても、給与法第8条8項但し書き(3)によって最高額をこえて昇給しているものがおり、1996年現在では、2級で4号、3級で3号、4級で1号が追加されている(4)。

　国家公務員に適用される教育職（三）の俸給表とA県の公立小中学校教員に適用される教育職（三）の俸給表は、前者を上回って後者に追加されている号を除けば、まったく同じである。たとえば、1級2号の俸給はいずれも146,300円、2級2号は161,800円、3級1号は262,900円、4級1号は398,500円である。いま、大卒の教諭に適用される教育職（三）2級の俸給表を表3-1でみると、2号給からすべて同額であることが確認できよう。

　A県に公立小中学校として採用された教員は、新規大卒の場合、通常、教育職（三）2級の6号に格付けされる。その後、普通の場合(5)、毎年、1号俸昇給していく。これが枠内の普通昇給である。わざわざ「枠内」としたのは、俸給表であらかじめ定められている号俸をこえて昇給することもあるからである。俸給月額が俸給表の最高月額である場合には、18カ月を下らない期間良好な成績で勤務したときは、最高額を超えて昇給し、すでに俸給月額が最高額をこえている場合には24カ月以上の良好な勤務成績を条件にさらに昇給する。これらを枠外の普通昇給という。前出の表3-1にある①から⑥号への昇給がこれにあたる。表3-1でみるように、2級39号俸と38号俸との差額である2,600円（＝448,400円－445,800円）が枠外昇給の1号ごとの昇給額となる。

　これ以外に勤務成績が特に良好である場合、人事委員会規則で定める場合(6)に

---

(3)　等級の中の最高俸給あるいは最高俸給を超える俸給を受けている職員で、当該俸給を受け取るに至った時から24カ月あるいは18カ月を下らない期間を良好な成績で勤務したものは、さらに昇給させることができる。
(4)　人事院管理局『人事院月報』第49巻第9号（1996年9月）のp.53による。
(5)　職員の給与に関する条例6条には、「現給料を受けるに至ったときから12月を下らない期間良好な成績で勤務したとき」とある。
(6)　人事委員会規則で定める場合とは、具体的には①人事委員会の承認した職員研修に参加し、その成績が良好な場合、②業務成績の向上、能率増進発明考案等により職務上特に功績があり人事委員会の承認した表彰を受けた場合、③職員が20年以上勤続し、退職した場合、④職制若しくは定数の改廃又は予算の減少により廃職又は過員が生じた結果、退職する場合、⑤職員が生命をとして職務を遂行してそのため危篤となり又は重度障害の状態となった場合、⑥その他人事委員会が認める場合である。

表3-1 教育職（三）2級の俸給の比較

号俸	国家公務員	A県公立小中学校教員	号俸	国家公務員	A県公立小中学校教員
1	-	-	25	365,400	365,400
2	161,800	161,800	26	373,700	373,700
3	170,000	170,000	27	381,700	381,700
4	178,900	178,900	28	389,200	389,200
5	189,300	189,300	29	396,600	396,600
6	196,000	196,000	30	403,300	403,300
7	202,800	202,800	31	409,900	409,900
8	210,100	210,100	32	416,400	416,400
9	217,600	217,600	33	422,300	422,300
10	225,600	225,600	34	428,100	428,100
11	233,800	233,800	35	433,100	433,100
12	242,200	242,200	36	437,600	437,600
13	250,700	250,700	37	442,000	442,000
14	259,400	259,400	38	445,800	445,800
15	269,100	269,100	39	448,400	448,400
16	278,800	278,800	①	451,000	451,000
17	288,600	288,600	②	453,600	453,600
18	298,400	298,400	③	456,200	456,200
19	308,200	308,200	④	458,800	458,800
20	318,100	318,100	⑤	-	461,400
21	328,000	328,000	⑥		464,000
22	337,800	337,800			
23	347,400	347,400			
24	356,900	356,900			

資料出所：国家公務員教育職（三）については、日本公務員労働組合共闘会議『96年人事院勧告の解説－その内容と問題点』（1996年8月）のp.243、および追加された号給については人事院管理局『人事院月報』第49巻第9号（1996年9月）のp.53より作成。A県の教育職（三）についてはA県教育庁義務教育課『給与事務の手引』（1996年7月）のpp.186-187より作成。なお、①、②、という番号が国家公務員教育職（三）2級の俸給表にあるわけではなく、A県の俸給表に示された番号を用いている。

限り、2号俸以上昇給する、あるいは普通昇給の期間を短縮する、又はその両者を同時に行うことができる。これを特別昇給という。特別昇給は1年につき任命権者ごとに4月1日の現員の15％の範囲内で行うとされている。ここで、A県の公立小中学校の教員が県費負担教職員であり、任命権者がA県教育委員会であることを考えれば、公立小中学校、県立高等学校等教職員の最大15％の教職員が、毎年、特別昇給を受ける可能性を持つこととなる。

第 3 章 報　酬

　以上の昇給方法は、枠内の普通昇給は給与法第 8 条 6 項、枠外の普通昇給は前述した同法 8 条 8 項但し書き、特別昇給は同法第 8 条 7 項に同様の規定があり、制度的には A 県公立小中学校と国家公務員の教員との間にほとんど違いはない。また特別昇給の枠についても、人事院規則第 37 条および第 37 条の 2 から定員の最大 15 ％と解することができ、ここでも大きな違いはない。

　国家公務員と A 県との間に俸給に関して制度的に大きな違いがなくとも、運用によっては、教員が毎年受け取る俸給額および生涯を通じて受け取る俸給総額は異なってこよう。普通昇給が毎年 1 回行われることが通常の状態だとすると、初任時の格付け、特別昇給の時期と回数によって俸給額およびその総額には、違いが生じる可能性がある。これらに関して、A 県教育委員会と A 教組との間に一定の運用ルールが制定されている可能性はある。いま、こうした運用ルールを具体的に示したと考えられる A 県の教育職（三）2 級のモデル賃金を図示してみると、図 3-2 のようになる。これは大学卒業直後に A 県の公立小中学校の教員に採用され、定年まで働いた場合のモデル賃金である。この図から読みとれることは、当たり前のことだが、勤続年数とともに賃金が上昇していくという意味で年功賃金であること、勤続 25 年前後からはカーブが寝てくることなどである。

　他方、国家公務員教育職（三）についても、一定の運用ルールが当該国立学校の労使間で制定されていることも想定しうるが、残念ながらこれについては確認できなかった。したがって、運用上、国家公務員教育職（三）と A 県教育職（三）との間にいかなる違いがあるのかはわからなかった。

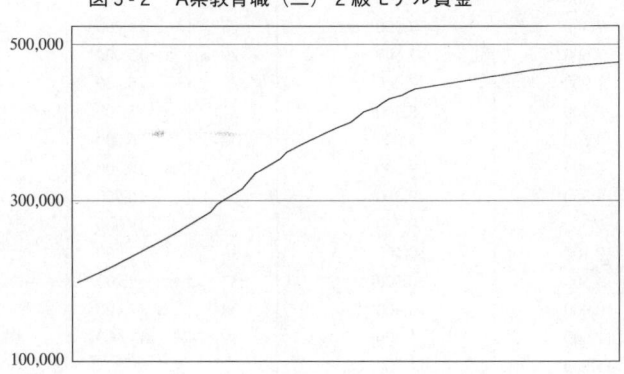

図 3-2　A 県教育職（三）2 級モデル賃金

資料出所：A 県教育庁義務教育課『給与事務の手引』（1996 年 7 月）の pp. 186-187 より作成。

3．2．教職調整額と義務教育等教員特別手当

次に、教職調整額と義務教育等教員特別手当をみよう。先に、前者を基本賃金に、後者を職務に関連する手当に含めたが、ここでは、いずれも公立小中学校の教員全員に支給される賃金であり、職務と密接に関連していること、各人にとっては月額が定まっていることから、この二つを一緒にとりあげる。教職調整額は前述のとおり、1971年の給特法、A県給特条例によって設けられたものであり、俸給の4％に相当する額が教員全員に支給される。この点に関しては、国家公務員とA県の教育職（三）との間に違いはない。

義務教育等教員特別手当は人材確保法の趣旨にそって1975年に創設された手当である。その額は級と号俸によって定まっているが、ここでも国家公務員とA県の教育職（三）に支給される手当は、級号が同じであれば、全く同じである。たとえば、1級2号では5,000円、2級2号で5,400円、3級1号で9,400円、4級1号で15,000円である。表3-2は教育職（三）2級をとりあげて比較したものであるが、ここでもそのことは確認できる。

表3-2　義務教育等教員特別手当の比較―教育職（三）2級―

号俸	国家公務員	A県公立小中学校教員	号俸	国家公務員	A県公立小中学校教員
1	-	-	21	12,100	12,100
2	5,400	5,400	22	12,500	12,500
3	5,700	5,700	23	12,900	12,900
4	6,000	6,000	24	13,300	13,300
5	6,300	6,300	25	13,700	13,700
6	6,600	6,600	26	14,000	14,000
7	7,000	7,000	27	14,400	14,400
8	7,300	7,300	28	14,700	14,700
9	7,600	7,600	29	15,000	15,000
10	7,900	7,900	30	15,400	15,400
11	8,300	8,300	31	15,700	15,700
12	8,600	8,600	32	16,000	16,000
13	8,900	8,900	33	16,300	16,300
14	9,300	9,300	34	16,500	16,500
15	9,700	9,700	35	16,800	16,800
16	10,100	10,100	36	17,000	17,000
17	10,500	10,500	37	17,200	17,200
18	10,900	10,900	38	17,400	17,400
19	11,300	11,300	39	17,600	17,600
20	11,700	11,700			

資料出所：国家公務員教育職（三）2級については、人事院規則9-68（義務教育等教員特別手当）別表第一より作成。A県の教育職（三）2級については、A教組内部資料による。

このように、教職調整額、義務教育等教員特別手当に関しても、国家公務員教育職（三）とA県の教育職（三）との間に制度的な違いはみられず、まったく同じである。ただ、いずれもその額は、俸給額そして号俸に連動しているから、初任格付け、普通昇給、特別昇給の時期と回数など運用の在り方によって、教員の受け取る額は、たとえ勤続年数が同じであっても、実際には異なってくる可能性がある。だが、残念ながらこれを具体的に示すデータを探すことはできなかった。

3．3．職務関連手当

次に、義務教育等教員特別手当を除く、職務に関連する手当をみていこう。これには、先にあげたように、管理職手当、管理職員特別勤務手当、教員特殊業務手当、多学年学級担当手当、教育業務連絡指導手当がある。これらの諸手当は次の二つの種類に分けることができる。一つは、特定の役職、職位につくことを条件に月単位で支給される手当であって、管理職手当がこれにあたる。先に基本賃金の一部としてあげた俸給の調整額(7)も事実上はこうした手当だと考えられる。二つは、特定の業務に従事することを条件に、業務単位で支給される手当であって、管理職員特別勤務手当、教員特殊業務手当、教育業務連絡指導手当、多学年学級担当手当がこれにあたる。

3．3．1．管理職手当

管理職手当は校長、教頭に支給される手当であり、一定規模以上(8)の小中学校の校長には俸給月額の14％、一定規模以上の小中学校の教頭と小規模校の校長には12％、小規模校の教頭には10％となっている。この管理職手当は、国立の小中学校の校長、教頭に支給される俸給の特別調整額に相応するものであって、国立の場合は校長には12％か14％、教頭には10％か12％となっている。ここでも制度的には同じものを見出すことができる。もちろん、俸給額によって手当の絶対額は異なってくる。

---

(7) 俸給の調整額は等級および号俸によって調整基本給が定められており、それに調整係数が乗じられて算定されるが、その算式はここでは省いた。おおよそ1万円～2万円の額である。なお、俸給の調整額はここでは論じない。
(8) 小学校の場合は18学級以上、中学校の場合は15学級以上をさす。

3．3．2．管理職員特別勤務手当

　この管理職手当以外の多くは、業務単位で支給される手当であって、あえていえば、休日出勤手当、時間外勤務手当の性格を色濃く持っているものや職位手当に近いものもある。順次みていこう。

　まず、管理職員特別勤務手当は、管理職手当の支給を受けている職員が、臨時または緊急の必要によって、あるいは公務の運営上の必要によって、週休日に勤務をした場合に支給されるものである。ここで週休日とは、日曜日、国民の祝日、年末年始の休日（12月29日から1月3日まで）、第2及び第4土曜日、A県県民の日が土曜日にあたる日、学校創立記念日が土曜日にあたる日、夏季および冬季の学校休業期間の土曜日、学年末および学年始めの学校休業期間の土曜日をさす。次章で詳しく述べるように、給特法、給特条例は、県費負担教職員に対して原則として時間外勤務を命じないこととし（給特法第7条）、他方で超過勤務手当、休日給などのいわゆる時間外勤務手当を支給しない（同第3条3項）こととしている。校長、教頭など管理職もここでいう県費負担教職員に含まれるが、管理職にはこの7条、3条3項ともに適用されないと明記されており、したがって、この管理職員特別勤務手当は校長、教頭に対する休日出勤手当だといってよい。14％の管理職手当を受けている校長には、1日あたり勤務時間6時間以内で6,000円、6時間を超える場合は9,000円、12％、10％の管理職手当を受けている校長、教頭にはそれぞれ4,000円、6,000円となっている。

　国家公務員の管理職員にも、給与法第19条の3によって同様の管理職員特別勤務手当が支給されることになっており、人事院規則9-93第2条によれば教育職（三）の校長、教頭への支給条件、支給額は、A県の場合と全く同じである。

　ただ、民間部門では「…管理監督者については、時間外勤務手当等が支給されないかわりに、管理職手当ないし役職手当が支給されるのが普通である」（菅野1999：256）ことを考えれば、何故に、国家公務員、地方公務員の管理職に休日出勤手当が支給されるのかはよくわからない(9)。

---

(9)　この管理職特別勤務手当は1991年に追加されたものだが、その背景が何であったのかはよくわからない。今後の研究課題である。

3．3．3．教員特殊業務手当

　教員特殊業務手当は週休日、その他の日で正規の勤務時間以外に、特定の業務に一定時間従事したことを条件に、公立小中学校の教職員に支給されるものである。特定の業務とは第一に、学校の管理下において行う非常災害時あるいはその他の緊急業務がある。この場合には、①週休日、②土曜日又はそれに相当する日で正規の勤務時間以外、③その他の普通の日で正規の勤務時間以外で、8時間程度当該業務を行った場合には、日額2,100円（非常災害時でなければ1,500円）、4時間程度であれば半額の1,050円（非常災害時でなければ750円）が支給される。第二に、修学旅行・林間・臨海学校などで宿泊して児童、生徒を引率、指導する業務がある。この場合には8時間程度業務に従事したことを条件に、曜日に関わらず日額1,700円が支給される。第三に、人事委員会が定める対外運動競技等において児童、生徒を引率、指導する業務である。対外運動競技会などでは、宿泊を伴わない場合では、週休日に限り、8時間程度の業務に従事したことを条件に、日額1,500円が支給される。宿泊を伴う場合には、修学旅行と同様に、曜日にかかわらず、8時間程度業務に従事したことを条件に、日額1,500円が支給される。最後に、学校の管理下において行われる部活動で児童、生徒を指導する業務である。ここでは①週休日に連続して4時間程度、②土曜日又は相当日の正規の勤務時間以外に連続して4時間程度、業務に従事したことを条件に日額750円が支給される[10]。

　以上が教員特殊業務手当の内容と支給要件、日額であるが、ここで次のような点を指摘することができる。第一に、人事院規則9-30第24条の2および人事院「特殊勤務手当の運用について」の11の4によれば、国家公務員教育職（三）に対しても、おおむね、同様の業務内容、同様の要件で、同額の手当（日額）が支給されており、大きな制度的な違いはみられない[11]。第二に、支給要件が週休日、正規の勤務時間外、あるいは宿泊のいずれかを満たす必要があることからわかるように、これは明らかに休日出勤手当あるいは時間外勤務手当である。第三に、だが、業務内容が特定されていること、さらに一定の時間以上業務に従事す

---
[10] A県教育庁義務教育課『給与事務の手引』（1996年7月）のp.102による。
[11] 国家公務員の場合は、入学試験における監督、採点、入試判定業務がこれに加わること、また災害時における4時間程度の業務については半額の手当が支払われないという違いがある。

ることが条件とされていること、1時間当たりではなく1日当たりの支給額が定められているなど、休日出勤手当、時間外勤務手当としては限定的な性格を有する。第四に、業務ごとに手当が異なるという特徴をもつが、何故に、手当が異なるのかがよくわからない。修学旅行等の宿泊を伴う業務以外では、正規時間内に同じ業務が行われていたとしても特別な手当が支払われるわけではない。たとえば、普通の日の正規勤務時間内で、児童または生徒に対する緊急の補導業務をしたり、部活動の指導を行ったとしても、特別の手当が支給されるわけではない。このことは、正規時間内での労働については、業務にかかわらず、単位時間あたり同額の賃金率が適用されていると解釈すれば、理解しうる。つまり、正規時間内の緊急補導業務も部活動指導業務も同一の質の労働であって、単位時間あたりの賃金率はいずれの場合も同額であると考えられているとすれば、納得しうる。もしこの解釈にして正しいとするならば、正規時間外であっても、同額の手当が適用されるべきだと考えるのが普通であろう。にもかかわらず、実際には、業務の内容によって手当の額が異なる。要するに、ここに掲げられた、宿泊を伴う業務以外の業務について、何故に正規勤務時間外に限って、異なる額の手当を支払うのかがわからないのである。同様の理由で、修学旅行等での宿泊を伴う業務と、対外運動競技会等での宿泊を伴う業務で、何故に前者では日額1,700円で、後者では日額1,500円なのかもわからない。

　これらは、その支給条件からみれば、時間外手当、休日出勤手当の一種であると解釈できる。とすると、次のような疑問が生じてくる。

　第4章で詳しく触れるように、1971年の給特法、さらに文部省訓令28号を受けて制定されたA県給特条例は、生徒の実習、学校行事、教職員会議、非常災害時の4つにかかわる業務に限り、臨時又は緊急にやむをえない場合、教職員に時間外勤務を命じうることと定めている[12]。さらに、A県教育長の通知「義務教育諸学校等の教育職員の給与等に関する特別措置に関する条例の施行について」[13]では、それぞれの業務の内容を詳細に定めている。すなわち、①実習とは、校

---

[12] 以上、A県教育庁義務教育課『教職員の服務と管理　七訂版』（1998年）pp89-91による。なお、文部省訓令28号では学生の教育実習の指導にかかわる業務で臨時または緊急にやむをえない場合も時間外勤務を命じることができるとあるが、A県条例にはこの業務は記載されてない。

[13] 同上pp.91-93による。

外の施設、船舶を利用した実習及び農林、畜産に関する実習を指す。
②学校行事とは、学芸的行事、体育的行事及び修学旅行的行事を指す。
③教職員会議とは、原則として教職員全員が参加して開かれる会議とする。
④非常災害等やむを得ない場合に必要な業務とは、非常災害の場合に必要な業務のほか、児童・生徒の負傷疾病等人命にかかわる場合における必要な業務及び非行防止に関する児童・生徒の指導に関し緊急の措置を必要とする業務を指す。

　この４業務を教員特殊業務手当が支給される業務と比較すると、「学校の管理下において行う非常災害時の緊急業務」は④に、「修学旅行、林間・臨海学校等の指導業務で泊まりをともなう」ものは②に、「人事委員会が定める対外運動競技等での指導業務」はどちらかといえば②に含まれるようにみえる。ただ「学校管理下で行われる部活動の指導業務」はそれに相応するものはない。以上のことから次のような疑問が生じる。

　部活指導業務以外は、もしそれが臨時又は緊急に行われる場合には、時間外勤務を命じることができると解釈できる。だが、その場合、同じく教育長通知は「長時間の時間外勤務を命じる場合または休日に勤務を命じる場合は、研修など運用面で適切な配慮をすること」「教育職員に対して日曜日に勤務を命じる場合は、原則として代休措置を講ずること」を留意事項としてあげている。もし、この留意事項が実行されているとすれば、事実上の時間外勤務手当である教員特殊業務手当を支給する根拠は何であろうか。代替措置がとられていないとすると、いったい、給特法はなんのための法律なのだろうか。

　部活指導業務以外で、予め計画されているのであれば、A県「職員の勤務時間に関する条例」５条にしたがえば、週休日の振り替えで対処するのが原則だと考えられる。もし、週休日の振り替えが行われているとしたら、何故にこの手当が支給されるのであろうか。週休日の振り替えがないとすると、労働時間管理の原則を定めたこの条例はどのような意味があるのだろうか。

　学校管理下で行われる週休日、土曜日などの正規時間以外の部活動の指導業務は、給特法にしたがえば、時間外勤務を命じることができないと解釈するのが普通であろう。にもかかわらず、事実上の時間外勤務手当を支給するのは何故なのだろうか。

　以上を要するに、給特法の定めた時間外勤務の原則禁止、例外的な命令に対す

る代替措置と、事実上の時間外勤務手当、休日出勤手当である教員特殊業務手当が、首尾一貫しておらず、相互に矛盾するのである。

3．3．4．教育業務連絡指導手当

次に教育業務連絡指導手当をみよう。これがいわゆる主任手当と呼ばれるものであって、人材確保法の趣旨にそって、1976年に新設されたものである。公立小中学校の教務主任、学年主任[14]、保健主事[15]、生徒指導主事[16]、進路指導主事[17]、分校主任[18]に対して、勤務した日1日につき一律200円が支給される。なお、国立小中学校の教員の場合でも、同じ様な種類の主任、主事[19]に対して、同額の手当が支給されることになっており、制度上、違いがあるわけではない。

主任手当に対しては、日教組はその法制化に際して、中間管理職を制度化し管理強化をめざすものだとして、激しい闘争をくりひろげ、1976年の法制化後には主任手当返上あるいは主任手当の拠出・プール化を行ってきた（金子 1977：378-380；日教組 1997：922-934）。もっとも、実際には「…手当拠出を当初から出来なかったところ、拠出方針をとりやめるところ」（日教組 1997：88）などさまざまであり、A教組においても運動史でみる限り、1976年、77年当時には主任手当支給阻止運動を展開し、また主任手当の拠出も進め、「息の長い闘いを進めて」[20]いったようであるが、今日においては主任手当をめぐる問題はないといわれている。

主任手当制定時における日教組、文部省との間の激しい対立は、以下でみるように現行の主任制度に反映され、手当そのものに対して複雑な影響を及ぼしたと考えられる。

小中学校の主任制度は学校教育法施行規則第22条、第52条、第55条に法的

---

[14] 学級の数が3以上の学年に置かれる学年主任のみが支給対象となる。
[15] 学級以上の学校に置かれる保健主事のみが支給対象となる。
[16] 小学校では6学級以上、中学校では3学級以上の学校に置かれる生徒指導主事のみが支給対象となる。
[17] 進路指導主事は小学校には置かれず、中学校、高校に置かれるものであるが、その中で、6学級以上の学校に置かれる進路指導主事のみが支給対象となる。
[18] 学級の数が3学級以上の分校に置かれる分校主任のみが支給対象となる。
[19] ただし、1996年度時点では、保健主事への手当支給は各都道府県の判断に任されていた。この時点で保健主事に教育業務連絡指導手当を支給していたのは、A県を含め17都道府県であった（A教組『1996年度　A教組第1回中央委員会議案』（1996年10月22日）のp.5脚注より。
[20] A教組『A教組50年誌』（1998年3月）pp.36-37による。

根拠をもち、これを受けてA県教育委員会は市町村立学校管理規則（準則）を制定している。これによれば、特別の事情がなければ、「学校に、教務主任、学年主任、生徒指導主事及び保健主事を置く」（第14条）、「中学校に、進路指導主事を置く」（第14条の2）、「分校に分校主任を置く」（第14条の3）ことになっており、それぞれ当該学校の教諭（保健主事の場合は教諭または養護教諭）の中から、市町村教育委員会教育長の承認を得て学校長が任命することになっている。この準則を受けて各公立小中学校がほぼ同一の学校管理規則を制定している。

　主任制度については次の二つの点が非常に興味深い。第一に、A県教委「市町村立学校管理規則（準則）の一部改正について」（1976年3月26日）の第12項で、わざわざ主任、主事が中間管理職ではないと断っていることである。つまり「主任等は、いわゆる中間管理職ではなく、教育指導職として、それぞれの職務に係る事項について教職員間の連絡調整に当たるとともに、関係教職員に対する指導、助言に当たるものであること。とくに、指導、助言は、関係教職員の協力態勢の中で、主任等がその豊富な経験や技量等から、効果的な教育実践及び校務処理ができるよう適宜なされるものであり、指示・命令的性質を持つものではない」[21]とされている。この改正がA県教委だけのものではなく、文部省の指示に基づいたものであることは、同様の趣旨の文部省事務次官通達が、A県教委通知以前の1976年1月13日に出されていることからうかがえる。そこでは「主任等は、いわゆる中間管理職ではなく、それぞれの職務に係る事項について、教職員間の連絡調整及び関係教職員に対する指導、助言等に当たるものであり、当該職務に係る事項に関して、必要があれば、校長及び教頭の指示を受けてこれを関係教職員に伝え、あるいは、その内容を円滑に実施するため必要な調整を行うものである」[22]と記されている。以上が、主任制度制定過程における、文部省と日教組との対立と妥協の産物であることは確かであろう。

　第二に、主任や主事の任命が市町村教育委員会教育長の承認、当該学校長の任命という手続きを経て行われることである。これまでに幾度となく述べたように、もともと公立小中学校の教職員は県費負担職員であって、その任命権は県教育委員会にある。にもかかわらず、主任や主事の任命に関しては、県教育委員会は関

---

[21] A県教育庁義務教育課『教職員の服務と管理　七訂版』（1998年）p.12。
[22] A県学校長会『学校運営必携　四訂版』（1996年1月）p.25。

与しない。任命権をもつ機関が二つあるように見えて、首尾一貫しない。これは、一つには、上述の妥協の結果もたらされたものであろう。公式に中間管理職として位置づけた場合には県教育委員会が任命権を持つ必要があるが、そうではなく、特定の事項について連絡、指導、助言、調整などの業務を担当する教諭として位置づけている場合には、そうする必要もないとも解釈しうるからである。

　以上のような主任制度をめぐる対立、妥協は、主任手当の性格にも影響を及ぼしたように思える。一般的にいって、"主任手当"という言葉でイメージされるのは、"主任、主事"という特定の役職、職位に対して支給される手当であって、したがってその額は月単位で決まっているというものである。この場合、特定の役職、職位に就く労働者が特定の職責を果たすことが期待されていることはいうまでもない。だが、ここでいう主任手当は、特定の業務を遂行したことに対して支給されるものであり、したがって当該業務の遂行に対して一日単位で支払われる。まさに"主任手当"は通称にすぎず、"教育業務連絡指導手当"が正式名称なのである。こうしてみると、"主任手当"という言葉そのものが不適当、あるいはその用語から勝手なイメージを抱くことが不適当なのかもしれない。だが、教育業務連絡指導手当の内容を詳しくみてみると、それを業務遂行に対する手当とみなすことがよいのかどうかわからなくなる。以下の点を指摘しうる。

　第一に、特定業務の遂行に対して支給されるものでありながら、前出の教員特殊業務手当とは異なり、支給対象を校長の任命した教諭、養護教諭に限定している。教育にかかわる特定の連絡、指導、助言、調整業務を担うことが期待されている教諭、養護教諭はあらかじめ限定されている。いいかえれば、主任、主事に任命された教諭、養護教諭のみがその責務を果たすことが期待されているのである。

　第二に、やはり、前出の教員特殊業務手当とは異なり、8時間程度、4時間程度など一定程度の労働給付量を支給要件とはしていない。人事院規則9-30第26条の2の2項では「業務に従事した日一日につき二百円」と定められ、教員特殊業務手当とは異なり、運用についてそれ以上の定めがあるわけではない。またA県教育庁義務教育課『給与事務の手引』（1996年7月）にも「勤務した日一日について200円とする」（p.111）とあるだけで、何時間程度といった定めがあるわけではない。したがって、特定の連絡、指導、助言、調整業務を行えば、

その多寡にかかわらず、1日200円が支給される。

　第三に、1日あたりの労働給付量の多寡が問われないとすると、論理的には、年間業務量を年間総勤務日数で割った業務量を毎日こなし、教育業務連絡指導手当受給額を最大化しようとするインセンティブが働く。もちろん、誤解のないように大急ぎで付け加えるが、主任、主事に任命された教諭、養護教諭が実際にこうした行動をとるといっているわけではない。主任手当返上、手当の拠出・プール化を行ってきた教員たちがこうした行動様式をとっていたとは通常、考えにくい。ここで主張したいことは、そうしたインセンティブが働く可能性があることである。主任、主事の業務は年間計画にそって行われ、また業務量には波があるのが普通だと考えられるから、業務量を平均化するように彼らが行動すれば、それは学校運営上大きな問題を引き起こしかねない。したがって、学校側がそうした事態を避けようとすれば、1日あたりの実際の業務量とはさしあたり無関係に、月あたり一定額の教育業務連絡指導手当を支給するように制度を運用することが合理的となる。その方が、校長、教頭もある期日までに、ある業務を仕上げるよう主任、主事に指示をだしやすくなる。実際に、教育業務連絡指導手当がこうした運用をされているのかどうかはわからない。だが、論理的に考えれば、かかる運用の方がはるかに合理的であり、学校運営にとっても都合がよい。

　このようにしてみると、教育業務連絡指導手当は、校長の任命する特定の教諭、養護教諭に、特定の責務を期待する代わりに支給される手当のようにみえる。少なくとも、当事者たちが合理的に行動するとしたら、そのように考えた方がより現実的である。この推論にして正しいとするならば、教育業務連絡指導手当は特定業務の遂行に対する手当ではなく、主任、主事という職位に期待される職責に対して支給される、一般的に使われる意味の"主任手当"とみなすことができよう。制度上は業務手当でありながら、その内実あるいは運用をみていくと、役職手当あるいは職位手当に限りなく近づくと考えうる。

3．3．5．多学年学級担当手当

　多学年学級担当手当は、2学年あるいはそれ以上の児童、生徒からなるクラスを教えている教員に支給される手当であり、児童、生徒が2学年にわたっている場合は、日額290円、3学年以上では日額350円が支給される。ただし、当該クラスを担当する授業時間数が、全担当授業時間数の1/2以上であり、かつ当該

クラス担当授業時間数が週12時間以上であることを条件とする。国立小中学校の教員にも同じ条件、同じ額の手当が支給されることになっており、制度上違いはない。

3．3．6．まとめ

以上で、公立小中学校教員の職務関連手当についてみてきた。ここでその特徴を簡単にまとめると次のようになる。

第一に、国家公務員教育職（三）とA県教育職（三）との間に、職務関連手当について支給要件、支給額など制度上ほとんど違いがない。

第二に、管理職員特別勤務手当、教員特殊業務手当は事実上の休日出勤手当、時間外勤務手当だと考えられる。教員特殊業務手当についていえば、次章で詳しく述べるように、給特法で時間外勤務を原則として命じないこととしたにもかかわらず、現実に生じている時間外勤務のうち特定のものに限って業務手当という名目で支払うものだといってよい。

第三に、管理職員特別勤務手当、教員特殊業務手当のいずれも、論理的には疑問の残る手当であって、前者に関しては管理職手当の支給されている管理職に対して、民間部門とは異なり、休日手当、時間外勤務手当を支給するのは何故なのか、後者に関しては、同じく正規勤務時間外での労働にもかかわらず業務内容によって手当の額が異なるのは何故なのか、給特法の趣旨とどのように関係するのかがよくわからないままである。

第四に、教育業務連絡指導手当は制度上は業務手当であるが、その内実を探り、運用のありようを推測していくと、結局は主任、主事という役職、職位に期待される職責に対して支払われる手当であるようにみえ、通常の意味の"主任手当"だといってよいように思える。こうした制度と運用のかい離の根底には、主任制度制定時の文部省と日教組の対立があるように思える。

3．4．生活関連手当

A県の教員に支給されることになっている生活関連手当は、上述したように、扶養手当、通勤手当、住居手当、単身赴任手当、へき地手当である。手当の種類は、へき地手当を除き、国立小中学校の教員に支給されるものと同じである。

3．4．1．扶養手当

扶養する配偶者につき16,000円、子供、孫、父母、祖父母など扶養家族1人につき5,500円(ただし2人目まで)(23)、3人目からは1人につき2,000円となっている。これにいわゆる教育加算が行われ、満16歳から満22歳の子供1人につき2,500円が加算される(24)。配偶者および家族に収入がある場合に、扶養手当を支給するか否かについて細かな規定が定められている。扶養手当の支給要件、支給額は国家公務員との間に違いはない。

3．4．2．通勤手当

通勤距離が片道2km以上で、バス、電車などの交通機関や有料道路、あるいは自転車、バイク、自動車などを利用して通勤する場合に支給される手当である。通勤手当は、片道2km未満であっても、交通機関や高速道路を利用しなければ著しく支障をきたす場合であれば支給される。原則として、電車の場合は1カ月の定期代、バスは1カ月の回数券代、1カ月の有料道路利用回数券代が46,000円を限度として総額支給される。ただし、これらの総額が46,000円を越える場合には、越えた分が減額して加算されることになる。自転車、バイク、自動車などを利用して通勤する場合には、片道5km未満であれば2,000円、5km－10km未満で3,800円、10km－15km未満で6,000円、15km－20km未満で8,100円、20km以上で10,400円が支給される。バイクや自動車の利用者については、これに燃料分として距離に応じた額が加算される(1kmあたりおおよそ350円～400円)。

通勤手当の支給対象は国家公務員と同じであるが、支給要件、額などが異なっていたり、A県独自のものも付け加えられている。たとえば、交通機関の定期券代、回数券代の全額支給限度額が、国の場合には40,000円であるのに対し、A県では46,000円であること、最高支給額が国では45,000円であるのに対し、A県では51,000円である。また、自転車、バイク、自動車の利用者に対する手

---

(23) 配偶者がいない場合、扶養家族1人目に11,000円、2人目に5,500円、3人目から1人につき2,000円となる。また、1997年の人事院勧告によって、配偶者が扶養者ではない場合、扶養家族の1人目に6,500円が支給されることになった。

(24) 配偶者を含め家族に収入がある場合に扶養手当を支給するか否か、また配偶者が働いている場合、扶養手当を誰に支給すればよいかなどに関する細かな規定があるが、煩瑣になるので、ここではこれ以上とりあげない。教育加算額はA県教育庁義務教育課『給与事務の手引』(1996年7月)のp.44には2,000円とあるが、A教組『第63回 A教組定期大会議案 別冊資料(経過報告)』(1997年6月26日)には、1996年度の額が2,500円となっており、それが3,000円に改定されたとあるので、2,500円とした。

当は国に比べて低く(25)、たとえば、最高支給額が国では20,900円であるのに対し、A県では10,400円であるが、他方で、A県では独自の燃料分加算がある。この燃料加算分を付け加えると、A県の方が手当は多くなる。

3.4.3. 住居手当

借家で月額12,000円を越える家賃を支払っている場合、その差額が住居手当として支給される。23,000円以下の場合は12,000円との差額分が支給され、家賃が23,000を越える場合には、23,000円との差額の半分（ただし、16,000円が限度）に11,000円を加えた額が支給される。借家の場合の住居手当の支給限度額は27,000円である。持ち家の場合、住居手当は一律3,500円である。県公舎、職員住宅などに居住している職員には住居手当は支給されない。

国家公務員と比較すると、借家の場合の支給要件および支給額は同じであるが、持ち家の場合、国家公務員では一律1,000円（ただし、新築、購入から5年間は2,500円）であり、A県の方がやや好条件である。

3.4.4. その他の生活関連手当

その他の生活関連手当として単身赴任手当、へき地手当がある。

単身赴任手当は、人事異動などによりそれまでの住居から勤め先までの距離が60km以上となり、しかも、やむをえざる事情で配偶者と別居して単身で生活することとなった職員に支給される。単身赴任手当は基礎額が20,000円で、さらに距離に応じて加算される。加算額は100km以上300km未満で4,000円、300km以上500km未満8,000円などとなっており、最高加算額は1,500km以上の29,000円である。単身赴任手当の支給要件、支給額は国家公務員とまったく同じである。

へき地手当は「交通条件及び自然的、経済的、文化的諸条件に恵まれない山間地、離島その他の地域に所在する公立小学校及び中学校」（へき地教育新興法第2条）の職員に支給される。A県にはへき地学校、へき地学校に準ずる学校、特別の地域に所在する学校が、あわせて小学校で11校、中学校で6校ある。へき

---

(25) たとえば片道5-10kmでは国が4,100円、A県が3,800円、10-15kmでは6,500円、6,000円、15-20kmでは8,900円、8,100円、20-25kmで11,300円、10,400円、20-30kmで13,700円、10,400円などである。

地2級に所在する学校の場合は、俸給、俸給の調整額、教職調整額及び扶養手当の12％が、1級では8％が、へき地に準ずる学校および特定地域の学校では4％が支給される。国立の小中学校でへき地またはそれに準ずる地域に設置されている学校はないから、こうした手当はない。ただし、へき地教育新興法第5条の2の2で「へき地手当の月額は、給料及び扶養手当の月額の合計額の百分の二十五をこえない範囲内で、文部省令で定める基準に従い、条例で定める」（強調…引用者）とあり、A県独自の支給要件、加算額があるようには思われない。

3．4．5．まとめ

以上で、A県公立小中学校教員に支給される生活関連手当をみてきた。特徴をまとめると次のようである。

第一に、へき地手当を除けば、国家公務員教育職（三）とA県教育職（三）との間に、生活関連手当の種類および支給要件に関して制度上大きな違いはない。

第二に、扶養手当、単身赴任手当では支給要件、支給額についても同じである。

第三に、通勤手当、住居手当については、A県独自の加算が行われている。通勤手当では燃料加算が行われていたり、支給額もやや異なる。もともと生活関連手当はA県の県費負担教職員だけに支給されるわけではなく、A県県庁に雇用されている県職員にも支給されるわけであるから、A県独自の加算が地域の事情を加味したものであろうことは想像しうる。

3．5．期末手当と勤勉手当

期末手当と勤勉手当は民間で言えば、一時金、賞与にあたる。ただ民間とは違い、年に三回支給される。A県の場合は、3月15日に期末手当、6月30日に期末手当と勤勉手当が、12月10日に同じく期末手当と勤勉手当が支給される。

3．5．1．期末手当

A県教育職（三）では期末手当額は次のように決められる。通常、｛（俸給＋俸給の調整額＋教職調整額）×（1＋級別加算係数）｝＋扶養手当を基礎額[26]として、3月ではこの基礎額に0.5をかけた額、6月は1.6、12月は1.9をかけ

---

[26] 正式には調整手当も基礎額算定式に入れられる。だが、A県教職員には調整手当が支給されていないため、ここでは省いた。正式には上記の基礎額に（1＋調整手当係数）を乗じたものが基礎額になる。なお、調整手当係数は地域に応じて0.12、0.1、0.06、0.04、0.03となる。

た額が支給される[27]。したがって、年間を通して、基本賃金と扶養手当の約4カ月分が期末手当として支給される。級別加算係数は0％、5％、15％、20％となっている。4級の校長では、一部の者には20％、それ以外は15％、3級の教頭には10％、2級の教諭には一定の号数以下では0％、ある程度の号数以上は5％、さらに経験が長く号数の多い教諭では10％となっている。

期末手当は昇給、昇任するほど高くなる。それは、第一に、昇給、昇任にともない、掛けられる数である基本賃金（俸給＋俸給の調整額＋教職調整額）が高くなるからであり、第二に、昇給にともない号数が増えることによって、また昇任によっても、級別加算係数も増えるからである。したがって、昇任はさておき、期末手当は俸給表の運用実態、いいかえれば、普通昇給、特別昇給の運用実態に強く影響される。なお、期末手当には勤務成績によって変わる部分はない。

国家公務員教育職（三）と比較すると、期末手当の算定方式そのものには制度上、違いはない。もっとも、注の24でも触れたように、A県の教職員には調整手当が支給されていないため、算式からは除外したが、調整手当が支給される地域に働く国家公務員であればそれが基礎額の算式に入れられるという違いはある。また国家公務員でも勤務成績が影響する部分はない。級別加算係数については給与法第19条の4に根拠があり、教育職（三）に関する具体的な基準は人事院規則9-40で定めがある。これによれば、原則として、教育職（三）4級には15％の加算、3級には10％、2級で経験年数12年以上の場合5％となっている。ただし、4級については学校の規模、業務の困難性を考慮して、20％の加算をすることも認められている。また2級についても経験年数30年以上の教諭には10％加算をするとなっている。

以上のように、国家公務員教育職（三）とA県教育職（三）の期末手当に関しては、制度としては大きな違いはみられないが、級別加算の付与要件などを比較するとA県の方がやや有利であるようにみえる。

3．5．2．勤勉手当

勤勉手当は年に2回、夏と冬に支払われる手当であって、その算式は、期末手

---

[27] さらに、それぞれ支給対象となる期における在職期間に応じて実際の支給額が異なる。たとえば3月の期末手当では、前年の12月2日から3月1日にまでに3カ月間在職していれば100％、それ以下だったら、80％、60％、30％というように、減額される。

当とやや異なり、A県の場合、(俸給＋俸給の調整額＋教職調整額) × (1＋職級別加算係数) を基礎額として、これに成績率を乗じて算出される(28)。職級別加算係数およびその要件は期末手当の場合と同じである。成績率は０.４～０.９の範囲とされている。だが、どのように成績率が算定されるのか、教職員の間でどのような分布がみられるのかについては、調べた限りではわからなかった。ただ、成績率の平均は約０.６であると推定され(29)、これをベースにすると勤勉手当は年間、基本賃金の１.２カ月分となり、期末手当の約４カ月分と合わせて、年間ボーナスはおおよそ基本賃金の５.２カ月分が支給されると推定しうる。

　勤勉手当は、期末手当と違い、扶養手当が算式にはいらず、勤務成績が考慮される。そのため、「期末手当は、…生活給的の性格である。勤勉手当は、勤務成績に応じて支給されるものであり、能率給的性格の手当である」(木田　１９８３：３０５) とされる。だが、教職員に対する勤務評定制度があることは確かだとしても、よく知られているように、それが実際に機能しているかは大いに疑問であり、したがって、勤勉手当が運用上も「能率給的」となっているとみることは難しい。このことは、国立小中学校の教員、A県の公立小中学校教員のいずれにもあてはまる。

　期末手当と同じ理由で、勤勉手当も昇給、昇任するほど高くなる、もっとも制度上は勤務成績によって支給額が異なることになっているから、昇給、昇任にともなって自動的に増加するわけではない。だが、上でも述べたように、成績率に応じた能率給的運用が実際に行われているとは思えず、結果としては勤勉手当も昇給、昇任にともない増加していくと考えられる。

　国家公務員教育職 (三) と比較すると、制度上の違いはみられない。国家公務員においても人事院規則９-４０の第１３条で成績率は０.４～０.９の範囲で定めるとされている。ただ、期末手当と同様に級別加算係数の付与要件を考慮すると、A県の方が勤勉手当もやや有利であるようにみえる。

----

(28)　勤勉手当の算式にも、正式には調整手当がはいる。これについては(24)を参照されたい。さらに、期末手当と同様に、支給対象となる期における勤務期間に応じて実際の支給額が異なる。６カ月間勤務していれば１００％が支給されるが、それ未満であれば、期間に応じて、基礎額×成績率で算出された額の９６％、９０％、８０％、７０％、６９％、５０％、…５％というように、減額される。なお、期末手当にいう在職期間と、勤勉手当にいう勤務期間は異なる概念である。
(29)　A県教育庁義務教育課『給与事務の手引』(１９９６年７月) のp.139に、勤勉手当の支給額計算例が出ているが、そこでは成績率は0.614とされている。

3．5．3．まとめ

　民間部門でいうボーナス、あるいは賞与にあたる期末手当、勤勉手当をみてきた。特徴をまとめると次のようになる。
　第一に、国家公務員教育職（三）とA県教育職（三）の間に、期末手当、勤勉手当の支給要件、支給額算定式に関して、制度上の違いはない。
　第二に、ただ、級別加算係数がA県教員にやや有利であるように思える。これについては、生活関連手当の際に触れたように、A県県庁の職員とのかねあいもあるように思える。
　第三に、勤勉手当は制度上は成績率を乗じて算出され、能率給的性格を持つとされるが、実際にはそのように運用されているかどうかは疑わしい。これはA県だけでなく、国家公務員の教育職（三）にもあてはまる。
　第四に、期末手当は、昇給、昇任とともに増加する。それは基本となる俸給額が増えるからであり、級別加算係数が大きくなるからである。成績率が当初の目的どおり機能していないと仮定すると、勤勉手当も同様である。したがって、昇任は別とすれば、期末手当、勤勉手当の額は、普通昇給、特別昇給がどのように行われているのかということに大きく依存する。

3．6．まとめ

　以上で、A県公立小中学校教員の報酬に関するルールとその運用方法をみてきた。それぞれの特徴は既に簡単にまとめてあるが、全体を通してみると、次のような点を指摘することができる。
　第一に、教特法第25条5項、地方公務員法第24条3項に定められている通り、報酬制度についてA県教育職（三）と国家公務員教育職（三）との間には、制度上、大きな違いがない。国家公務員の報酬制度が先に決まって、それがほとんどそのまま県レベルにおりてくると考えられるから、制度の改定は、公務員連絡会と人事院、日教組と文部省というように中央レベルでの交渉、協議、話し合いが中心となる。ここに、中央レベルの労使当事者の役割がある。
　第二に、教育職（三）の俸給表はまったく同じであるが、だが、そのことは運用方法までも同じであることを決して意味しない。A県教育職（三）2級の賃金モデルは、A県教育委員会とA教組の間に、普通昇給、特別昇給に関して何らか

の運用ルールがあることを推測させる。俸給額は教職調整額、期末手当、勤勉手当、そして退職手当のベースになるものであり、普通昇給、特別昇給に関する運用ルールの事実上の制定は、県レベルの労使当事者にとってきわめて重要な関心事であり、課題である。ここに、県レベルの労使当事者の役割がある。もちろん、国家公務員教育職（三）についても、何らかの運用ルールがあっても不思議ではない。だが、両者の間にどのような類似、相違があるのかは、わからない。

　第三に、教員だけを対象とした職務関連手当は次のように論理的に首尾一貫しないものが多いように思える。管理職手当を受給している校長、教頭に対して、事実上の休日出勤手当である管理職員特別勤務手当を支給している。教員特殊業務手当も事実上の時間外勤務手当、休日出勤手当であるが、同じく正規勤務時間外の勤務でありながら、奇妙なことに、業務内容によって手当額が異なっている。この奇妙さは、同じ業務を正規時間内で行っても特別の手当が出ないこと、したがって、正規勤務時間内ではいずれの業務に対しても教員は同質の労働を遂行していると解釈されていることを考えれば、はっきりする。さらに事実上の時間外勤務手当と、時間外勤務を原則禁止し、その代替措置を定めた給特法との間には、矛盾があるように思える。

　さらに、教育業務連絡指導手当は制度上は業務手当であるが、その内実を探り、運用のありようを推測していくと、結局は主任、主事という役職、職位に期待される職責に対して支払われる手当であるようにみえ、通常の意味の"主任手当"だといってよいように思える。

　以上のような、教員特有の職務関連手当にみられる不思議さは、給特法、主任制度などの制定をめぐる文部省と日教組の対立と妥協によって生じたものと考えられる。

　第四に、生活関連手当も、手当の種類、支給要件に関しては制度上、国との違いはほとんどないが、ただ、通勤手当、住居手当についてはA県独自の加算が行われており、それがA県の公立小中学校教員にも適用される。これはA県教育職（三）独自のものというよりも、A県人事委員会および県知事とA県地方公務員労働組合共闘会議の交渉の結果、A県独自の地域事情が加味されたものといったほうがよい。

　第五に、期末手当、勤勉手当に関しても、支給算定式、支給要件について制度

上違いはない。ただ、A県教育職（三）の方が級別加算係数がやや有利であるように思える。これもまた生活関連手当と同様に、A県教育職（三）独自のものというよりも、A県地方公務員の労使関係当事者が交渉し地域の事情が加味された結果だといってよい。

4．労使交渉

　次に、春闘期から開始される労働条件改善闘争において、A教組、そしてA県の人事委員会、知事部局、教育委員会がどのような交渉、協議、話し合いを行い、報酬制度がいかに改定されていくのか、そこにおける特徴は何かを明らかにする。中央レベルにおける交渉、協議については、1996年春闘を対象に、第2章においてやや詳しく論じた。ここではそれを前提に、同じく1996年のA県における交渉、協議をみていくこととする。

4．1．人事院勧告前

　1996年2月初旬に中央の公務員共闘、公務員連絡会が総務庁長官、自治大臣、人事院総裁へ要求書を提出し、また3月に日教組が独自に文部省、人事院へ要求をしたのを受けて、1996年3月下旬に、A県地方公務員労働組合共闘会議（以下、A県地公労共闘と略称）、A教組もA県人事委員会、A県教育委員会に要求書を提出する。

　中央では要求書提出後、人事院および総務庁と頻繁な交渉、協議が行われるが、県レベルではそうしたことはなく、およそ2カ月後の5月14日、5月20日に当局からようやく回答が出される。5月14日の人事委員会事務局長の回答をやや詳しくみてみよう。表3-3は事務局長の回答を示している。

　このうち、1～3そして、5と10が人事委員会の勧告作業についての要求に対する回答であり、4と6～9が労働諸条件についての要求に対する回答である。この回答から次のようなことがわかる。

　第一に、人事委員会と人事院の緊密な関係である。さらにいえば、人事院と人事委員会が、事実上、前者を頂点とした階層的組織をなしていることである。民間給与実態調査は「人事院の（作業の）分担をする」、「地公労の要求は人事院に

表3-3　A県人事委員会事務局長回答

要求項目	回答
1.比較対象職等について	1.民調（民間給与実態調査…引用者）は人事院や他県との共同調査である。人事院の分担をするものである。地公労の要求は人事院につなぐが要求は困難である。
2.比較給与の範囲	2.人事院に主導権がある。長年現在の形で比較・調査が行われている。
3.作業日程	3.例年5月～6月中旬まで調査を実施し、人事院の分析を見ながら進める。地公労の早期勧告（要求…引用者）は理解できる。
4.調整手当	4.県内支給には例外的な説得性が必要。基礎資料に基づいて調査している。現在のところ従来のスタンスに変化ない。
5.職種の対応等	5.人事院に要求は伝える。
6.諸手当	6.時間外手当は民間の調査を踏まえて平成5・6年改善を行った。
7.賃金水準	7.賃金の引き上げは均衡の原則がある。国・民間・他県の状況を総合的に勘案する。
8.時短・休暇等	8.国・他県の動向を総合的に考えていきたい。
9.福利厚生	9.国・他県の動向を勘案する。
10.その他	10.勧告時期については、具体的に話ができる時点で、早期にできるよう考えている。

資料出所：A教組『第63回　A教組定期大会議案　別冊資料（経過報告）』（1997年6月26日）のp.1より作成。

つなぐ」、「人事院に主導権がある」などは、少なくとも勧告にかかわる作業が人事院の主導で行われており、各県の人事委員会はそのもとで作業を分担していることを示す。前章でみたように、人事院系列というにふさわしい[30]。

　第二に、労働諸条件に関する要求に対しては、実質的に何も回答がなされていないことである。「国、他県の動向を勘案する」とは、要するに人事院勧告が出され、国会で承認されることを待つということであり、調整手当に関してはゼロ回答である。

　A教組も6日後の5月20日にA教育委員会から回答を受ける。A教組の要求は大別して基本賃金と一時金の改善、職務関連および生活関連手当の改善、出張旅費支給にかかわることに分けられる。この要求と教育委員会の回答を表3-4に簡単にまとめてある。

　ここでも、教育委員会の回答はゼロ回答といってよい。全部で25項目の要求

---

[30] 人事院と人事委員会とのこうした関係は、地方公務員法第24条3項から必然的に生じるものなのかもしれない。この条項が前述したように、運用上、国家公務員給与準拠を意味しているであれば、人事委員会は人事院から離れて独自の勧告作業を行うことは難しくなるからである。

に対して、「国・他県の動向及び人事委員会の勧告等を見て検討したい」という回答が14項目(31)と56％にのぼり、「困難である」が7項目と28％、それ以外の4項目にしても要求に正面から答えていない。

前章でみたように、この時期における中央レベルの総務庁長官、自治大臣、人事院総裁の回答は、具体的な数字を提示することはなかったものの、人事院勧告

表3-4　A県教育委員会教育長回答

要　求　項　目	回　　答
1.基本賃金と一時金	
①教育職（三）の引き上げ18,000円	①国・他県の動向及び人事委員会の勧告等を見て検討したい。
②教育職（三）と（二）の一本化	②困難である。
③勤続10年、15年の昇給短縮	③国・他県の動向及び人事委員会の勧告等を見て検討したい。
④中途採用者の初任給決定基準の抜本的改善	④平成6年に改善を行った。
⑤学校事務職員俸給表創設の検討	⑤国・他県の動向及び人事委員会の勧告等を見て検討したい。
⑥学校事務職員と教員とのバランスをはかる	⑥国・他県の動向及び人事委員会の勧告等を見て検討したい。
⑦学校事務職員の昇給短縮	⑦困難である。
⑧学校栄養職員の俸給表の改善	⑧国・他県の動向及び人事委員会の勧告等を見て検討したい。
⑨市町村立幼稚園教職員への教育職（三）の適用を指導し、給与費を補助する。	⑨要求があった旨、関係機関に伝える。なお、給与費補助は困難である。
⑩介護休暇者に対する経済保障	⑩国・他県の動向及び人事委員会の勧告等を見て検討したい。
⑪一時金は期末手当に一本化し、年間6カ月	⑪国・他県の動向及び人事委員会の勧告等を見て検討したい。
⑫級別加算係数の改善	⑫国・他県の動向及び人事委員会の勧告等を見て検討したい。
2.職務および生活関連手当	
①扶養手当改善。配偶者20,000円、扶養家族2人まで各7,000円。配偶者のいない扶養親族は一人15,000円。	①国・他県の動向及び人事委員会の勧告等を見て検討したい。
②交通機関利用者の通勤手当全額支給	②国・他県の動向及び人事委員会の勧告等を見て検討したい。
③交通用具使用者への手当改善、有料道路は全額支給	③国・他県の動向及び人事委員会の勧告等を見て検討したい。
④住居手当を持ち家6,000円、借家支給限度を30,000円	④国・他県の動向及び人事委員会の勧告等を見て検討したい。
⑤研修手当6,000円を支給	⑤困難である。
⑥現行のへき地指定校の級の変更を行わない	⑥学校のへき地指定は法令に基づいて行っている。
⑦寒冷地手当引き下げは実施しない	⑦国・他県の動向及び人事委員会の勧告等を見て検討したい。
⑧多学年学級担当手当の大幅改善	⑧困難である。
⑨教職調整額を6％	⑨困難である。
⑩学校事務職員、栄養職員の超勤手当6％を本給に繰り入れる	⑩困難である。
⑪学校事務職員に俸給の調整額を支給	⑪困難である。
⑫教員特殊業務手当をおおむね倍増	⑫国・他県の動向を見て検討したい。
3.出張旅費については条例・規則どおりに支払うこと	3.条例・規則に基づいて支給している。

資料出所：A教組『第63回　A教組定期大会議案　別冊資料（経過報告）』（1997年6月26日）のp.88-91より作成。

の尊重、早期勧告、勧告の早期完全実施を図るなどの姿勢を示し、また時短努力、高齢者雇用制度の検討、組合との交渉協議の尊重、地方自治体での財源確保などに関する方針を明らかにしたものであった。これに比べると、県レベルの人事委員会、教育委員会の回答はあまりにも素っ気ない。これは県レベルの機関が反組合的だとか、あるいは真剣に取り組んでいないということを示すものでは決してなく、国家公務員準拠の枠がある故であって、国が決まらなければなにもできないことの必然的な結果だと思われる。

　要するに、人事院勧告前の段階では、中央レベルとは異なり、県レベルにおいては労使間の交渉も活発に行われていないし、使用者側も内容のある回答を提示することもない。

4．2．人事院勧告後
4．2．1．人事委員会交渉
　1996年には人事院勧告は8月1日に出された。主な勧告・報告内容は、①0.95％、3,336円の改善、②教育職、海事職（一）、研究職、医療職（一）について昇給期間の短縮、③扶養手当について教育加算額が2,500円から3,000円に、④交通機関利用者に対する通勤手当の限度額が40,000円から45,000円へ、⑤5日の有給ボランティア休暇の検討、⑥能力や実績をより重視した給与システムなど新たな人事管理システムへの取り組みの必要性の指摘、⑦高齢者雇用について新たな再任用制度の骨格を具体的提示などであった。この1カ月後、9月6日にA県地公労共闘はA県人事委員会に申入書を提出した。いまこの要求内容を人事院勧告に既に盛り込まれているもの、中央レベルの公務員共闘・公務員連絡会の要求事項で人事院勧告には取り入れられていないもの、A県地公労共闘独自の要求というように分けてみよう。もちろん、前二者に関しては、単にそれを受容し、引く継ぐだけでなく、逆に反対の方針をもつあるいは方針としないことも考えられる。表3-5がそれらを整理したものである。

　やや、煩瑣であるが、この表から次のことがわかる。
　第一に、既に出ている賃金、諸手当に関する人事院勧告を最低基準として、そ

---
(31)　ただし、教員特殊業務手当に関しては、「人事委員会の勧告等」という文言が回答からおちている。

れを上回る改善を求めている。

　第二に、だが、「実績・能力主義に準拠した給与制度導入に向けた勧告を行わない」など、人事院勧告に反対する要求も行っている。この点については、中央レベルが「公務員共闘・公務員連絡会としても社会経済情勢の変化に対応した形で給与制度を見直していくことの必要性は認識している」「…これまでの年功的な配分を見直し、公務員の生涯生活設計に基づき生活テーブルに対応した給与体系に改めていくことを基本とし、職務内容の変化に給与面で対応するために標準職務表の見直しを含む現行の職務給のあり方を抜本的に見直していくことが必要である」として、「民間における能力・業績給と公務員の現行の職務給は本来異質のものであり」[32]と断りながらも、新しい制度に向けた積極的姿勢をみせているのと対照的である。

　第三に、中央レベルでの公務員共闘、公務員連絡会の要求のうち、人事院勧告には反映されなかった事項について、A県レベルで取捨選択が行われている。引き継がれた要求のなかには、教育職（二）（三）の俸給表の抜本的改善、教職員の完全週休2日制の早期実施、一時金の6カ月支給、住居手当の改善などがある。

　第四に、A県レベルで落とされた要求事項は、大きく二つに分けられると思われる。一つは、A県レベルですでに問題は解決されていて、あるいはそれほど深刻な問題とはなっておらず、あらためて取り上げるほどの緊急の必要はないと判断されたものである。二つは、たまたま1996年度ではとりあげられなかったものである。各事項がこのいずれにあてはまるかを識別することは難しいが、あえて推測すると次のようになろう。前者には、たとえば、①行政職（一）Ⅱ種試験採用者の初任給格付けの2級3号俸への改善、②医療職（三）（看護婦、准看護婦など）の俸給表構造の改善、④交替制・不規則勤務職場の労働時間短縮の最重要視、⑧レクリエーション等の福利厚生施設の拡充が含まれよう。②については、A県地公労共闘独自要求での⑤をみれば県独自部分の維持とあるので、現状においてさほど深刻な問題と認識されていないのではないかと推測しうる。さらに④については同じく独自要求の⑩において手当新設が要求されており、労働時間の長さそのものよりも、手当によって解決しうる問題だと認識されていること

---

(32)　日本公務員労働組合共闘会議『96年人事院勧告の解説—その内容と問題点—』（1996年8月）pp. 12-13。

がわかる。①、⑧に関しては、いま、もしこれらが重視されているとすれば、96年の交渉時あるいは97年度、98年度要求において、組合側が何らかの発言、要求を行っているはずだと仮定してみよう。この仮定にもとづいて、活動報告などをみても、そうした発言、要求はみつからない。この点は、次にあげる四項目とは違う点である。

その他の③通勤手当支給除外距離の短縮（2km未満も対象へ）、⑤健康・安全体制の強化、⑥持ち家支援、⑨女性労働者の労働権確立のための諸施策は、後者に属するようにみえる。③、⑤、⑥、⑨については、次にみる県知事への要求、1997年度3月17日の人事委員会への要求の中で触れられている。したがって、これらの事項は、たまたま96年9月の人事委員会要求には盛り込まれていなかったが、他の使用者側当事者に対し、あるいは別の時期に要求されるものだといってよい。

⑦公務員宿舎の入居基準改正に関しては、96年5月14日の対人事委員会交渉において組合側が「…特に職員住宅の改善が必要だ。具体的には単身者の住宅がひどい。単身者でも家族向きに入りたがる」[33]と要求しているところからわかるように、公務員宿舎に関する問題そのものはA県レベルでも存在しているといってよい。だが、問題の質が異なっているため、A県独自要求にはそのままの形でははいらなかったものだと考えられる。この事項も後者のタイプに属すると思われるが、やや上記の四つとは異なっている。

第五に、予想以上にA県地公労共闘の独自要求が多い。当然であるが、要求事項の多さそのものが労働組合の組織的な力を直接的に示すものではない。だが、前節のまとめで述べたように、報酬制度については、国家公務員教育職（三）とA県教育職（三）との間にほとんど違いはなく、中央レベルで制定されてそれが県レベルに下りてくると考えられることからすれば、この独自要求事項の多さは予想を超えている。この多さは、一つには、地公労共闘がA県の地方公務員全体をカバーする組織であり、教職員以外の地方公務員では、制度に地方の独自性がより強いことを反映しているのかもしれない。あるいは、要求の独自性は決して交渉結果の独自性を意味しないから、ここでみられる独自要求事項の多さは結果

---

[33] A教組『第63回　A教組定期大会議案　別冊資料（経過報告）』（1997年6月26日）のp.2。

表3-5　A県地公労共闘の人事委員会への要求事項

要求の性格	A県地公労共闘の対応	要求内容
人事院勧告にある事項	受容・引継	①賃金・諸手当の改定は最低でも人事院勧告を上回る。 ②官民給与の比較方法の見直しについて、なお検討を続ける。 ③高齢者の継続雇用システムについて国に遅れることなく制度を確立する。
	反対	①実績・能力主義に準拠した給与制度導入に向けた勧告を行わない。
公務員共闘・公務員連絡会の要求事項で人事院勧告には盛り込まれなかった事項	受容・引継	①中途採用者の初任給決定基準を抜本的に改善する。 ②教育職（二）（三）俸給表の俸給表構造の抜本的な水準是正を行う（賃金および賃金制度の改善を図る…A県。A県では1・2級に限定している。） ③一時金については期末手当一本とし、年間6カ月とする。 ④扶養手当支給の属性区分を配偶者、第1子、第2子から1人目、2人目、3人目に改める。 ④住居手当の支給額を改善する。 ⑤交通用具使用者に対する通勤手当支給額を引き上げる。 ⑥研究活動活性化のための諸施策については、関係労働組合と協議し合意に基づき対処する。 ⑦公務員の年間総労働時間を1996年度末までに1,800時間とする。 　1日7時間30分、1週間37時間30分とする。 　超過勤務について正確な実態調査を行い、それに基づき上限規制を行う。 　年次有給休暇の計画的・連続的取得を促進し、完全消化を達成する。 ⑧教職員の完全週休2日制を早期に実現する。 ⑨夏期休暇の日数を当面5日に増やす（ただし、A県では日数は特定されていない）。 ⑩リフレッシュ休暇を新設する。休暇日数は勤続10年目に5日、20年目に10日、30年目に15日とし、有給の特別休暇とする（ただし、A県では日数等は特定されていない）。
	要求せず	①行政職（一）Ⅱ種試験採用者の初任給格付けを2級3号俸とすることを検討する。 ②医療職（三）俸給表については、俸給表構造にかかわる抜本的な水準是正を行う。 ③通勤手当支給除外距離を2km未満から1km未満に是正する。 ④交替制・不規則勤務職場の労働時間短縮を最重視して進める。 ⑤公務員の健康管理充実に向けて、定期健康診断の検査項目の拡充や人間ドックの拡充・費用補助の増額などを実施し、職場における健康・安全体制を強化する。 ⑥公務員の持ち家支援のため、住宅貸付事業、財形持ち家融資事業に対する使用者の負担による利子補填制度を新設・拡充する。また、住宅ローン、住宅・宅地等の情報提供・斡旋事業を拡充する。 ⑦公務員宿舎については、現行の入居基準を抜本的に改正し、宿舎退去時の現状回復のための入居者の費用負担の軽減措置を講ずる。 ⑧レクリエーション・文化・スポーツ等の活動のための福利厚生施設を拡充し、低廉に利用できる保養所・宿泊所などの施

第 3 章　報　酬

		設を拡充するなど、余暇活動への支援策を強める。 ⑨女性労働者の労働権確立のための諸施策を講じる
A県地公労共闘独自要求		①級別資格基準表を改正し、学歴格差をなくす。 ②初任給を大幅に改善する。 ③行政職、教育職俸給表を中心に枠外職員の解消に向け、号級の増設を行う。 ④適用する俸給表が変わった場合、現に支給されている俸給額を保障する。 ⑤研究職、医療職（三）の俸給表で、県独自の部分を維持する。 ⑥獣医師の初任給の格付けは、医療職（一）を適用するよう改善する。 ⑦1981年以来の人事委員会勧告の凍結・抑制分を支払う措置を講じる。 ⑧一時金の支給日を現行の6月30日から元の6月1日に戻す。 ⑨調整手当を県内に適用する。 ⑩交替制・変則勤務者に対する手当を新設する。 ⑪漁ろう手当を調整額に改める。 ⑫超過勤務手当・休日手当・夜勤手当を改善する。超過勤務手当は100分の150、深夜勤務・週休日等の場合は100分の200とする。休日給は100分の200とする。夜勤手当は100分の50とする。 ⑬通勤手当について高速道路及び特急列車の使用基準を見直し全額支給する。 ⑭交通用具使用者に対する通勤手当について、最低でも県独自部分を維持する。 ⑮通勤に伴う駐車料も全額支給する。 ⑯臨時教職員の身分の確立と、賃金制度の見直しと改善を図る。 ⑰ドナー休暇、妊娠障害休暇の拡充をはかる。 ⑱介護休暇は完全有給とする。 ⑲授業参観休暇、血姻族危篤休暇、更年期障害休暇、教職員の研修休職員制度等を新設する。 ⑳育児休業期間の拡大とその間の経済保障を拡充する。取得者の昇給延伸を復元する。

資料出所：日本公務員労働組合共闘会議『96年人事院勧告の解説―その内容と問題点―』（1996年8月）およびA教組『第63回　A教組定期大会議案　別冊資料（経過報告）』（1997年6月26日）のpp.88-91より作成。

としてはさほど大きな意味を有しないのかもしれない。

　第六に、A県地公労共闘の独自要求は、次の三種類に大別できるように思える。つまり、新たな制度の制定、既存の制度および運用方法の改定、A県独自の制度および運用方法の維持である。⑩交替制・変則勤務手当の新設、⑲授業参観休暇、血姻族危篤休暇、更年期障害休暇、教職員の研修休職員制度の新設などは、新たな制度の制定にあたろう。なお、前者は特殊勤務手当として、後者は特別休暇として、都道府県条例あるいは規則で定めることは可能であり、法令に違反しているわけではない。これに対して、⑤研究職、医療職（三）の俸給表で県独自部分

を維持する、⑭交通用具使用者に対する通勤手当について最低でも県独自部分を維持するという要求は、三番目のカテゴリーにはいる。これら以外の要求事項が、制度および運用方法の改定を求めるものだといってよい。A県独自要求20項目のうち16項目がこれにあたる。教職員関連では、③行政職、教育職俸給表を中心に枠外職員の解消に向け号級の増設をはかる、および⑯臨時教職員の身分の確立と賃金制度の改善をはかるという要求もここに含まれる。

　以上のように、A県地公労共闘は、人事院勧告を踏まえながらも、自らの判断で中央レベルの共闘の要求事項を取捨選択しながら、さらに県独自要求を加味して、人事委員会に要求を行うのである。ここで留意しておくべきは、少なくとも労働組合としては、中央から下りてくる春闘結果をそのまま待つのではなく、自ら主体的に、労働条件の改善に取り組もうという姿勢をみせていることである。その後、1996年度では、9月24日に人事委員会事務局長交渉、9月30日に人事委員会委員交渉が行われ、そして、10月9日に、人事委員会勧告が発表された。

4．2．2．県知事交渉

　A県地公労共闘が県知事に要求書を提出したのは、人事委員会勧告の出る6日前の10月3日である。要求内容は、給与、労働時間に関しては、18,000円以上という賃上げ要求を別とすれば、9月6日に人事委員会に提出したものとほぼ同じであり、これに、争議権などの権利問題、労働安全衛生関係、男女格差問題などが加わっている。これに対し、県知事は人事委員会勧告が出された後の、10月28日に回答を行っている。この時点では、県知事側は、少なくとも組合との公式の話し合いの場では、実質的な回答を行っていない。知事への具体的な要求事項62項目に対する回答パターンはおおよそ次の五つに分けることができる[34]。

　第一は、「人事委員会勧告を踏まえ、諸般の事情を考慮して対処していきたい、あるいは適正化をしていきたい」とするもので、何らかの具体的な制度改定が行われることをうかがわせるものである。これは俸給表の改定、調整手当の支給、扶養手当の改善、住居手当の改善、遠距離通勤の交通用具使用者の基準額の改善

---

[34] A教組『第63回　A教組定期大会議案　別冊資料（経過報告）』（1997年6月26日）のpp.9-12より。

または県独自部分の維持、寒冷地手当の改定反対、一時金制度の改定（期末手当一本化、6カ月支給、夏季一時金の6月1日支給）、ボランティア休暇、高齢者継続雇用システムの検討など9項目に関する回答である。これらの9項目のうち、俸給表、扶養手当、寒冷地手当、ボランティア休暇、高齢者継続雇用システムの検討の5項目は、人事院勧告において既に是正が勧告されていたものである。住居手当改善、一時金制度改定は、A県地公労共闘が中央の公務員共闘・公務員連絡会とほぼ同じ要求をしたものであるが、少なくともこの時点では県知事側の回答は前向きである。調整手当支給、通勤手当の県独自部分の維持はA県独自の要求であって、これも前向きの回答を得ている。

　第二は、何らかの具体的な制度改定を行うわけではないが、組合側の要求にそうように「努力したい」「これまでも努力してきた」とする回答である。これには、人事委員会勧告の完全実施、時間外勤務の短縮と年休取得促進、職員の福利厚生・健康管理施策の充実、互助会・生活協同組合に対する助成の4項目がある。労働組合にとっては、これらの事項に対して、使用者側の積極的姿勢を示す言質をとったことに意義がある。

　第三は、組合側の要求に対して、これまで県側は「適正に対処してきている」ので、特段の問題はないとする回答である。このパターンは8項目の要求事項についてみられるが、さらに二つに分類できる。一つは制度の改定にかかわるものであって、臨時教職員の身分及び賃金制度の改善、非常勤嘱託職員の報酬額、旅費の増額と適正支給、公務災害補償制度の抜本的改善など4項目で、「適正に対処しており」問題はなく、したがって現行制度を変える考えはないという回答である。これらは実質的には次の第四のパターンにはいると思われる。二つは制度の運用にかかわるものであって、妊娠期間中の危険業務の回避、男女間格差の解消、行政機構改革に際しての組合との事前協議、賃金制度・休暇制度の改定における県の自主的立場の維持など4項目であって、これまでも「適正に対処しており」、いままでどおり運用していくとの回答である。これらは、どちらかといえば、第二のパターンにはいると思われる。

　第四は、「現行制度あるいは現行の運用を変更する考えはない」「制度を新設する考えはない」、または「国及び近県（他県）との均衡を十分に配慮すべきものであり」A県として突出したことはしないなどの回答である。これが最も多く、

教職員との関連で言えば教育職（二）（三）の１・２級の賃金制度の改善、学校事務職員の独自俸給表の新設がここにはいり、これ以外に中途採用者の初任給決定基準、休業者等の昇給復元を１０割とする、初任給格付けの改善、枠外職員の解消、高速道路及び特急列車の使用基準の見直し（費用の全額支給）、特殊勤務手当の増額・適用拡大・新設、ストライキ権の保障、夏季休暇の拡充、ドナー休暇の拡充、妊娠障害休暇の拡充、介護休暇の完全有給化、リフレッシュ休暇の新設、更年期障害休暇の新設、授業参観休暇の新設、血姻族危篤休暇の新設、教職員の研修休暇制度の新設、育児休業期間の拡大と経済保障の拡充、育児時間の取得可能期間の延長の２０項目におよぶ。

　第五は、「困難である」あるいは無回答である。このパターンは第四の回答に近いが、門前払いされたという印象が強い。これには、過去の人勧凍結・抑制の回復措置、獣医師の初任給格付けに医療職（一）を適用する、医療職（二）（薬剤師、栄養士等）俸給表の抜本的改善、医療職（三）俸給表の改善、適用する俸給表が変わった場合、現に支給されている俸給額を保障する、県等の雇用労働者の最低賃金の改善、交通機関利用者への通勤費用の全額支給、通勤距離２km未満の交通用具利用者への通勤手当支給、通勤に伴う駐車料の全額支給、月途中採用者の通勤手当の実額保障、時間外勤務手当・休日出勤手当・夜勤手当の改善、交替制・変則勤務者への手当新設、漁ろう作業手当の調整額への算入、専従休職制度の撤廃、代替職員を正職員で配置する、県民の日を休日とする、公務に起因すると判断できる全ての災害・疾病を公務災害と認定する、共済組合の負担割合を使用者７、労働者３とする、教育活動に伴う眼鏡、衣服等の破損に対する補償制度の確立、勤務評定の廃止、人員増をはかるの２１項目である。

　このようにA県地公労共闘が県知事に対する要求６２項目のうち、第五、第四および第三の一部に分類される、県側の積極的な姿勢がみられなかった要求事項は４５項目であり、約７３％である。教職員関連の要求、教育職（二）（三）の１・２級の賃金制度の改善、学校事務職員の独自俸給表の新設、臨時教職員の身分及び賃金制度の改善はいずれもここに分類される。第二および第三の一部に分類される、県側が努力する、あるいはこれまでどおり適正に運用していくとの言質をとった要求事項は８項目、約１３％となり、第一のパターンのように県側の積極的姿勢がみられたのは９項目、約１５％となる。

また、要求内容がやや異なるが、表3-5にある9月6日付けの人事委員会への要求事項のうち、県独自の要求あるいは中央から引き継いだ要求が県知事にどのように受け止められているかをみてみると、次のことがわかる。表3-5にあるA県独自要求のほとんどに対して、教育職等の枠外職員の解消、臨時教職員の身分確立などを含め、第四、第五パターンの回答が行われており、わずかに一時金の支給日の変更、調整手当の適用の2項目のみが第一パターンの回答を得ている。人事院勧告には盛り込まれなかった公務員共闘・公務員連絡会の要求事項のうち、A県地公労共闘が採用した事項の過半に対しては、教育職（二）（三）の俸給表改善を含め、やはり第四、第五パターンの回答が行われているが、扶養手当、住居手当、一時金の増額、労働時間の短縮の4項目は第一あるいは第二パターンの回答を得ている。
　以上を要するに、県知事側はA県地公労共闘の要求の大部分に対して、なんら積極的な回答を寄せていないが、だからといって、中央レベルの人事院勧告の枠内だけで回答を行っているわけではなく、数が少ないとはいえ、要求事項によっては県独自の判断で積極的な姿勢をみせている。ここに県レベルの交渉、協議の余地があるように思える。ただ、教職員関連の要求についてはいずれも、積極的回答を行っていない。
　10月28日の県知事の回答後、県側が積極的な姿勢を示した事項に関して、そして制度の運用のあり方に関して、11月7日、18日と交渉（県側担当者は総務部長）がもたれ、最終交渉が25日に行われている。ここでは、労働組合側はまず、人事委員会勧告の完全実施を確約するよう求める。「人事委員会勧告をその通り実施すると知事に明言させることが、第一目標」[35]なのである。その上で、人事委員会勧告にある事項の具体化、さらに勧告にはないプラス α 部分、俸給表の運用方法（勤続特昇、昇格特昇、枠外特昇の時期、方法など）の交渉を行うのである。県側は県の財政状況、他県、民間との比較をしながら交渉に応じることになる。1996年度はこうした交渉の結果、11月25日に、労使の合意が達成され、確認書が交わされることになった。

---

[35]　A教組委員長とのインタビューによる（1998年10月19日）。

4．2．3．教育委員会交渉

　A教組は、A県地公労共闘とは別個に、人事委員会勧告が出された10月9日の5日後の10月14日に教育委員会に対して、「教職員の待遇改善に関する要求書」を提出した。それに対し、教育委員会は、10月28日の県知事回答、11月7日の第一回県知事交渉の後の11月12日に回答を行った。

　A教組の俸給、諸手当、労働時間に関する要求は、県知事に提出されたものとほとんど変わらない。他方、教育委員会側の回答も、県知事のそれとほとんど変わらない。

　ただ、公立小中学校の教職員だけにかかわる賃金、労働時間についての要求が行われている。俸給表の運用について「学校事務職員は36歳で6級、48歳で7級に到達できるようにすること」、「学校事務職員に勤続25年の特別昇給を実施すること」、「教育職（三）に勤続10年、15年の特別昇給を実施すること」という要求が独自に行われている。これに対し、教育委員会は前二者について「困難である」と回答し、三番目の要求について「国・他県の動向を見て検討したい」と回答している。これらの要求はいずれも俸給表の運用をめぐる要求であり、しかも三番目の要求に対しては教育委員会も「検討したい」と答えており、第3節で触れたように、A教組と教育委員会との間で、俸給表の運用をめぐって何らかのルールが設定されていることを示唆している。

　労働時間についても、「冬季休業日を12月24日から1月7日にすること」、「夏季休業日のうち8月13、14、15日を閉校とすること」、「長期勤続休暇及び夏期休暇を、休業日に取るよう強要することがないように管理職を指導すること」という教職員にかかわる独自要求が行われている。これらに対し、教育委員会は前二者については困難である、後一者については「学校運営に支障のない限り、授業日に取るよう指導している」と回答している。

　これら以外にもA教組は教職員にのみかかわる事項についてさまざまな要求をしている。たとえば、次章で触れる勤務時間、休憩時間、多忙化状況、学校5日制などにかかわる要求が行われ、教育委員会が内容のある回答をしている。だが、ここではこれ以上触れない。

　ここでは、A教組、教育委員会の間で、公立小中学校の教職員に関係する報酬制度の運用について、話し合いが行われているということが重要である。

4．3．まとめ

　これまで、報酬制度を中心に制度改定をめぐって、県レベルでどのような交渉が行われているのかをみてきた。その特徴を簡単にまとめると次のようになる。
　第一に、人事院勧告が出る前は、交渉の頻度、人事委員会、教育委員会側の回答からみても、県レベルの労使交渉が活発に行われているとは言い難い。国家公務員準拠の枠があるなかで、国レベルで決まらなければ何も決められないということの必然的結果だと思われる。
　第二に、人事院勧告後にようやく、本格的な要求、交渉が始まる。人事院勧告が出されて約1カ月後の9月6日に、A県地公労共闘はA県人事委員会に申入書を提出し、ここからA県レベルでの労働条件交渉が実質的に開始されることになる。
　第三に、その交渉の基本は、人事院勧告で示された労働条件の改善がA県レベルで実施されるかどうかであり、その比重はかなり大きい。このことを過小評価してはならない。まさに「勧告を守らせるかどうか」が第一目標なのである。だが、そればかりではない。
　第四に、A県地公労共闘は、人事院勧告を踏まえ、公務員共闘・公務員連絡会の要求事項の中から取捨選択しさらにA県独自の要求も加味して、主体的に交渉に取り組んでいる。この点は強調されてよい。
　第五に、県知事側は、取捨選択された要求事項の過半、A県独自要求のほとんどに対し、なんら実のある回答をしないが、しかし、全く無視するわけではなく、積極的姿勢を示す事項もいくつかある。労働組合側および使用者側との間で、中央レベルの枠を踏まえながらも、県レベル独自の制度の改定あるいは運用を探っていこうという姿勢がみられるといってよい。だが、教職員の報酬制度の改定に関する独自要求、中央レベルから引き継いだ要求については実のある回答はしていない。
　第六に、県レベルの独自の制度運用にかかわる交渉、話し合いという点では、A教組と教育委員会の間でも行われている。
　以上を要するに、県レベルの制度改定にあたっては、人事院勧告の比重が大きく、中央レベルの労使交渉の役割はその意味で大きい。特に教職員独自の報酬制度についてはその比重が大きいように思える。だからといってそれだけではなく、

県独自の制度改定、運用方法に関して、県レベルの労使交渉も行われており、その役割は決して小さいわけではない。こうした中央と県レベルの役割分業関係があってはじめて、前節でみたような国と県との間にみられる、制度の類似と差異がうまれるのだといってよい。

5．労働条件の改善

人事院勧告、人事委員会交渉、人事委員会勧告、県知事交渉、教育委員会交渉を経て、最終的に11月25日に、1996年度のA県地方公務員の労働条件が改定された。以下では、改定された労働条件の特徴を、主として教育職に関連する俸給表と手当について、中央レベルでの改定と比較しながら、明らかにしていこう。

5．1．人事院勧告[36]
5．1．1．行政職平均給与額の改定

人事院勧告が官民給与比較を行って出されるものであることはよく知られている。その方法は、96年度を例にとればおおむね次のようなものである。

まず、民間企業約7,700事業所（企業規模100人以上で事業所規模50人以上）の約50万人の労働者（行政職に対応すると認められる事務・技術及び技能・労務関係の44職種の約43万人と、その他研究員、医師等46職種の約7万人）を対象として4月分として支払われた給与月額を調査する。これが民間給与実態調査である。他方で、給与法の適用を受ける一般職の非現業国家公務員約51万人全員の4月分の給与月額の調査を行う。この二種類のデータが官民格差算出の基礎データとなる。

---

[36] ここでの説明は、特にこだわらない限り、日本公務員労働組合共闘会議『96年人事院勧告の解説―その内容と問題点―』（1996年8月）のpp.18-41によっている。

[37] 全員の平均が算出され比較の基礎になることについては、人事院『人事院の報告と勧告』に述べられている（日本公務員労働組合共闘会議『96年人事院勧告の解説―その内容と問題点―』（1996年8月）のp.143を参照のこと）。なお、ここで給与額にはいるのは、俸給、俸給の調整額、扶養手当、調整手当（異動補償および筑波研究学園都市移転手当を含む）、初任給調整手当、住居手当、通勤手当、単身赴任手当（基礎額）、特地勤務手当（準ずる手当も含む）、寒冷地手当（基礎額）である。これ以外の特殊勤務手当、俸給の特別調整額、単身赴任手当（加算額）、寒冷地手当（加算額）、宿日直手当、超過勤務手当などは含まれない。なにを給与額に入れるかをめぐっては公務員共闘・公務員連絡会と、人事院の間に意見の相違がある。

次に、行政職（一）および（二）の俸給表が適用される国家公務員約25万人の、4月分の平均給与額[20]を計算する。96年の場合、俸給300,710円（＝俸給月額299,342円＋俸給の調整額1,368円）、扶養手当11,788円、調整手当17,650円、その他19,494円、合計349,642円となる。他方、民間給与実態調査から、行政職に対応する職種を抽出し、職種、役職段階、年齢、性別、学歴などの属性によって分類されたグループごとの民間労働者の賃金額（決まって支給する給与－時間外手当－役付手当）を求め、約25万人の行政職と同じ属性構成であったと仮定した場合の平均給与額を算出するのである。これが96年の場合、352,544円となった。そして、民間平均給与額352,544円－公務員平均給与額349,642円＝2,902円が本格差となる。率に換算すると0.83％となる。

これに、その年の春闘による民間賃金改定分のうち、支払いは行われていないが、4月に遡って支払われる分を追加格差として算出する。追加格差＝（春闘平均改定率2.85％－昇給率2.3％）×4月遡及改定事業所比率22.47％＝0.124％となる。額でいうと、公務員平均給与額349,642円×0.124％＝434円となる。ここで、春闘改定率および遡及改定事業所比率ともに、人事院の「民間給与実態調査」から得られたデータを使い、定昇率は2.3％の定率を利用している。

本格差と追加格差を合計したものが総格差となり、96年度の場合は、金額で2,902＋434＝3,336円、率にして0.95％となった。官民格差の算出方法、比較対象職種、給与額に入れられるべき賃金項目などについて、組合側と人事院側に意見の相違があることは、よく知られていることであるが、そうした点をいまは問わないとして、ここで重要なことは次のことである。この格差算出方法は、まさしく民間でいうベースアップの求め方であり、定期昇給を別として、賃金総額あるいは1人当たりの平均賃金をどれだけ増やすかを示すものだということである。

次にこの3,336円を賃上げ原資として、俸給及び諸手当の配分、さらに俸給部分の行政職（一）（二）間、各級および各号俸への配分が決められることになる。96年度では3,336円が行政職1人につき、俸給に2,980円、諸手当に167円、はね返り分に189円と配分された。ここで、はね返り分とは次のこと

である。調整手当など俸給に一定率を乗じて算出される手当の場合、俸給が上がることによって、自動的に増えることになるが、それを「はね返り分」と称している。

3,336円以外に、95年勧告に基づく俸給の調整額からの戻り分74円[38]が、俸給月額へ配分されることになっており、96年の1人あたり俸給月額引き上げ額は最終的に3,054円（＝2,980＋74）となった。結局、96年の人事院勧告は表3-6のようになった。

表3-6　96年人事院勧告による給与改善

	1996年4月	引き上げ額	引き上げ率	勧告後
俸給月額	229,342	3,054	1.02	302,396
俸給の調整額	1,368	－74	－5.41	1,294
扶養手当	11,788	124	1.05	11,912
調整手当等	17,650	170	0.96	17,820
初任給調整手当	22	0	0.00	22
住居手当	3,049	－	－	3,049
通勤手当	12,721	43	0.34	12,764
単身赴任手当（基礎額）	982	－	－	982
特地勤務手当等	348	3	0.86	351
寒冷地手当（基準額）	2,372	16	0.67	2,388
合計	349,642	3,336	0.95	352,978

資料出所：日本公務員労働組合共闘会議『96年人事院勧告の解説―その内容と問題点―』（1996年8月）のp32より作成。
注：1)調整手当等、特地勤務手当等の「等」については、本文注37を、俸給の調整額がマイナス74になっていることについては、本文注38をそれぞれ参照されたい。
2)調整手当等、特地勤務手当等および寒冷地手当（基準額）には、「はね返り分」を含む。「はね返り分」については、本文を参照されたい。
3)「－」は96年度には勧告が行われなかったことを意味し、「0」は改善勧告が行われたが、1人平均にすると、1円以下のきわめて小さい額になることを意味している。

[38] 95年の人事院勧告で俸給の調整額が見直され、96年1月から新方式となった。その際、調整額が下がる場合には、その分を経過措置として支払うこととした。ただし、新方式実施後、ベースアップがあった場合は、下回った部分の1/2をベアに取り入れることになり、その結果、調整額の経過措置として支払われる額は減額されることとなった。調整額の経過措置として計上された原資のうち支払われなかった部分が、ここでいう戻り分である。いわば、74円が俸給の調整額から俸給へと項目間移動したのである。

5．1．2．俸給表の改定

　表3-6でみたように、96年度の人事院勧告では俸給月額は3,054円、1.02％引き上げられることになった。これは、行政職（一）（二）表が適用される一般非現業国家公務員の俸給月額の平均賃上げ額であり、賃上げ率である。したがって、ここから自動的にたとえば行政職（一）5級10号俸の賃上げ額、率が決まるわけではない。俸給月額の賃上げ総原資を今度は、行政職（一）と（二）、さらにそれぞれの各級・各号俸に配分しなければならない。表3-7、表3-8は実際にどのように配分したのかを示したものである。表3-7によると次のことがわかる。

表3-7　行政職（一）（二）および各級への配分

級	行政職（一）		行政職（二）	
	引き上げ額	引き上げ率	引き上げ額	引き上げ率
11	2,343	0.4		
10	2,737	0.6		
9	2,862	0.6		
8	2,850	0.7		
7	2,728	0.7		
6	3,295	0.9	2,736	0.7
5	3,540	1.1	2,397	0.7
4	3,800	1.6	2,451	0.8
3	3,174	1.2	3,188	1.1
2	2,282	1.2	3,042	1.3
1	1,645	1.1	2,255	1.2
加重平均	3,072	1.0	2,859	1.1

資料出所：日本公務員労働組合共闘会議『96年人事院勧告の解説―その内容と問題点―』（1996年8月）のp.36より作成。

　第一に、俸給月額の引き上げ率は行政職（一）と（二）で同じではない。総原資の1.02％は、行政職（二）の方に率としてみればやや有利に配分された。

　第二に、同じく行政職（一）であっても、級によって引き上げ率は異なっている。2級、3級、4級に手厚く配分されており、他方、上級の9級、10級、11級では引き上げ率はかなり低い。これは「30代と40代はじめに重点を置くとともに、1号上位昇格メリットがとくに大きく出ている9級以上を抑制した結果である」[39]とされている。同様のことが行政職（二）でもみてとれる。

---

[39]　日本公務員労働組合共闘会議『96年人事院勧告の解説―その内容と問題点―』（1996年8月）のp.36。

表3-8 行政職（一）5級俸別給引き上げ額・率

号俸	引き上げ額	引き上げ率
1	3,400	1.5
2	3,600	1.5
3	3,700	1.5
4	3,800	1.5
5	4,000	1.5
6	4,100	1.5
7	4,200	1.5
8	4,300	1.5
9	4,400	1.5
10	4,500	1.5
11	4,600	1.4
12	4,400	1.4
13	4,200	1.3
14	4,000	1.2
15	3,700	1.1
16	3,400	1.0
17	3,100	0.9
18	2,900	0.8
19	2,600	0.7
20	2,400	0.6
21	2,300	0.6
22	2,200	0.6
23	2,000	0.5
24	2,000	0.5
25	2,000	0.5
26	2,000	0.5

資料出所：日本公務員労働組合共闘会議『96年人事院勧告の解説―その内容と問題点―』（1996年8月）のp.38より作成。

さらに、表3-8によって、行政職（一）5級をさらに詳しくみてみると、各号俸によって、俸給引き上げ額、引き上げ率ともに違うことがわかる。11号俸までは額はあがり、率も1.4～1.5％である一方、13号以上では、号俸があがるほど額、率ともに下がっていることがわかる。

こうして、行政職の俸給月額引き上げ総原資（1人平均では3,054円）は、（一）、（二）の各級各号俸に配分されるのである。この行政職の俸給表改定を基礎に、他の俸給表について、人事院は「行政職との均衡を考慮し、民間における同種職種の給与の動向をも参考にして改善を行う」(40)のである。ここでどのような計算が行われているのかは明らかではないが、とにかく「均衡を考慮し」「民間の動向」を参考にして、教育職（三）の俸給表もまた改定される。

教育職（三）の改定にあたっては、特に2級（教諭）の俸給表の号数を、行政職など級の多い職種（したがって、昇格する機会も多い）とのバランスから、39号から36号へと減らすことも行われた。この「号数カット」の背景には次のことがある。上位等級に昇格する際に、元の号俸から1号上位の号俸へ格付けすること（たとえば、行政職（一）の5級11号から、6級に昇格する際には6級12号に格付けされる）制度が、1992年から漸進的に行われ、96年度から本格的に実施されることになったが、教育職の場合、級数が少なく、生涯、教諭で通す教員にとっては（小中学

---

(40) 日本公務員労働組合共闘会議『96年人事院勧告の解説―その内容と問題点―』（1996年8月）のp.169。原資料は、人事院『人事院の報告と勧告』（1996年8月1日）である。

校でいえば教育職（三）2級）、こうした昇格に伴うメリットを受ける機会は少ない。これをカバーするために、号数を減らすことにしたのである。具体的にはそれまでの12号、16号、20号がカットされ、より上位の号俸により早く昇給できるようにしたのである。例をあげれば、それまでは教育職（三）2級11号の233,800円から13号の250,700円に昇給するのに、普通昇給を前提とすれば2年かかっていたものを、13号を新12号とすることによって1年に短縮したのである。この結果、新12号に昇給した教諭はより高い俸給を得ることができることになる。

以上の結果、教育職（三）2級の俸給表は表3-9にようになった。

表3-9　教育職（三）2級新俸別表

号俸	俸給	号俸	俸給
1	―	19	342,600
2	163,400	20	352,600
3	171,700	21	362,400
4	180,800	22	370,900
5	191,500	23	379,100
6	198,300	24	386,900
7	205,400	25	394,100
8	212,800	26	401,100
9	220,500	27	407,400
10	231,300	28	413,600
11	242,600	29	419,800
12	254,400	30	425,400
13	267,000	31	430,900
14	279,800	32	435,600
15	292,900	33	440,100
16	306,600	34	444,500
17	320,100	35	448,300
18	332,800	36	450,900

資料出所：日本公務員労働組合共闘会議『96年人事院勧告の解説―その内容と問題点―』（1996年8月）のp.243より作成。
注：なお、本文でも触れているように、実際には暫定措置がとられていて、39号まである。

したがって、前出、表3-1にある教育職（三）2級の俸給表は、96年の人事院勧告によって、この表にあるように変わった。もっとも、実際には暫定措置がとられており、カットされた号俸前後で俸給の急上昇が起きないように、カットされたはずの旧12号、旧16号、旧20号は存在し、俸給カーブがなめらかになるような措置がとられている。この暫定の俸給表および各号俸の引き上げ額、率をみると表3-10のようになる。

暫定措置の俸給表をベースに教育職（三）の1人平均の俸給引き上げ額を計算すると、加重平均で2級で4,412円、1.4％、3級で3,398円、0.8％、4級で2,693円、0.5％、教育職（三）全体で4,330円、1.3％となった[41]。この暫定俸給表および1人あたり俸給引き上げ額で留意しておくべきは次のこと

---
[41] 日本公務員労働組合共闘会議『96年人事院勧告の解説―その内容と問題点―』（1996年8月）のp.36。

表3-10　教育職（三）2級暫定俸給表と引き上げ額・率

号俸	俸給	引き上げ額	引き上げ率	号俸	俸給	引き上げ額	引き上げ
1	—	—	—	21	332,800	4,800	1.5
2	163,400	1,600	1.0	22	342,800	5,000	1.5
3	171,700	1,700	1.0	23	352,600	5,200	1.5
4	180,800	1,900	1.1	24	362,400	5,500	1.5
5	191,500	2,200	1.2	25	370,900	5,500	1.5
6	198,300	2,300	1.2	26	379,100	5,400	1.4
7	205,400	2,600	1.3	27	386,900	5,200	1.4
8	212,800	2,700	1.3	28	394,100	4,900	1.3
9	220,500	2,900	1.3	29	401,100	4,500	1.1
10	228,300	3,200	1.4	30	407,400	4,100	1.0
11	237,200	3,400	1.5	31	413,600	3,700	0.9
12	245,800	3,600	1.5	32	419,800	3,400	0.8
13	254,400	3,700	1.5	33	425,400	3,100	0.7
14	263,200	3,800	1.5	34	430,900	2,800	0.7
15	273,100	4,000	1.5	35	435,600	2,500	0.6
16	283,000	4,200	1.5	36	440,100	2,500	0.6
17	292,900	4,300	1.5	37	444,500	2,500	0.6
18	302,800	4,400	1.5	38	448,300	2,500	0.6
19	312,700	4,500	1.5	39	450,900	2,500	0.6
20	322,800	4,700	1.5				

資料出所：日本公務員労働組合共闘会議『96年人事院勧告の解説―その内容と問題点―』（1996年8月）のp.243より作成。

である。

　行政職では民間との比較で1人あたり給与総額引き上げ額を計算し、それをもとに算出された俸給月額引き上げ総原資を行政職（一）（二）、さらに級、号俸に配分することで俸給表が改定されたが、教育職（三）ではそうした手続きを経ていないようにみえることである。人事院のいう「均衡の考慮」「民間の動向」が何を意味するのかがよくわからないが、おそらく、行政職（二）の各級・号俸との関係で、教育職（三）の各級・号俸の引き上げ額が決められたのではないか。もし、この推測にして正しいのならば、教育職（三）の1人平均の俸給月額引き上げ額、率は、各級・号俸の引き上げ額にそれぞれの在籍人数のウェイトを掛け合わせた結果として算出されたものであって、行政職のような官民格差をベースに求められたのではない。したがって、教育職（三）の各級・号俸の人員構成が違えば、違ってくる数値である。このように解釈できるとすれば、教育職（三）の俸給引き上げ率1.3％は、計算の結果でてきた「ベースアップ」率であって、

この数字自体が、教育職（三）の俸給引き上げ率として勧告されたわけではない。

5．1．3．諸手当の改定

96年度では行政職1人につき給与引き上げ額3,336円のうち、諸手当分として167円が計上された。この原資は次のような諸手当改善に向けられた。

まず、扶養手当のうちの教育加算額（満16歳から満22歳の子がいる場合に加算される）が、1人2,500円から3,000円に引き上げられた。次に通勤手当の全額支給限度額を月額40,000円から45,000円へと引き上げた。全額支給限度額をこえる場合には、これまでも5,000円を限度として差額の1/2を支給することになっているが、この5,000円という額は据え置かれたため、結果として最高支給限度額は45,000円から50,000へと改定された。この他に医師等の初任給調整手当、宿日直手当が引き上げられ、寒冷地手当の支給要件、支給額が改定され、筑波研究学園都市移転手当が廃止され、代わりに研究員調整手当が新設された。

5．2．A県における妥結結果

前述したように、1996年11月25日にA県地公労共闘と県知事側との間で、労働条件向上に関して合意がはかられ、確認書が交わされた。報酬に関する主な内容は次のとおりである。

第一に俸給表は人事院勧告と同じもので妥結した。

第二に諸手当に関しては、人事院勧告でも示された医師等に対する扶養手当、通勤手当医師等に対する初任給調整手当および宿日直手当の引き上げ、寒冷地手当の支給要件と支給額の改定が決まった[42]。

第三に、人事院勧告では勧告されていなかった住居手当の引き上げが行われた。

第四に、さまざまな特殊勤務手当の引き上げが行われた。

第五に、永年勤続者に対する特別昇給、58歳以上の職員に対する昇給抑制が決められた。このそれぞれについて、以下でやや詳しく見ていこう。

---

[42] 筑波学園都市移転手当はそもそもA県の地方公務員にはあてはまらないものであるため、人事院勧告でその廃止と新たな研究員調整手当の新設があっても、A県とは関係がない。

5．2．1．俸給表改定とベースアップ

　俸給表は国家公務員とまったく同じものが適用されており、改定された俸給表がそのままA県にも適用される。したがって、わざわざここで論じる必要もないかのように思える。ただ、俸給表の改定とベースアップとの関係をつきつめて考えていくと興味深い事実がうかびあがってくる。

　前述したように、国家公務員の行政職の給与改定は、類似の民間労働者の給与との比較を行い、格差を算出し、それをもって給与引き上げ額原資としていた。ここでは、既述したように、先にベースアップすべき額と率が算出され、それを俸給、諸手当に配分するという作業が行われていた。何度も繰り返すようだが、先に3,336円、0.95％があり、それに行政職の総人員を掛け合わせた数字を給与引き上げ総原資とし、それをもとに俸給表が改定された。

　これに対して、A県行政職(43)の場合は、先に俸給表が改定される。その後、各級・号俸の在籍者数のウェイトをかけて、ベースアップ率・額があとから計算される。A県教育職も同様である。留意しておくことは、俸給月額の改定をめぐって、県レベルではベースアップそれ自体に関して、国家公務員の場合のような交渉、話し合いが行われていないということである。

　民間企業の例を使って説明しよう。いま、ある民間企業で基本給が職能資格給だけだとする。まず職能資格ごとの職能給の引き上げ額を労使が交渉する。労使合意が成ると、その後に、職能資格ごとの在籍者数のウェイトをそれぞれの職能資格給引き上げ額に掛け合わせる。その結果、総賃上げ額が計算され、これを現在支給している賃金総額で割れば賃上げ率が算出される。A県の俸給表改定はこれと同じである。いいかえれば、個別賃金要求方式であり、ベースアップ方式ではない。

　したがって、まったく同じように俸給表が改定されたとしても、在籍者比率が違えば結果として出てくるベースアップ率・額は異なってくる。96年の場合、A県行政職の俸給月額の平均引き上げ率および額は0.84％、3,148円(44)となった。他方、国家公務員行政職（一）の俸給月額平均引き上げ率は既述のように、1.02％、3,054円であった。ちなみに他の年度の数字をみてみると、97年

---

(43)　A県では行政職は（一）（二）と分かれていない。
(44)　A教組北部支部『第80回支部中央委員会議案』（1996年11月15日）のp.11より。

ではA県行政職の俸給月額平均引き上げ率は0.95％、3,606円(45)、国家公務員行政職（一）は1.02％、3,146円(46)、98年では前者が0.67％、2,582円(47)、後者が0.72％、2,283円(48)となっている。これは各級・各号俸の在籍者比率が違うから当然の結果であって、何ら問題とすることではない。ここからわかるのは、A県行政職の方が、高い級、高い号俸に格付けされている職員の割合が相対的に多いということだけである。したがって、平均すれば、俸給引き上げ額がより高く、引き上げ率はより低くなる。

　俸給月額のベースアップがA県レベルで交渉されていないのに、諸手当を含む給与総額のベースアップに関しては、A県内における官民比較を基礎として、人事委員会勧告がだされ、労使交渉が行われているとは考えにくい。他方、前節でも述べたように、A県レベルで、県地公労共闘と県人事委員会、県知事側、A教組と教育委員会側の間でも、特に制度の運用や県独自の加算などに関して、地方独自の交渉が行われている。それでは、地方独自交渉の際に労使が準拠する数値は何であろうか。一つは言うまでもなく、地方財政に占める総人件費比率である。二つは、国家公務員準拠が運用上の基準だとすれば、国家公務員のベースアップ率であろう。三つはA県行政職の俸給表のベースアップ率であろう。最初の総人件費比率がある一定範囲内に収まっているとすれば(49)、後二者が労使の準拠基準となることは充分に考えられる。さしあたり、次の二つのケースが可能性として想定しうる。

1）国家公務員のベースアップ率（0.95％）が準拠基準となる場合。

　｛A県地方公務員1人あたり給与総額×0.95％－A県地方公務員1人あたりの俸給月額改定額（俸給月額×0.84）｝を、諸手当の改定およびその他の給与引き上げに充当するかどうか、どの程度充当するか、それをどう配分するかを交渉する。ここではA県地方公務員も国と同様に給与総額の0.95％を引き上げる

---

(45)　A教組『1997年度A教組第2回中央委員会議案』（1998年3月6日）のp.9より。
(46)　日本公務員労働組合共闘会議『97年人事院勧告の解説－その内容と問題点』（1997年8月）のp.44第16表より計算した。
(47)　A教組『A教組'99春期生活闘争討論集会資料』（1999年2月）所収の「資料1　1998年度地方確定妥結内容」のp.1より。
(48)　日本公務員労働組合共闘会議『98年人事院勧告の解説－その内容と問題点』（1998年8月）のp.41第16表より計算した。
(49)　総人件費比率に対する自治省のチェックは現在では厳しいと考えられるから、この比率が一定水準をこえていれば、県レベルで独自の労使交渉を行うことは難しいであろう。

のは当然であり、そこから俸給月額引き上げ分を差し引いた額を、諸手当あるいは俸給表の運用に充当することについて交渉するというものである。

2）A県行政職の俸給表ベースアップ率（0.84％）が準拠基準となる場合。
｜A県地方公務員1人あたり給与総額－1人あたり俸給月額｜×0.84％を、諸手当の改定およびその他の給与引き上げに充当するかどうか、どの程度充当するか、それをどう配分するかを交渉する。ここでは、給与総額も0.84％引き上げるのは当然であり、その引き上げ額から俸給月額引き上げ額を差し引いた額を、諸手当あるいは俸給表の運用に充当することについて交渉するというものである。この場合には、労使交渉の結果として算出された給与総額の引き上げ率ではなく、国家公務員の俸給表をそのまま適用し、結果として出てきた俸給月額の「ベースアップ率」らしき数字が準拠基準となる[50]。

　以上は、A県における俸給表改定と、そこから計算されるベースアップ率とに着目して、県レベルの独自労使交渉の余地を、給与引き上げ原資という点から推測したものである。この推測が正しいかどうかは実はよくわからない。ただ、人事院勧告どおりに給与改定を行い、国家公務員準拠を遵守しながら、他方で、地方独自のものを付け加えていくとしたら、ここで展開した考え方はそれなりの合理性があるように思える。次にみるように、人事院勧告以外の諸手当引き上げ、制度運用の変更は、ここで推測したような交渉が行われている可能性を示すようにもみえる。

5.2.2. 諸手当

　まず、人事院勧告と同じような改定が行われた諸手当からみよう。扶養手当の教育加算額が1人につき2,500円から3,000円に引き上げられた。教育職（三）とは関係ないが、この他、医師等の初任給調整手当が医療職（一）で302,900円から307,900円に、宿日直手当が一般の場合に3,400円から3,600円にそれぞれ引き上げられた。また寒冷地手当の支給要件、支給額が改定された。これら諸手当の改定は国家公務員とまったく同じである。

---

[50] 2）のケースでは、給与総額から俸給月額を差し引いた部分（諸手当や調整額）が0.84％、1）のケースではそれ以上引き上げられることになる。表3-6から国家公務員行政職について計算してみると、給与総額から俸給月額を差し引いた部分は50,300円、引き上げ額が282円、引き上げ率は0.56％である。したがって、いずれのケースでも、給与総額から俸給月額を差し引いた部分についての引き上げ率についていえば、A県の方が高い。

他方、交通機関等利用者に対する全額支給限度額が46,000円から51,000円に5,000円引き上げられ、最高支給限度額が51,000円から56,000円に引き上げられた。もともと、前述したように、A県の支給限度額は国に比べて6,000円高かったが（国は全額支給限度額が40,000円であるのに対して、46,000円であり、最高支給限度額が45,000円であるのに対して51,000円であった）、それぞれ国と同じく5,000円引き上げられることになった。また、片道のみ高速道路を利用する場合にも20,000円を限度として高速道路利用料の1/2が支給されることとなった。

さらに、国では見送られた住居手当も改定され、自宅支給額が3,500円から4,000円に引き上げられた。

5．2．3．特殊勤務手当

特殊勤務手当の中で、用地交渉業務手当、夜間看護等手当および教員特殊業務手当が改定され、その他の土木作業手当などの支給対象の変更が行われた。教員特殊業務手当は、対外運動競技等の指導業務が日額1,500円から1,700円に、部活動の指導業務が日額750円から1,200円へと引き上げられた。教員特殊業務手当の引き上げは人事院勧告にはないが、人事院規則9-30第24条の2ではこのように改定されており、A県教育職独自というわけではない[51]。

5．2．4．特別昇給と昇給抑制

永年勤続表彰とあわせて、50歳以上勤続25年以上の職員に対し特別昇給1号を実施することとなった。在職者調整のために、1996年度以前に永年勤続表彰を受けた職員に対しては、97年度、98年度の2カ年をかけて特別昇給1号を行うこととした。他方で、58歳以上の職員に対して昇給延伸（最初の昇給が18カ月、その後24カ月）が行われることとなった。

5．3．まとめ

以上で、中央、県レベルそれぞれにおける労使交渉の結果、どのように報酬制度が改定されてきたかを1996年度を例にとってみてきた。その特徴を簡単にまとめると次のようになる。

---

[51] 特殊勤務手当の改定が人事院勧告を経ずに行われるのかについてはよくわからない。97年度、98年度をみても、人事院勧告には特殊勤務手当の改定はない。

第一に、報酬制度それ自体と同様に、制度改定にあたっても、中央レベルの影響力は大きい。改定された俸給表はそのまま県レベルで適用され、改定された諸手当もほぼ同じ形で県レベルに適用される。

第二に、しかしながら、前節でみたようなA県レベルでの独自交渉の結果、諸手当の一部、あるいは俸給表の運用方法について、県独自の制度改定が行われている。

第三に、そうした県独自の交渉を支えるのは、一つには、俸給表を国からそのまま持ってくる一方で、給与総額の引き上げに関して、国家公務員のベースアップ率あるいはA県の俸給表改定から結果として算出されたベースアップ率を適用することからうまれる、県独自の給与引き上げ原資の存在ではないかと推測される。

6．中央主導と県の独自性

以上で、A県公立小中学校の教職員、特に教員の報酬制度に関して、制度と運用、労使交渉、制度改定について、その実態と特徴を明らかにしてきた。それぞれについては各節の終わりに簡単にまとめてあるので、ここでは、以上の分析を通じて浮かび上がってきた、報酬制度における中央と地方の分業関係について、その特徴を指摘しよう。

A県公立小中学校教員の報酬制度は制度上、教員にかかわるものに限れば、国家公務員教育職（三）とほとんど違いはない。もちろん、県レベルの労使交渉で教職員の報酬制度改定、新設に関する要求－独自要求もあれば、人事院勧告では採用されなかった公務員共闘・公務員連絡会の要求もある－を行っている。だが、１９９６年についていえば、すべてについて内容のある回答は行われなかった。このことは、A県公立小中学校教員の報酬制度についていえば、中央レベルにおける人事院と公務員共闘・公務員連絡会の交渉、および文部省と日教組の交渉によってほぼ決まってくることを示しているように思える。

だが、そのことは県レベルの独自性がまったくないというわけでは決してない。

第一に、A県に雇用される公務員と共通する生活関連諸手当－特に住居手当、通勤手当－については、県独自の加算が行われており、また労使交渉においても、

A県地公労共闘は、使用者側から積極的な姿勢を引き出すことに成功し、相応の成果を得ている。期末手当、勤勉手当の級別加算係数も同様である。第二に、教員独自の報酬制度であっても、その運用については、県独自のルールが制定されているように思えた。労使交渉においても、A教組とA県教育委員会の間で、俸給表の運用方法について交渉が行われているし、A県地公労共闘と県知事との交渉結果においても俸給表の運用方法について一定の合意がはかられている。

こうした県レベルでの独自性は、一つには、俸給表をそのまま県レベルにおろしながら、他方で、給与総額に関しては、国家公務員のベースアップ率あるいは県の俸給表改定から算出されたベースアップ率を適用することからうまれる県独自の原資の存在によって可能となっているのかもしれない。

このようにしてみると、一方においては、制度改定については中央主導であり、他方、地域の事情を加味する生活関連諸手当改定および報酬制度の運用については一定程度の県独自性があるというような構図がみえてくる。もちろん、A教組、A県地公労共闘もそうした構図を変えるべく、労使交渉を行っているが、使用者側の壁は厚い。

使用者側の厚い壁をつくっているのは、一つには、教特法25条の5と地公法第24条3項である。二つには文部省による義務教育費国庫負担と自治省による地方交付税という財政面からの制約であることは間違いない。

最後に、教育職の職務関連手当には、論理的に首尾一貫しないものが多い。たとえば管理職員特別勤務手当、教員特殊業務手当は事実上の休日出勤手当、時間外勤務手当だと考えられる。教員特殊業務手当についていえば、次章で詳しく述べるように、給特法で時間外勤務を原則として命じないこととしたにもかかわらず、現実に生じている時間外勤務のうち特定のものに限って業務手当という名目で支払うものだといってよい。

管理職員特別勤務手当、教員特殊業務手当のいずれも、論理的には疑問の残る手当であって、前者に関しては管理職手当の支給されている管理職に対して、民間部門とは異なり、休日手当、時間外勤務手当を支給するのは何故なのか、後者に関しては、同じく正規勤務時間外での労働にもかかわらず業務内容によって手当の額が異なるのは何故なのか、給特法の趣旨とどのように関係するのかがよくわからないままである。

また、教育業務連絡指導手当は制度上は業務手当であるが、その内実を探り、運用のありようを推測していくと、結局は主任、主事という役職、職位に期待される職責に対して支払われる手当であるようにみえ、通常の意味の"主任手当"だといってよいように思える。
　これらの手当は、時間外勤務の処理および主任の位置づけをめぐる中央レベルでの混乱がそのまま制度化されたものであり、少なくとも実態に即した制度ではないように思える。

第4章

労働時間

1. はじめに

　本章では、公立小中学校における勤務時間管理をめぐる労使関係の構造を分析する。ただし、労働側の対象としては、教育職員をとりあげ、事務職員等の教育職員以外の教育公務員は対象としない。それは、第2節以降の分析で明らかとなるように、教員に関する勤務時間管理をめぐっては、教育労働の「特殊性」[1]という理由により、一般の勤務時間管理とは異なる制度が生み出されてきたという特徴を指摘することができる。しかも、教育労働の「特殊性」を理由に成立した制度は、制度そのもののあり方や内容に問題があるだけではなく、それを生み出すプロセスであるところの勤務時間管理をめぐる労使関係にも様々な問題が存在したのである。よって、教員に関する勤務時間管理を取り上げることにより、公立小中学校における勤務時間管理をめぐる労使関係の構造と、問題の所在がより明らかになると考える。

　教育公務員の勤務時間管理に関しては、勤務条件法定主義により、法律でその枠組が決定される。法的枠組は、大きく分けて二つの流れがあると考えられる。

　一つは、労働基準法を源流とする枠組である。具体的な法律としては、教育公務員に限らず、労働者一般の労働時間管理の法的枠組となっている労働基準法およびそれに基づく法律、条例があげられる。この労基法をベースに、国家公務員法および地方公務員法等の公務員労働に関して定めた法的枠組がある。そして、主に公務員労働に関する法律において制定することを要請された、各都道府県ごとに定められた県条例等が、現実的運用に則した法的枠組となる。本章で扱う県レベルの法的枠組に関しては、A県の事例をとりあげる。

　もう一つの流れは、上でも述べた教育労働の「特殊性」という理由のもとに作り

---

[1] 教育労働の「特殊性」という言質は、歴史的にも現在においても、教育公務員の勤務時間管理をめぐる労使関係においては頻出する言質であるといえる。労働基準法の流れとは異なる教育公務員の勤務時間管理に関するルールは、教育労働の「特殊性」を理由に作り出されてきたものであるといえる。しかし、実際の理由が、教育公務員の職務内容の特殊性によるものかどうかという点は、留保が必要であると考える。教育労働の「特殊性」とは何を意味するのか、あるいは、何を代替しているのか、そこにはどのような問題性が含まれ、隠されているのか、という点に関しては、現状から、あるいは歴史的観点から、詳細に検討される必要があるであろう。しかし、本章においては紙幅の関係もあり、この点に関する分析をすることはできなかった。よって、教育労働の「特殊性」に対して留保をつけることで限界とし、詳細な分析は後の課題としたい。

出されてきた法的枠組である。この法的枠組は、教員の時間外勤務手当を中心に問題となった1948年の給与法制定から、1971年に制定された給特法をめぐる論議のなかで、顕著な形で明らかとなる。

以上のような二つの法的枠組のなかで、教員の勤務時間管理に関する様々なルールが運用されることとなる。しかし、現実の運用の過程において、法的枠組と運用の間に矛盾や乖離が生ずることが、本章の分析から明らかとなる。枠組となるような制度とその現実における運用の間に齟齬が生ずることは、しかしながら、多かれ少なかれ、どのような組織においても起りうることである。この点に関する教育公務員の労使関係の特徴は、法的枠組と運用の間に生ずる乖離が持つ問題性の大きさと、問題の解決を法的枠組の変化に求めることなく、乖離の中で当面の解決あるいは労使双方が現実的妥協を目指すというところにあると言える。

以下では、まず、教育労働の「特殊性」という理由のもとに作り出されてきた法的枠組のうち、特に、時間外勤務をめぐる法的枠組について歴史的分析を行う。次に、勤務時間管理に関する法的枠組のうち、主なものについて検討する。最後に、運用に関する分析を行う。運用に関してとりあげる具体的事例は、時間外勤務をめぐる現在の問題と、休憩時間の問題をめぐってA県において結ばれた三者協定である。これらの二つの事例は、勤務時間管理の中でも、最も枠組と運用の乖離が明瞭にあらわれる。乖離が明瞭に表れるところにこそ、労使関係の構造もより明らかになると考えられる。

2．時間外勤務をめぐる法的枠組
　　―給特法制定過程を中心とした歴史的経緯

第2節では、教員の勤務時間管理の中でも特に、時間外勤務に関する問題について歴史的分析を行う。

教員の勤務時間については、1948年制定施行の給与法において、1週みなし48時間として一般公務員よりも有利な切り替えを行い、超過勤務手当を支給しないとされた。しかしながら、その後の給与法改正の中で、教員の有利性は次第に失われ、その結果、超過勤務手当が支給されない不利が表面化することとなった。これに対し、日教組は超過勤務手当支給要求を打ち出し、文部省及び人事

院を相手に交渉をしていった。その結果、1971年に給特法が制定され、教職調整額の支給、例外的超勤を定めた限定4項目および限定4項目を命ぜられた場合の措置方法等、教員の勤務時間管理に関する新たなルールが作られた。しかし、これらのルールは、労働基準法の定める時間外勤務手当に関するルールとは異なるものであった。

給特法制定までの教員の時間外勤務に関するルール作成をめぐる労使関係は、勤務時間に関する労使関係のなかでも重要であり、また、問題点を多く含んでいるという意味で、その後の勤務時間、特に時間外勤務をめぐって組合の抱える問題や労使関係にも大きな影響を及ぼしている。そのような点からも、給特法制定までの労使関係を歴史的に分析することは、意義があると考える。

2．1．給与法制定と教員の勤務時間管理に関する枠組の成立

教育公務員の勤務時間管理は、一般労働者あるいは公務員一般職に適用されるような労基法をベースとする労働法の枠組とは異なる法的枠組によって規定されるという特徴を持つ(2)。その特徴が最もよくあらわれるのが、1948年制定の新給与法から1971年制定の給特法までの、時間外勤務手当をめぐる一連の労使関係である。そこで、その過程を歴史的に追っていくことにより、教育公務員の労使関係における、教育労働の「特殊性」という名のもとに労使双方が形成してきた法的枠組の特徴を明らかにしていきたい。

1948年5月に施行された新給与実施法(以下、給与法)のなかで、教員の勤務時間を48時間以上とみなすことが記された。それまで、級別俸給表は一般公務員（44時間未満）と同じ表であったので、これにより、切り替えられた新俸給では、教員は一般公務員の増加割合にほぼ1割程度を加算した増加割合となることになり、教員に制度上俸給上は有利な切り替えであった。しかし、それと同時に、時間外勤務手当を教員には支給しないことも定められた。

つまり、1948年の給与法により、教員の給与における制度上の有利性が確保される一方で、教員の勤務時間管理をめぐる法的枠組に、重要な特徴が明らかとなったのである。その特徴は、同時に、給与法成立から現在まで、教員の勤務

---

(2) その理由は、以降の分析中にも出てくるように、教育労働の「特殊性」によるという言質を、労使双方ともに度々とってきた。しかし、この点については留保が必要である。注1を参照。

時間管理をめぐって歴史的および現在的に付随する重大な問題であったとも言える。

その特徴とは、第一に、教員の勤務時間は、一般公務員の勤務時間とは異なり、一定程度の時間外勤務が予定されていたと解釈しうることである(3)。しかも、この時点では、「48時間以上」とみなす(4)とされていることから、極端に言えば、無定量労働へとつながるような道を行政側は考えていたとも思われる。第二の特徴は、時間外勤務が予定されていることに対して、時間外勤務手当制度を確立するのではなく、みなし時間外勤務手当として、一般公務員の俸給に比較して一割程度加算した俸給切り替えを行ない、教員には通常の時間外勤務手当を支給しないということである(5)。このことは、戦後の教員に関する超過勤務手当をめぐる問題の出発点ということができる。

その後、1948年12月に政令401号が制定され、公務員の給与が1948年1月1日に溯って再計算された際も、また、1949年1月に人事院規則15-0及び15-1が制定され、一般公務員も教員も、勤務時間は1週48時間とされた際にも、教員の制度上俸給上の有利性は確保された。このように、教員については、人事院規則15-0及び15-1において所定労働時間が決定した後も、通常の時間外勤務手当制度ではなく、不完全なみなし時間外勤務手当のルールが維持されることとなった。ここで「不完全な」とは、一つには、予定されている時間外勤務の量が明示されていないことをさし、二つには、それゆえ、予定されている時間をこえる時間外勤務に対して時間外勤務手当が支給されることになっていないことをさす。それに比較して、1949年1月に施行された、新給与法一部改正法第16条において、一般公務員に関しては、時間外勤務手当制度が確立されたことは記しておく必要がある。

その後、教員の勤務時間は、1週48時間を一般職員とは異なる形で割り振られることとなった。それは、1949年2月に出された文部省告示第11号(6)と文

---

(3) 給与法制定時において、どのような判断からこのような結果にいたったのか、資料からは明らかとはならない。
(4) 人事院給与局「教員の超勤問題に関する資料」(1971年1月) p.1。
(5) ただし、給与法制定の時点では、一般公務員および教員に関しては、所定労働時間が定められていなかったので、時間外勤務手当制度も必然的に確立することは困難であったと思われる。
(6) 学校に勤務する教員の勤務時間に関する件 (文部省告示第11号)「国立学校に勤務する教員の勤務時間については、学校の種類並びに授業、研究及び指導等の特殊の必要に応じ、学校の長が1週48時間の割振を別に定めることができる。」人事院給与局「教員の超勤問題に関する資料」(1971年1月) p.11。

部次官通知発学第46号[7]により明らかとなっている。文部次官通知発学第46号によると、「教育の特殊性にかんがみ教員の勤務については一律に同令[8]第1項の勤務時間に拘束するときは、かえって教育の能率低下をきたす虞ある場合も多いと考えられるので」[9]、教員の勤務時間については文部省が一般の職員とは別に定めるとしている。そして、教員の勤務時間は1週48時間を、「学校全体を一律に定めることを要せず、教員個人についてこれを定め得ること」[10]として、勤務時間の教員個々人に対する割り振り制度を定めた。

文部次官通知発学第46号では、教員個々人に対する勤務時間の割り振り制度の他に、教員の勤務時間に関する重要な制度が提示されている。まず第一に、教特法の制定を受けて、研修による勤務時間管理の運用が明示されている[11]。第二に、超過勤務については、原則として命ずることはできないが、必要があって命ずる場合には、1週間48時間の中に含まれるように運用することが定められている[12]。第三に、教員の勤務時間管理は、出勤簿等の方法で「勤務の実績を明確にしておくこと」が求められている[13]。教員個々への割り振り制度をはじめ、この通知において、現在においてもなお維持されている教員の勤務時間管理に関する労基法とは異なる性質を持つ法的枠組の大枠が決定されたといえる。

ここで特に重要かつ問題と思われるのは、第二の特徴である。文部次官通知発学第46号までの、文部省が明らかにしてきた教員の勤務時間管理に関する対応

---

[7] この通知は、1949年に総理庁令第1号により政府一般職員の勤務時間が定められたことに伴い、教員の勤務時間についても同様に文部省が定めたものである。
[8] 総理庁令第1号。
[9] 人事院給与局「教員の超勤問題に関する資料」(1971年1月) p.11。
[10] 人事院給与局「教員の超勤問題に関する資料」(1971年1月) p.12。
[11] 文部次官通知発学第46号「二 勤務の態様について(1)勤務は必要に応じ必ずしも学校内ばかりでなく、学校外で行い得ること。なお教育公務員特例法第20条の規定による研修の場合は、当然勤務と見るべきであること。(2)夏季休暇の教員の勤務については、教員の教育能率を向上せしめるため、休暇を研究・講習及び校外指導等に利用せられるよう学校の長は特に配慮すべきであること。」人事院給与局「教員の超勤問題に関する資料」(1971年1月) p.12。
[12] 文部次官通知発学第46号「三 超過勤務について(1)勤務の態様が区々で学校外で勤務する場合等は学校の長が監督することは実際上困難であるので、原則として超過勤務は命じないこと(2)ある一日において実動8時間以上勤務する必要がある場合には、その勤務を命ずることはできるが、その勤務は原則として1週48時間の勤務に含まれるものとして勤務する如く命ずるものとすること」人事院給与局「教員の超勤問題に関する資料」(1971年1月) pp.12-13。
[13] 文部次官通知発学第46号「四 教員の勤務の管理について教員の勤務についての管理は、一般政府職員の勤務時間が厳正に実施せられている事情に鑑み、出勤簿その他の学外勤務に対する承認等については、適宜の方法により整理し、その勤務の実績を明確にしておくこと。」人事院給与局「教員の超勤問題に関する資料」(1971年1月) p.13。

は、一定程度の時間外勤務を想定し、事実上のみなし時間外勤務手当である制度上俸給上の教員の有利性を設け、そして人事院規則15-0、15-1において、所定労働時間を決定したというものであった。しかし、人事院規則15では時間外勤務手当等の制度は伴われなかった。物事の流れからすれば、当然、時間外勤務手当制度の明示化が次のステップであると考えられる。しかし、第二の特徴のようなルールでは、文部省が教員の勤務時間に関して、1日8時間以上勤務する日があったとしても、週48時間内に収めることが可能であり、それまでみられたような一定時間の時間外勤務は想定されず、まして、通常の時間外勤務手当制度は考えられていないことが明らかとなっている。つまり、ここで、教員の時間外勤務に関する、文部省の曖昧な、あるいは一貫性の無い対応が明らかになったといえる。しかも、この時点においても、教員の制度上俸給上の有利性は確保されており、文部次官通知発学第46号が出されたことにより、この有利性の意味は説明の困難なものとなってしまった。このことは、教員の時間外勤務に関する混乱の端緒であるといえる。

ところで、1949年の時点において、教員の時間外勤務が問題化していたことを直接に示す資料は手元にないが、1949年3月に出された文部次官通知発学168号が教員の時間外勤務の問題化を、間接的に示している。文部次官通知発学第168号は、教員の時間外勤務について、はじめて例外的時間外勤務を具体的に示したものであり、その内容は以下のようになっている。

教員の超過勤務について

　教員の勤務時間については、2月5日文部省告示第11号をもってこれを定め同日附発学第46号をもって超過勤務は原則として命じない旨を含めて通知しましたが、例外としてその日に割り振られた正規の勤務時間をこえて左記の勤務を行う必要がある場合には、これを超過勤務として命じ、政府職員の新給与実施に関する法律第20条の規定に基き、超過勤務手当を支給してさしつかえありませんから、運用要領をお含みの上、しかるべくお取り計らいを願います。

　　　　　　　　記
　　　一、宿直
　　　二、日直

三、入学試験事務
　　四、身体検査（委員に限る）
　　五、学位論文審査
（人事院給与局「教員の超勤問題に関する資料」1971年1月）p.14

　文部次官通知発学第168号において、重要なことは次の二つである。一つは、例外的時間外勤務が、具体的に5項目規定されたことである。このことは、文部次官通知発学第46号において、割り振り制度を用いて週48時間の所定労働時間内に1日8時間を超える分の労働時間を収めるとしたにもかかわらず、現実の総労働時間は、割り振り制度では対処できないほどであったことを示唆している。そのため、すでに時間外勤務として明らかに問題となっていた5項目が、明示されることとなったのであろう。

　もう一つは、定められた5項目に該当する時間外勤務が生じた場合には、時間外勤務手当が支給されることが明言されていることである。このことは、割り振り制度で時間外勤務に対処するという原則の一方で、例外的具体的に定められた業務において時間外勤務が発生した場合には、時間外勤務手当を支給するというルールが明らかになったことを意味する[14]。つまり、教員の時間外勤務に対して文部省は、一貫性のないルールを設けてしまったのである。このことは、以降の教員の時間外勤務に関する混乱の端緒と言える。

　この背景として次のようなことが考えられる。一つは、文部省が、教員の勤務時間管理において時間外勤務の存在を認めつつも、にもかかわらず、時間外勤務手当制度は設けないという方針を持っていたであろうということである。この方針を文部省が持つにいたった資料は文部次官通知発学第46号に関しても、第168号に関しても入手できなかったが、教員の時間外勤務に関する文部省のこの方針は、1948年の給与法制定以来、一貫しているといえる。しかし、そのような方針を一貫させるために、かえって、教員の時間外勤務に関するルールは、問題や矛盾が起こる度にその場限りの対応がなされ、ルール全体として統一性のないものとなってしまったのである。すでに述べたように、文部次官通知発学第

---

[14] 例外的に具体的に定められた業務に関する時間外勤務に対して手当を支払うというルールは、その後、教員特殊業務手当という事実上の時間外勤務手当の制度として確立することになると考えられる。

168号において明らかとなったルールの体系は、このような統一性の無さの始まりであった。

教員の時間外勤務手当支給に関しては、1950年3月に、文部事務次官と人事院事務総長との間でやりとりがなされている(15)。まず、文部事務次官が、人事院事務総長宛に照会文を送り、その中で、教員の時間外勤務に関する人事院の見解を求めている。それによると、教員の勤務時間管理は、「勤務時間を標準としてその実態を把握するのが困難であるため、むしろ教育労働の特殊性を理由として第4条第3項を適用した」結果、「教育職員には超過勤務手当は支給されないと解してきた」。しかし、「昭和24年2月文部省告示第11号により教育職員の勤務時間が明確にされたので、必然的にその勤務時間を超えて勤務を命ぜられた場合、超過勤務手当支給の問題を生じ」るため、超過勤務手当を支給してもよいと文部省は考えているが、人事院の意見を求める、という内容になっている。

これに対し人事院は、「政府職員の新給与実施に関する法律第21条(16)の規定により、正規の勤務時間をこえて勤務することを命ぜられたすべての時間に対して所定の超過勤務手当が支給さるべきであると解する」と回答している。

ここで重要なことは、文部省と人事院は文書照会－回答という形では、教員の時間外勤務手当支給に関して一致しているように見えるものの、実際には、文部省が考える教員の時間外勤務に関するルールと、人事院の考えるルールとの間には相違が存在するように思えることである。既述のように、文部省の方針は、1日8時間以上（土曜日は4時間以上）の勤務時間に関しては、割り振り制度で対処することによって、それらを時間外勤務とみなさず、時間外勤務手当も支給しないとする一方で、例外的時間外勤務として定めた5項目については、時間外勤務を命ずることができ、また、時間外勤務手当も支給するというものであった。このような文部省の一貫性のないルールに対し、人事院の考えるルールは、「正規の勤務時間をこえて勤務することを命ぜられたすべての時間に対して所定の超過勤務手当が支給さるべきである」という文面に明らかになるように、命ぜられた時間外勤務に対しては、すべて時間外勤務手当を支給するものであると解釈で

---

(15) 人事院給与局「教員の超勤問題に関する資料」（1971年1月）p.15。
(16) 第21条 正規の勤務時間をこえて勤務することを命ぜられた職員には、正規の勤務時間をこえて勤務したすべての時間に対して、勤務1時間につき、第24条に規定する1時間当りの給与額に左の割合を乗じた額に相当する金額を超過勤務手当として支給する。

きる。

　ここまでで明らかとなった、教員の時間外勤務に関するルールについて文部省の考えをまとめると次のようになる。まず、教育労働の「特殊性」という理由のもとに、他の公務員よりも制度上俸給上有利な待遇とすることにより、一定程度の時間外勤務の存在が明文化されずに予定されるというルールが、その出発点であった。しかも、所定労働時間が決められた後も、予定された一定程度の時間外勤務を超えた分について、たとえばそれに見合う時間外勤務手当を支給するというようなルールは作られず、ここにおいて、教員の時間外勤務に関する第一の矛盾がおこったといえる。

　その後、結果的には当初に作られたルールの流れからは外れる形で、文部次官通知発学第46号において、割り振り制度によるルールが作られた。これは、1日8時間を超える勤務時間については、1週48時間という範囲で労働時間を割り振ることにより対処し、時間外勤務としてみなさないというルールであった。しかし、現実の時間外勤務は、割り振り制度で対処できる限度を超えていたと思われる。それは、文部次官通知発学第168号で定められたルールにより推測される。文部次官通知発学第168号で定められたのは、割り振り制度で対処するルールが存在する一方で、例外的時間外勤務として定めた5項目については、時間外勤務として命ずることが可能であり、命じた場合には時間外勤務手当を支給するというルールであり、いわば相互に整合的とは思えない二種類のルールが混在していた。よって、ここにおいて、俸給上の有利な待遇とひきかえに一定程度の時間外勤務が予定されるという当初のルールが無視され、さらに、新たに打ち出されたルールも相互に整合的とは言えない状態になったのである。

　次項では、こうした問題を初期の段階で抱えてしまった教員の時間外勤務に関するルールが、時間外勤務手当をめぐる労使の議論のなかでどのように扱われていくかについて見ていくこととする。

2．2．時間外勤務手当をめぐる議論

　教員の給与における制度上の有利性は、政令401号一部改正では確保されたものの、次第に埋没していく傾向にあった。政令401号一部改正後は、1951年1月に給与法が一部改正され、調整号俸の半減が行われた。これにより、4〜

9級2号俸、10、11級1号俸であったものが、4～11級1号俸となった。ただし、この措置と同時に、教員級別推定表の昇格所要年数を短縮し、該当者の一斉昇格を行なった。また、同じ1951年1月に、人事院規則9-8が制定され、政令401号の調整号俸を継承することをさだめるなど、教員の制度上俸給上の有利性を確保する努力は引き続きなされた。さらに、1954年1月に行われた給与法改正は、15,483円ベースであったが、教員については、三本立俸給表を発足させ、調整号俸から制度上の有利性を移行させる措置がとられた。1957年4月には給与法の大改正が行われ、等級制度が発足した。新俸給表において、教員の制度上俸給上の有利性は、継承するように処理され、大卒の初任給で、一般公務員(上級職)よりも、制度上は、600円有利であった。しかし、幾度かの給与に関する法改正を経るなかで、改正の度に教員の制度上俸給上の有利性が継承されるように努力がなされるものの、1948年時点と比較すれば、次第に教員の制度上俸給上の有利性は、他の地方公務員との相対的関係のなかで埋没していくことになった。

　以上のことは、当初決められた教員の時間外勤務に関するルールに関して、給与による裏付けが、事実上、喪失しつつあることを意味する。つまり、給与法制定時においては、制度上俸給上の有利性と引き換えに、一定程度の時間外勤務が予定されていたのであるが、その有利性が埋没しつつあるので、一定程度の時間外勤務を予定する根拠が薄くなってしまったのである。

　他方で、教員の時間外勤務そのものは時間数も増え、職務内容もさまざまなものが出てくるようになり、教員の時間外勤務に関する問題は、労使関係上の重要な問題として表面化してくることとなった。このような教員の時間外勤務に関する問題が、文書として表われたのが、1963年12月に出された日教組の人事院に対する公開質問状[17]である。

教職員の超過勤務手当に関する質問状
一 昭和24年に施行された人事院規則15-0（職員の勤務時間）の2項によると「職員の勤務時間は1週間について44時間とする」とあるが、この職員とは国立学校に勤務する職員のうち、教育公務員特例法の教員に関する規定の適用または準用を受け

---

[17] 人事院給与局「教員の超勤問題に関する資料」（1971年1月）p.17。

る職員と解してよいか。
二 教育公務員特例法の教員に関する規定の適用または準用を受ける者が定められた勤務時間を超えて勤務することを命ぜられたとき、定められた勤務時間を超えて勤務した全時間に対して、超過勤務手当を支給すべきと解してよいか。
三 教育公務員特例法の教員に関する規定の適用または準用を受ける者が、当該業務の内容から客観的に見て、定められた勤務時間内に処理することが困難であるため、時間外勤務をすることが余儀なくされ、それについて学校長の黙示の命令があったものとするものまたは学校長の了解を得て行なったとするものの場合に、定められた勤務時間を超えて勤務した全時間に対して超過勤務手当を支給すべきと解してよいか。
四 教育公務員特例法の教員に関する規定の適用または準用を受けるものの勤務時間については、昭和24年2月5日文部省告示第11号を以ってこれを定め、同日付発学第46号をもって超過勤務は原則として命じない旨を通知している。しかるに昭和27年の文部省調査によると教育職員の超過勤務は、一人あたり1週11時間であることが明らかにされた。これは、正規の勤務時間を超えて勤務した時間であると解される。また昭和25年11月京都地裁判決によると、教員が校長の明示または黙示の命令によって正規の勤務時間外に残って仕事をした場合その居残りは超過勤務と解されるから、当然超過勤務手当を支払うべきであると判決している。したがって、昭和24年2月5日付文部省発学第46号の超過勤務は原則として命じない旨を通達しているが、これは事実上行なわれている超過勤務に対して手当を支給する上の障害となっており、したがって労働基準法32条一般の給与に関する法律第16条および人事院規則の精神に抵触すると解するが貴院の見解を承りたい。
五 教育公務員特例法の教員に関する規定の運用または準用を受けるものについて原則として超過勤務を命じないこととの文部省通達が出されているが、現実に小学校、中学校、高等学校の入学試験事務、教育実習生の指導等の特殊の勤務等が正規の勤務時間を超えて勤務が命じられている。これに対して当然超過勤務手当が支給されるべきと解するが貴院の見解を承りたい。

以上5項目について貴院の見解を文書をもって御回答下さるようお願いいたします。

昭和38年12月24日

日本教職員組合執行委員長

宮之原貞光

人事院総裁 佐藤達夫殿

　日教組の公開質問状において、最も問題とされていることは、「校長の明示または黙示の命令によって正規の勤務時間外に残って仕事をした場合」に、「定められた勤務時間を超えて勤務した全時間に対して」、「超過勤務手当」が支給されるか否かという点である。つまり、明示または黙示の職務命令による、すべての時間外勤務に対する時間外勤務手当の支給が、議論の焦点であった。
　このような日教組の公開質問状に対し、人事院は、1964年2月に以下のような回答を出している。

教育職員の超過勤務手当について（回答）（対昭和38年12月24日付質問状）
　（職職―99　昭和39、2、14）
　　　　　　　　　人事院事務総局職員局長
日本教職員組合執行委員長
宮之原貞光殿
標記について下記のとおり回答します。

記

一、人事院規則15-0（職員の勤務時間）は昭和38年11月4日廃止され、同規則第2項は同年同月同日改正された人事院規則15-1（職員の勤務時間等の基準）第4条に引き継がれた。改正規則15-1第4条は、給与法第14条第1項に基く勤務時間を定めたものであり、設問の国立学校に勤務する職員のうち教育公務員特例法の教員に関する規定の適用または準用を受ける者（以下「職員」という）にも適用されると解する。

二、正規の勤務時間を超えて勤務することを命ぜられた職員には、正規の勤務時間を超えて勤務した全時間（宿日直勤務の時間を除く。）に対して所定の超過勤務手当が支給されるべきであると解する。

三、超過勤務手当の支給対象となる勤務は、超過勤務命令権者が、公務のため臨時または緊急の必要があると認め、正規の勤務時間以外の時間に勤務（宿日直勤務を除く。）することを命じた場合に、職員が当該命令に基いてする勤務である。なお、設問の

ような事案について前段の場合に該当するかどうかは、職員の勤務の実態について具体的に決定するほかない。
四、超過勤務は原則として命じないとの方針自体は、給与法第16条および人事院規則の精神に抵触するものではない。
五、二に同じ。
以上
(人事院給与局「教員の超勤問題に関する資料」1971年1月) p.19

　日教組の公開質問状において問題とされた点に関して人事院の回答を見てみると、「正規の勤務時間を超えて勤務することを命ぜられた職員には、正規の勤務時間を超えて勤務した全時間（宿日直勤務の時間を除く。）に対して所定の超過勤務手当が支給されるべきであると解する。」という回答がなされている。つまり、人事院の回答における姿勢は、2．1でみた文部省とのやりとりのなかでの姿勢と同じものであり、それは、職務命令によるすべての時間外勤務に対しては時間外勤務手当が支給されるべきであるという、労働基準法にそった見解となっている[18]。

　以上のような日教組と人事院のやりとりを詳しく見ていったことにより、文部省の考える教員の時間外勤務に関するルールが、労働基準法とは異なったものであるということが明らかになったと思われる。次項では、文部省の考えるルールが、給特法という具体的な法律の形をとるまでのプロセスをおっていくこととする。

2．3．給特法の制定

　1963年の日教組の公開質問状、および、1964年のそれに対する人事院回答により、教員の時間外勤務をめぐる問題点が、労使関係上に具体的な形で明らかとなった。それと同時に、文部省の考える教員の時間外勤務に関するルールが、

---

[18] 人事院が、教員の時間外勤務に関して、労働基準法にそったルールを作り上げようとしていたことは、人事院の回答の第3項においても明らかである。なぜなら、第3項において回答されている「公務のために臨時または緊急の必要がある」という命ずることのできる時間外勤務の範囲は、一般の地方公務員については適用されている労働基準法第33条第1項「災害その他避けることのできない事由によって、臨時の必要がある場合において行政官庁の許可を受けた場合」という時間外勤務の基準を、教員にも適用するものであるからである。

労働基準法に沿ったルールとは異質のものであることもまた、明らかとなったのである。

　人事院は1964年給与勧告で、教員の時間外勤務に関して次のように指摘した。「以上のほか、最近問題となっているものに、教員の超過勤務に関する問題がある。現行制度のもとに立つかぎり、正規の時間外勤務に対しては、これに応ずる超過勤務手当を支給する措置が講ぜられるべきは当然であるが、他方、この問題は、教員の勤務時間についての現行制度が適当であるかどうかの根本にもつながる事柄であることに顧み、関係諸制度改正の要否については、この点をも考慮しつつ、さらに慎重に検討する必要があると考える」。つまり、給与勧告において、教員の勤務時間制度の根本的見直しの可能性が示唆されたのである。

　文部省は、給与勧告を受けて、1966年から1967年にかけて「教職員の勤務状況調査」[19]を行なった。この調査は、1966年4月から1967年4月までの期間で、毎月383校（小学校200校、中学校92校、高等学校91校）を月ごとに対象校を変更して、年間に合計4,596校を対象に行なわれた。調査内容は、勤務内容を17種類に区分し、それぞれの時間数を勤務時間内、勤務時間外に区別して調べるというものであった。調査方法は、教職員が自分で毎日の勤務状況を記録し、月単位（4週分）に集計を行ない、校長および教育委員会がこの結果を審査するという方法が取られた。

　文部省の調査の結果、1966年度において、週平均時間外勤務時間数は、小学校で2時間30分、中学校で3時間56分、高等学校で3時間30分（全日制）[20]であった。時間外勤務の内容としては、小学校では間接授業指導[21]、管理・教務事務、学校行事等指導となっており、中学校では間接授業指導、補習・クラブ等指導、管理・教務事務、高等学校（全日制）では補習・クラブ等指導、間接授業指導、管理・教務事務となっている。そして、この調査の結果、文部省は、「修正超勤時間数」を試算している。「修正超勤時間数」は、調査結果による時間外勤務時間数から、勤務時間内の自主研究や付随関連活動等の時間を差し引いたもので、文部省が超過勤務手当予算要求の積算基礎とした時間数である。文部省の試算に

───────────────────────
[19] 人事院給与局「教員の超勤問題に関する資料」（1971年1月）pp.23-27。
[20] 定時制は、2時間6分。
[21] 間接授業指導の詳しい職務内容はわからないが、授業準備や採点等を指すものと思われる。

よると、小学校で週1時間30分、中学校で週2時間30分、高等学校（全日制・定時制とも）週38分となっている。この試算にしたがって、一月あたりの時間外勤務手当の俸給に対する比率を計算すると、小学校で3.3％、中学校で6.2％、高等学校（全日制・定時制とも）で1.6％となる。

この調査により、教員の人事に関わる行政側、特に、調査を実施した文部省は、教員の時間外勤務が相当程度存在し、それに対して何らかの措置を講ずる必要があることを認識したものと思われる。しかしながら、文部省は、教員の時間外勤務をめぐる問題に対して、労働基準法にそったルールをつくる道をとらず、再度、相互に整合的とは思えないルールの混在を維持したのである[22]。それが、教特法一部改正という方法での教職調整額の支給という提案であった。

教特法一部改正による教職調整額の支給という方法は、1968年2月に文部省から提案され、1968年3月に「教育公務員特例法の一部を改正する法律案」として、政府案が国会に提出された。これを皮切りに、国会において教職調整額の支給に関する法的枠組をめぐる議論がなされた。以下の表は、政府案をはじめとする各案の概要である。

各党案および政府案に共通するものは、教員の時間外勤務に関して、労働基準法第37条を適用除外にし、時間外勤務手当の支給に関するルールを、教員に関してはなくしたという点である。そして、教育労働の「特殊性」という支給事由をもって、教職調整額という名目で、他の地方公務員に比して、教育公務員の俸給に対し、一定割合の上乗せを認めたのである。これはまさに、これまで文部省がとってきた、教員の時間外勤務管理に関する一貫性のないルールを制度化したものであり、労働基準法にそった、適正な時間外勤務管理のための制度の形成とは異なる方向であった。

日教組は、教特法改正に関する論議が進むなか、1970年12月に要望書を提出した。

一、教職員の労働条件を改善し、教育効果の向上をはかるため、定員増による担当授業時数を短縮し、教職員が本務に専念できるよう措置するとともに、教育労働の内容

---

[22] 文部省が一貫してこのような対応を取りつづけた理由は、資料においては教育労働の「特殊性」としか説明されていない。しかし、真の理由は、教員の時間外勤務の問題に関する文部省内の議論等、資料を探していけば明らかになるであろう。真の理由が明らかになることは、また、教育労働の「特殊性」といわれるものの本質が明らかになることにもつながると思われる。

表4-1 教育公務員特例法の一部を改正する法律案

	自民党第1次案（1968年1月）	政府案（1968年3月国会提出）	自民党案（1969年5月）	社会党案（1969年）	自民党案（1969年8月）	自民党案（1970年5月）
法案名	教育公務員特例法の一部改正案	同左	国立及び公立の義務教育諸学校等職員の給与等に関する特別措置法案	教育公務員特例法の一部改正案	国立及び公立の義務教育諸学校等の教育職員の支給等に関する特別措置法案	同左
給与種目	暫定俸給調整額	教職員特別手当	教職特別俸給調整額	同左	教職特別調整手当	同左
支給事由	教員の勤務態様の特殊性	同左	教員の専門職としての地位の樹立を期しつつ、当面必要な措置	教員の勤務態様の特殊性	教員の専門職としての職務の特殊性と高度の責任にかんがみ、当面必要な措置	教員の専門職としての地位の樹立を期しつつ、当面必要な措置
支給額	俸給の月額8％（昭和43年度は4％）	俸給の月額並びにこれに対する調整手当及び暫定手当の月額の合計額の4/100	俸給の月額の8％（昭和44年度は4％）	俸給の月額の8/100	俸給の月額及び調整手当の月額の合計額の6/100	俸給の月額及び調整手当の月額の合計額の4/100
他の法律適用除外関係（公立）	労基法、船員法を適用除外し、当分の間両法を準用する。（労基法第36条、第37条等、船員法第67条等を除く）この場合、労基法第33条第3項中「16号」は「12号」と読み替え。	労基法第33条第3項を適用し、公務員の健康と福祉を害しない範囲内で超勤を命ずることができることとする。労基法第37条並びに船員法第67条のかかる命令の規定を適用除外する。	労基法及び船員法並びにこれに基づく命令の規定を全面的に適用除外とし、勤務条件は国立学校の教育公務員に準ずる。	労基法第33条、第36条、第37条、船員法第67条及びこれに基づく命令は当分の間適用しない。災害その他の避けることのできない事由により臨時の必要がある場合のみ超勤を命ずることができることとし、この場合労基法第37条の例による割増賃金を支払う。	労基法36条及び同法と船員法中時間外労働に対する割増賃金または時間外手当の規定を適用する。公務のため必要があるときは時間外勤務を命ずることができる。	労基法第36条、第37条、船員法第67条第2項の規定（命令を含む）は適用しない。研修、教科及び教科以外の活動並びにその他の公務のための臨時の必要があるとき、労基法第33条第1項に関わらず超勤をさせることができる。この場合、健康及び福祉を害さないように考慮して必要やむを得ない場合に限る。

人事院給与局「教員の超勤問題に関する資料」（1971年1月）p.45より作成。

と責任に見合う賃金として、基本給を大幅に引上げ、賃金体系を改善し、職務・職階給の導入を行わないこと。
二、1週44時間、1日8時間労働制を建前とする現行勤務態様のもとでは、これを超える労働に対する賃金として次の方式により支給する「制度」を確立すること。
① 休日や勤務時間外に行なう測定可能な時間外労働については労働基準法第37条に基づく割増賃金を支給すること。
② 教育労働の特殊性にかんがみ、自主性・自発性に基づく超過労働に対しては、定率（4～8％）の特別手当（調整額を含む）を支給すること。
③ 割増賃金及び特別手当の支給については、校長、教頭など管理職手当受給者は除外すること。

(人事院給与局「教員の超勤問題に関する資料」1971年1月) p.73

　日教組の提出した要望書において重要なことは、日教組が「測定可能な」時間外勤務については労基法第37条に基く時間外勤務手当を要求し、「自主性・自発性に基く」時間外勤務については教職調整額を要求していることである。このことは、日教組もまた、時間外勤務管理に関して、文部省とは異なるが、二種類のルールを持っていることを意味する。さらに、最も重要なことは、このうちの後者は、文部省の考えとほとんど一致するということである。つまり、日教組も、また、労働基準法とは異なる時間外勤務管理のルールを考えていたのである。
　後者に関する日教組と文部省の意見の一致とは逆に、前者の、ある特定の日の所定労働時間を超える時間外勤務については、両者の意見は食い違っていた。日教組は労働基準法第37条に基き時間外勤務手当を支給するという労基法に沿ったルールを主張しているのに対し、文部省は、勤務時間の割り振り制度により対処するので、時間外勤務手当は支給しないとしていたのである。しかし、すでに行政側では、教員に時間外勤務手当を支給する問題に関しては、教職調整額支給とすり替えに議論の対象としていなかったため、前者に関しては、不問に付す格好となった。
　前者に関する意見の食い違いについては、文部省が、労基法に基づく時間外勤務手当支給をめぐる議論を事実上放棄してしまったことにより、労使間の議論の焦点は、意見の一致を見ていた後者に関する具体的なルール作り、つまり、教職

調整額の割合と例外的時間外勤務の基準に絞られてしまったと思われる。教員の時間外勤務に関して文部省の考えるルールに問題があったことは言うまでもないが、日教組もまた、教員の時間外勤務に関するルールを労働基準法に沿ったルールから乖離させる一端を担うことになったといえる。そして、そのような道を選択した日教組にとっては、教職調整額をより多く獲得することと、教職調整額支給と引き換えに無制限の時間外勤務を命ぜられることの無いように、例外的時間外勤務の基準を明確にすることが、重要な課題と認識されるようになったのである。

そこで、例外的時間外勤務の基準作成の過程を見ていくと、1971年2月に出された「義務教育諸学校等の教諭等に対する教職調整額の支給等に関する法律の制定についての意見の申し出に関する説明」[23]において、人事院は、「適正な勤務条件を確保するための措置として、正規の勤務時間外における命令による勤務が教員にとって過度の負担となることのないよう、文部大臣は、人事院と協議して時間外勤務を命ずる場合の基準を定めるべきものとする」と述べている。よって、例外的時間外勤務の基準は、文部省と人事院の協議によって決定されることとなった。このことは、給特法第7条第1項に明文化されている。

給特法は1971年5月に制定され、これをうけて第7条に基き、文部省と人事院の協議が具体化することとなったが、日教組は、1971年6月以降13回にわたり、文部省と交渉を行ない、文部省と人事院の交渉前に文部省との妥結を行なった。妥結の内容は以下のようである。

昭和46年7月1日
　出席者代表
　　文部政務次官 西岡武夫
　　日教組書記長 槇枝元文
標記の件については、両者の間において次のように了解された。
一、超過勤務を命じうる場合についての文部省案は別紙一のとおりとして差し支えない。
二、法の実施にあたっては別紙二に掲げるところによる。

[23] この文書の中に、「特殊な勤務に対する給与措置」として、特殊勤務手当の構想が出ている。

(署名)

文部省	日教組
岩間初中局長	橋本副委員長
井内官房長	今村法制局長
諸沢所中局審議官	斎藤調査局長
説田財務課長	倉持法制部長

別紙一

教職員に対し超過勤務を命じうる場合

一、生徒の実習に関する業務

　注 通達において、校外の工場、施設（養殖場を含む。）船舶を利用した実習および農林畜産に関する臨時の実習であることを明らかにする。

二、学校行事に関する業務

　注 通達において、修学旅行的行事、学芸的行事および体育的行事であることを明らかにする。

三、学生の教育実習の指導に関する業務

　注 通達において、付属学校の場合であることを明らかにする。

四、教職員会議に関する業務

五、非常災害等やむを得ない場合に必要な業務

　注 通達において、「等やむを得ない場合に必要な業務」とは、児童・生徒の負傷疾病等人命に関わる場合における必要な業務および非行防止に関する児童・生徒の指導に関し緊急の措置を必要とする業務であることを明らかにする。

別紙二

一、教職員の勤務時間管理については、教育が特に教職員の自発性・創造性に基づく勤務に期待する面が大きいことおよび夏休みのように長期の学校休業期間があることを考慮し、正規の勤務時間内であっても、業務の種類・性質によっては、承認の下に、学校外における勤務により処理しうるよう運用上配慮を加えるよう、またいわゆる夏休み等の学校休業期間については教育公務員特例法第19条および第20条の規定の趣旨にそった活用を図るように指導する。

二、教職員については、原則として超過勤務を命じないように指導する。
三、ア　教職員については日曜・休日に勤務させる必要がある場合は代休措置を講じて週一日の休日の確保に努めるように指導する。
　　イ　教職員については、長時間の超過勤務をさせないよう指導する。やむを得ず長時間の超過勤務をさせた場合は、適切な配慮をするよう指導する。
四、条例で定めた業務について校長が超過勤務を命ずる場合は、学校の運営が円滑に行なわれるよう、関係教職員の繁忙の度合い、健康状況等を勘案し、その意向を十分尊重して行なうよう指導する。
五、各都道府県において超過勤務を命ずる場合を条例で定めるにあたっては、国の例を基準とすることとされているが、「国の例を基準とする」とは、国の例と全く同一でなければならないものではないと解する。
六、超過勤務を命ずる場合の定めは、勤務条件として地方公務員法第55条の交渉事項であると解する。

（給特法資料）

　この妥結に基づいて、1971年7月5日に、文部省訓令第28号として、「教育職員に対し時間外勤務を命ずる場合に関する規定」がだされた。

教育職員に対し時間外勤務を命ずる場合に関する規定（一部抜粋）
（時間外勤務に関する基本的態度）
第3条　教育職員については、正規の勤務時間の割振りを適正に行ない、原則として時間外勤務は命じないものとする。
（時間外勤務を命ずる場合）
第4条　教育職員に対し時間外勤務を命ずる場合は、次に掲げる業務に従事する場合で臨時または緊急にやむを得ない必要があるときに限るものとする。
　一　生徒の実習に関する業務
　二　学校行事に関する業務
　三　学生の教育実習の指導に関する業務
　四　教職員会議に関する業務
　五　非常災害等やむを得ない場合に必要な業務

このように、教員に対して例外的時間外勤務を命ずることのできる範囲の基準が、法的枠組として明示された。また、給特法第3条では、国立義務教育諸学校等の教育職員に対する教職調整額の支給について定めており、その支給額は、俸給月額の4/100となっている。これは、給特法第8条により、公立の義務教育諸学校等の教育職員についても準用されることになる。こうして、労働基準法にそった時間外勤務手当に関する議論を棚上げしたまま、教員の時間外勤務に関する法的枠組が、給特法および給特法に付随する法令において決定されたのである。給特法制定、文部省訓令第28号発令を受けて、各都道府県における条例制定の準備が開始された。これに対し、日教組は、条例制定に関する交渉の過程で、大枠の法的枠組の範囲内においてより有利な条例内容とするよう、各都道府県教組に組織的に働きかけた。これをうけて、各都道府県教組においては、命ずることのできる時間外勤務の限定範囲を狭くする等の方針を持って交渉が行なわれた。しかしながら、労働基準法の定める時間外勤務に関するルールから乖離するルールを日教組自ら選択してしまったことにより、時間外勤務をめぐる各都道府県の交渉は必ずしも順調にいったとはいえない状況であった[24]。

2．4．まとめ

　教員の時間外勤務に関するルールは、教育労働の「特殊性」という名のもとに、当初より労働基準法に定められた時間外勤務のルールとは異なる枠組が文部省より提示された。それは、他の地方公務員に比較して俸給を割り増すことにより、一定程度の時間外勤務を想定するという、不完全なみなし時間外勤務手当のようなものであった。また、それとほぼ同時に、教員の勤務時間に関して割り振り制度が提示された。この割り振り制度により、ある特定の日に生じた時間外勤務は、1週の所定労働時間内に収めることで解消することができるので、これは時間外勤務とは認めず、時間外勤務手当も支給しないとされた。ここで、教員の時間外勤務に関するルールは、相互に整合的とはいえない、いわば二種類のルールからなることとなったといえる。これは、教員の時間外勤務に関するルールにおける、文部省の一貫性の無さの表われといえよう。

---

[24] 「給特法資料」のなかの各都道府県における交渉資料参照。

以上のような文部省の対応は、その後の日教組と人事院とのやりとりのなかでも明確になる。しかし、その対応は是正されること無く、給特法という形で法的枠組として確立することになった。それには、日教組もまた、文部省と同様に、後の教職調整額となる不完全なみなし時間外勤務手当と引き換えに、教員の「自主性・自発性」に基づく時間外勤務を受け入れるという考えがあったことも強く影響していると考えられる。実際には、給特法制定により、例外的時間外勤務を命ずることのできる範囲が定められ、一応の範囲の制限は設けられることになるが、このような労働基準法の定める時間外勤務に関するルールとは異なる考えが、労使双方にあったことが、教員の時間外勤務に関するルールのあり方を特異なものとしたのである。また、そのようなルールが作られたことによって、現在に至るまで教員の時間外勤務に関する問題は、労使関係上、重大かつ困難な問題となっているといえる。

3．法的枠組

　第3節では、教員の勤務時間管理に関する法的枠組を明らかにする。勤務時間管理においては、いくつかの重要な要素があるが、ここでは、勤務時間および週休日、時間外勤務、休日・休暇・休憩・休息に関してとりあげる。

3．1．勤務時間
3．1．1．教員の勤務時間

　労働基準法では、「第4章　労働時間、休憩、休日及び年次有給休暇」において労働者一般の労働時間に関する枠組が明記されている[25]。国家公務員に関しては、ほぼ同等の内容が、「一般職の職員の勤務時間、休暇等に関する法律」に規定されている。

　地方公務員の場合は、地方公務員法第24条第5項に、「職員の勤務時間その他職員の給与以外の勤務条件を定めるに当っては、国および他の地方公共団体の職員との間に権衡を失しないように適当な考慮が払われなければならない」とされ、第6項において、「職員の給与、勤務時間その他の勤務条件は、条例で定め

---
[25] 第32条第1項から第5項。．

る」と規定されている。よって、地方公務員についても、労働基準法および、国家公務員の労働時間について規定した「一般職の職員の勤務時間、休暇等に関する法律」とほぼ同等の内容が法的枠組として用いられる。また、その枠組は、地方公務員法第24条第6項により、各県条例として定められることになる。A県においては、県条例第40号「職員の勤務時間に関する条例」として、県職員の勤務時間に関する定めがなされている。

公立小中学校の教育公務員は地方公務員であるので、県職員の勤務時間に関する法的枠組が準用される。A県では、県条例第40号「職員の勤務時間に関する条例」を準用した[26]県条例第56号「市町村立学校県費負担教職員の勤務時間に関する条例」の第2条において、県費負担教職員の勤務時間について定めている。また、A県では、人事委員会規則第8号「職員の勤務時間に関する規則」においても職員の勤務時間に関して定めており、これも、県費負担職員に準用される。

以上のように、勤務時間に関しては、労働基準法から始まって、国家公務員法、地方公務員法、各県における条例等、というように、法的枠組が上から降りてくる形で定められていることが分かる。そして、枠組の内容は、これから見るように、基本的には上から下まで同じ枠組が維持されているものの、下に降りてくるに従って、特に、教員固有の法的枠組において、労働基準法の枠組から外れる部分が多くなることが特徴である。これらの特徴は、勤務時間だけでなく、後に述べる休憩・休息時間や週休日等の、労働時間に関わる法制すべてに共通して言えることである。その原因は、具体的な現実に即した結果の法的枠組もあれば、2節で見たように、意図せざる結果として作り出された法的枠組もあると考えられる。

勤務時間は、労働基準法第32条で、一般労働者について、「使用者は、労働者に、休憩時間を除き1週間について40時間を超えて、労働させてはならない」とされている。A県では、労基法第32条をうけて、「職員の勤務時間に関する条例」第2条第1項において、「休憩時間を除き、4週間を超えない期間につき1週間当たり40時間とする」と定めている。しかし、同条第2項において、特別の勤務に従事する職員の勤務時間は、52週間を超えない範囲内で定める期間を平均し、1週間当たり40時間を超えないようにしなければならない、と規定

[26] 第1条、第4条第3項及び第8条を除く。

されており、教員については、教育労働の「特殊性」から、必ずしも1週間の勤務時間を40時間以内にする必要はないという解釈が可能になるとされている。そこで、A県では、人事委員会の承認を得て、「県立学校職員及び市町村立学校県費負担教職員の週休日の割振りの特例に関する基準」（A県教育委員会訓令第3号）において、1週間当たりの教員の勤務時間は44時間を超えないようにしなければならないとしている。このように、教員の勤務時間は、労基法第32条の基本型とは異なるものとすることができる法的枠組が存在する[27]。

3．1．2．勤務時間の割り振り

教員の勤務時間に関する法的枠組の中で重要なものは、勤務時間そのものを定めた枠組と、勤務時間の割り振りに関する枠組である。勤務時間そのものを定めた法的枠組において、教員の勤務時間が1週44時間、52週を超えない範囲で平均して1週40時間という制度をとっていることはすでに述べたが、教員については、1週間の勤務時間を個々人について事前に割り振ることが求められている[28]。

割り振り権は、本来、服務監督権者である市町村立教育委員会にある。しかし、教員個人に関して勤務時間を割り振るには、その勤務状況を直接に把握しているものが行うことが適当である。そのため、市町村教育委員会は、教育委員会事務委任規則に基づき、教育長に委任し、教育委員会教育長事務委任規定により、所管の学校長に勤務時間の割り振り権を委任している[29]。

勤務時間の割り振りは、以下の4つが主な内容となる。①勤務日と週休日[30]の特定 ②勤務日における勤務時間の確定 ③勤務日における勤務の終始時刻の特定 ④勤務日における休憩、休息時間の配置。ここでは、特に、②について見てみることにする[31]。

教員の勤務時間そのものを定めた法的枠組については既にみてきたが、勤務時間の割り振りは、そこで定められた勤務時間を、教員個人についてそれぞれ1週

---

[27] このような状況に対し、日教組では、1994年の「一般職の勤務時間、休暇等に関する法律」の制定を受けて、教員に関しても、労基法第32条の基本型に戻すよう求めている。
[28] 割り振り制度の歴史的経緯については、第2節を参照。
[29] 実際に割り振りを行なっているのは教頭である。（A教組組織対策部長へのインタビューによる（1999年3月26日））。
[30] 週休日とは、「勤務を要しない日」のこと。詳しくは、3．2．週休日を参照。

間を単位に割り振るものである。具体的には、労基法第32条により1日の労働時間は8時間を原則とするので、月曜日から金曜日までは1日8時間、週休日以外の土曜日は1日4時間が、基本となる勤務時間の割り振りである。しかし、教員の勤務時間は、1週間について44時間を超えなければ、たとえば、月曜日から金曜日までの間に8時間を超えて、あるいは、週休日以外の土曜日に4時間を超えて勤務時間を割り振り、その分を他の曜日に振り替えるような割り振りをすることが可能となる。よって、1週44時間を超えない範囲で処理することのできるある特定の日の8時間（週休日以外の土曜日であれば4時間）を超える範囲で行なう勤務は、時間外勤務とは認識されない。

勤務時間の割り振りは、教員個々人の勤務条件に関わるものであるので、口頭ではなく文書で、前週末までに職員に周知させることが前提条件となっている[32]。現実には、年度の初めに行事等を勘案して1年を通した割り振りを行い、状況に応じて割り振りや振り替えを行うというのが普通である[33]。このような勤務時間の割り振りを行うことにより、原則として教員の時間外勤務は生じないこととなっている[34]。

3．2．週休日

週休日とは、「勤務を要しない日」のことである。学校教育施行規則および市町村立学校管理規則により、週休日は、次のようになっている。日曜日および毎週第2土曜日および第4土曜日、国民の祝日、県民の日および創立記念日が土曜日に当たる日、学年始め、夏季、冬季及び学年末の休業日[35]の土曜日である。

週休日は、「勤務を要しない日」であるので、週休日に学校行事などの事情で勤務を命ずる場合には、週休日の振り替えを行い、同じ週の中の勤務日のうち1日を週休日とすることが原則となっている。週休日の振り替えは、いわば週休日の

---

[31] ①については、3．2．週休日を参照。④については、3．4．2．休憩・休息を参照。
[32] このような割り振りの方法は、週休日の割り振りに関しても共通している。
[33] A教組組織対策部長へのインタビューによる（1999年3月26日）。
[34] しかし、このような割り振り制度による時間外勤務のルールと、第2節でふれた教職調整額による時間外勤務に関するルールとの2本建ての時間外勤務に関するルールが存在することにより、現実には、時間外勤務に関する労使関係上の問題は重大なものとなっている。このことに関しては、4節を参照。
[35] 夏休み、冬休み等のこと。

変更である。

　また、教員の週休日に関しては、県立学校職員及び市町村立学校県費負担教職員の週休日の割振りの特例に関する基準（1995年3月31日A県教育委員会訓令第3号）がだされ、週休日の割り振りの特例が認められた。これは、教員にも労基法第32条の労働時間が原則として適用されるにもかかわらず、教員に関しては完全な週休2日制が確立していないことからとられた措置である。県立学校職員及び市町村立学校県費負担教職員の週休日の割振りの特例に関する基準第2条には、「県立学校に勤務する職員のうち、校長、教頭、教諭、…（中略）…並びに市町村立学校県費負担教職員にあっては、毎52週間につき、夏季及び冬季等の休業日の次の日に原則として7日以上を週休日として割り振ることにより、当該52週間における勤務時間が平均して週当たり40時間となるようにする。ア 8時間の勤務時間が割り振られている日のうちの1の日の1日 イ 8時間の勤務時間が割り振られている日のうちの1の日の半日」と定めてある。このようにして週休日を確保する方法を、「まとめどり方式」と呼んでいる。以上のように県立学校職員及び市町村立学校県費負担教職員の週休日の割り振りの特例に関する基準に則して割り振られた週休日は、「週休日の割振り簿」に記載される。また、振り替えられた週休日は、「週休日の振替簿」に記載される。これらの措置は、勤務時間の割り振りを口頭ではなく文書で行なうことと同様の意義を持つ。

　勤務時間および週休日の割り振り制度等のルールに表れわるように、教員の勤務時間に関する法的枠組は、労働基準法の定める基本形のルールとは異なる法的枠組であるといえる。これらは、教員の勤務時間管理においては、「勤務時間の弾力的運用」と呼ばれている[36]。次の3．3．で述べる、時間外勤務の限定4項目も、「勤務時間の弾力的運用」のひとつといえよう[37]。

---

[36] A県学校長会『学校運営必携』（1996年1月）p.76。
[37] 「勤務時間の弾力的運用」は、労働基準法の定めるルールから乖離する教員の勤務時間に関するルールが機能するための重要な運用であるといえる。それゆえに、「勤務時間の弾力的運用」が、時間外勤務に関する問題に代表される、教員の勤務時間管理における矛盾を生み出し、増大させてきたことは否めない事実である。このことに関しては、4．1．を参照。

3．3．時間外勤務

3．1．にも既述したように、教員の勤務時間は、あらかじめ教員個々人に割り振ってあり、また、3．2．で述べたように、週休日に関しては変更がある場合には振り替える制度があるので、原則として教員の時間外勤務は発生しないことになっている。

しかし、現実には、教員の時間外勤務は大きな問題として存在している。それは、第2節で見たように、割り振り制度などの法的枠組では対処できないほどの時間外勤務が存在するにもかかわらず、歴史的経緯のなかで文部省および日教組の労使双方が、それに対する労働基準法を基礎とした合理的制度を作り上げてこなかったことが原因といえる。ここでは、時間外勤務のうち、第2節においてみた給特法で定められた法的枠組において明記された、特に、例外的時間外勤務の基準である限定4項目に関して述べることにする。

上に述べたように、教員に関しては、時間外勤務は原則として発生しないことになっている。しかし、現実においては教員にも時間外勤務が存在するため、例外的時間外勤務を定める法的枠組が設定された。それが、給特法における規定である。県レベルにおいては、労基法第36条（時間外及び休日の労働）および給特法第7条（国立の義務教育諸学校等の教育職員の正規の勤務時間を超える勤務等）、第11条（公立の義務教育諸学校等の教職員の正規の勤務時間を超える勤務等）に基き、A県では、義務教育諸学校等の教育職員の給与等に関する特別措置に関する条例のなかで、教員に命ずることのできる時間外勤務は、次の条件の下で4項目に定められている。「義務教育諸学校等の教育職員に対し時間外勤務を命ずる場合は、次の各号に掲げる業務に従事する場合で臨時又は緊急にやむを得ない必要があるときに限るものとする。(1)生徒の実習に関する業務(2)学校行事に関する業務(3)教職員会議に関する業務(4)非常災害等やむを得ない場合に必要な業務」である。このように定められた4項目を、「限定4項目」とよぶ[38]。(1)の生徒の実習とは、校外の施設、船舶を使用した実習および農林、畜産に関する実習を指し、(2)の学校行事とは、学芸的行事、体育的行事および修学旅行的行事を指す。また、(3)の教職員会議は、原則として教職員全員が参加して開かれる会

---

[38] 歯止め4項目とも言う。

議とし、学年委員会等は含まない。

　限定4項目による時間外勤務は、勤務時間管理に関する運用を配慮するように法的枠組が設けられている。それは、「義務教育諸学校等の教育職員の給与等に関する特別措置に関する条例の施行について」の「2 時間外勤務等について留意すべき事項」の(3)に記してある。それによると、「教育職員に対して時間外勤務を命ずる場合は、次の事項に留意すること」として、二つの事項があげられている。一つは、「ア 長時間の時間外勤務を命ずる場合または休日に勤務を命ずる場合は、研修等運用面で適切な配慮をすること」であり、そして、「イ 時間外勤務を命ずる場合は、学校の運営が円滑に行なわれるよう関係教育職員の繁忙の度合い、健康状況等を勘案するとともに、その意向を十分尊重して行なうようにすること」である。「ア」は、時間外勤務を命ずる場合、時間面での配慮を、研修という制度を用いて行なうよう定めたものである。この他に、3．2．であげた「勤務時間の弾力的運用」で、限定4項目の時間外勤務についても、4週間を超えない範囲で1週40時間を超えないように勤務時間を割り振るという枠組もある。なお、「イ」は、限定4項目であげた「臨時又は緊急にやむを得ない必要があるとき」という条件の他に、考慮すべき条件を示している。

　以上のように、例外的時間外勤務に関しても、研修や割り振り制度を用いて、勤務時間の面での運用による対処をする法的枠組となっている。ただし、例外的時間外勤務が長時間に及んだ場合には、教員特殊業務手当が支給されることになっており、これは、事実上の時間外勤務手当と言えよう。しかし、労働基準法が定めるような時間外勤務手当の制度は存在せず、「勤務時間の弾力的運用」と呼ばれる複数のルールを用いることにより、時間外勤務に対応している。このような教員の時間外勤務に関するルールのあり方は、現実の時間外勤務をめぐる問題をさらに深刻なものとしているといえる[39]。

3．4．休日・休暇と休憩・休息
3．4．1．休日・休暇

　教職員の勤務条件における休日は、労働基準法に定める休日とは異なる。労基法第35条に定められた休日は、教員においては、3．2．でとりあげた「週休

---

[39] 具体的事例は、4．1．を参照。

日」にあたる。教員の勤務条件における休日は、条例で定められている。

　教員の休日は、1965年10月に制定施行された市町村立学校県費負担教職員の休日及び休暇に関する条例を法的枠組とする。この条例は、職員の休日及び休暇に関する条例（1954年A県条例第43号）の第2条から第7条及び第10条、第11条を準用している。よって、県費負担教職員の休日は、概ね、この条例によることになる。したがって、職員の休日及び休暇に関する規則（1954年A県人事委員会規則第13号）も、準用されることになる。以上の措置は、休暇に関しても同様である。

　職員の休日及び休暇に関する条例第2条によると、「休日は、国民の祝日に関する法律に規定する休日及び12月29日から翌年の1月3日までの日（同法に規定する休日除く）とする。」とされている。また、第2条第2項において、「前項の休日には、特に勤務を命ぜられない限り、勤務することを要しない」とされている。つまり、休日は、週休日とは異なり、勤務を割り振られているが、特に勤務を命ぜられない限り勤務することを要しないのである。第2条第3項においては、「任命権者は、職員に第1項の休日において、正規の勤務時間中に勤務することを命じたときは、人事委員会規則で定めるところにより、当該勤務を命じた休日に替えて、他の勤務を要する日について、1日又は半日を単位として勤務を免除することができる。」とされており、休日に勤務が命ぜられた場合は、代休措置をとることができる。代休措置の方法は、週休日の割り振りにおける振り替えの方法に準ずるとされている。

　次に、休暇とは、職員の休日及び休暇に関する条例に基づき、任命権者(県費負担教職員の場合は、服務監督権者)の承認を受けて、勤務時間中の給与の支給を受けて勤務しないことをいう。よって、教員の休暇は、校長の承認を得て、与えられることになる。ただし、年次休暇については、承認によらず、請求による。

　職員の休日及び休暇に関する条例第3条では、「休暇の種類は、次の通りとする。(1)年次休暇(2)療養休暇(3)特別休暇」と定められている。年次休暇は、上にも述べたように、承認ではなく、教員の請求により与えられる。前日までに休暇カードにより、校長に請求することになる。この場合、承認とは異なり、請求の理由は不必要とされている。ただし、校務に支障があると認められる場合には、校長が他の時季に与えることができるようになっている。請求権の時効は2年なの

で、前年からの繰越日数を除いた当該年の年次休暇全残日数が、次年に繰り越される。日数は、1月1日現在在職する職員に対し、その年の分として20日間である。よって、1月1日以降採用された場合は、「20日×採用時から年末までの月数÷12」の式にあてはめて、年次休暇の日数が決まる。

次に、療養休暇は、職員が負傷または疾病のために療養に専念する場合、前日まで校長に休暇カードを提出し、承認を受けて与えられる。療養休暇の間は、その療養に必要とする期間の勤務の義務を免除される。休暇の日数は、1年以内において必要と認める期間であり、半日または1時間単位で与えられるが、負傷または疾病によって期間が異なる(40)。療養休暇中の給与は、全額支給される。

最後に特別休暇であるが、承認等の手続は、療養休暇と同様である。特別休暇には、長期勤続休暇や、結婚休暇など約30種類ほどの休暇がある。特別休暇は、ほとんどの場合、休暇中の給与は全額支給であるが、給与が減額あるいは無給の特別休暇もある(41)。

3．4．2．休憩・休息

労働基準法第34条によると、「使用者は、労働時間が6時間を超える場合においては少なくとも45分、8時間を超える場合においては少なくとも1時間の休憩時間を労働時間の途中に与えなければならない。」と定めている。また、同条第2項では、「前項の休憩時間は、一斉に与えなければならない」とされており、同条第3項では「使用者は、第1項の休憩時間を自由に利用させなければならない」としている。「途中に」、「一斉に」、「自由に」という3要件は、労基法の定める休憩時間に関する重要な要件である。ただし、第34条第2項には例外規定が設けられており、「一斉に」という要件は、労基法施行規則第15条様式第8号の「一斉休憩除外許可申請書」を校長が市町村教育委員会を経由して市町村長へ提出することにより、外すことが可能となる。よって、休憩時間を「一斉に」とることの困難な教員は、労基法の例外規定を適用されている。しかし、「一斉に」という

---

(40) 公務上の負傷または疾病による場合は、療養休暇の期間は、その療養に必要と認められる期間を与えられるが、1年を超える場合には、人事委員会の承認が必要になる。結核性疾患による場合は、療養休暇の期間は1年が限度。既述2つ以外の負傷又は疾病による場合は、休暇の期間は1年が限度となっている。

(41) 休暇ではないが、1992年4月から国家公務員の育児休業等に関する法律及び地方公務員の育児休業等に関する法律が施行され、これに伴ってA県においても、職員の育児休業等に関する条例及び職員の育児休業等に関する規則が施行された。育児休業に関する組合の動きは活発であり、今後、法的枠組が形態的にも内容的にさらに整えられていくものと思われる。

要件を外したとしても、生徒が職員室へ来た場合には対応する必要が生じるなど、生徒の存在により勤務時間が規定される教員の勤務形態からすると、休憩時間そのものをとることが困難であることは想像にかたくない。そこで、「市町村立学校県費負担教職員の勤務時間に関する条例の施行について」では、「休憩時間は、1日の勤務時間が6時間を超える場合は45分、8時間を超える場合は1時間を勤務時間の途中に置かなければならない。ただし、これと異なる定めをする場合には、任命権者が県人事委員会の承認を得ることとなっているので、この場合は、県教育委員会において県人事委員会の承認を得ることになる。」とし、また、「休憩時間は、原則として、職員に一斉に与えなければならないのであるが、やむを得ない場合には、例外的に行政官庁の許可を得て交替で与えることもできるとされている」、「休憩時間の配置については、この趣旨(42)に沿って、実質的に職員の休憩が得られるよう工夫と配慮が必要である。」とされている。つまり、教員の休憩時間はできうる限り現実に沿った形で「実質的に職員の休憩が得られるよう工夫と配慮」をもって対処することが重要とされているのである(43)。

休息時間は、労基法上は特段の定めはない。「職員の勤務時間に関する条例」第7条に、「任命権者は、所定の勤務時間のうちに、人事委員会の定める基準に従い、休息時間を置くものとする。」とされており、「職員の勤務時間に関する規則」第6条で休息時間に関する具体的法的枠組が示されている。それによると、「休息時間は正規の勤務時間に含まれ、これに対して給与を支給する」ものであり、「任命権者は、できる限り、所定の勤務時間のうちに4時間につき15分の休息時間を置かなければならない。」とされている。ただし、「休息時間は、これを与えられなかった場合においても、繰り越されることはない」ので、たとえば、4時間を超えて継続して勤務を行なった場合にでも、そのための代替の休息時間が与えられることはない。

3．5．まとめ

勤務時間管理の法的枠組として、勤務時間、週休日、時間外勤務、休日・休

---

(42) 前述2項目及び「休憩時間は、職員の疲労の回復と勤務能率の維持を図るために勤務から解放される時間として配置されるものであり、これに対し給与の支給はない」という前段。
(43) この結果結ばれたものが三者協定である。この点については、4．2．参照。

暇・休憩・休息に関する枠組を見てきたが、ここで、これらすべてに共通する法的枠組のあり方の特徴を指摘しておきたい。

　第一に、形式的には、労働基準法を基本的枠組として、労働基準法にそって都道府県職員の勤務時間管理に関して定められた都道府県レベルにおける条例、規則等、そして、教員にのみ適用される規定という3段階の法的枠組が存在している。順に、大枠規定から具体的な規定へという流れを持っているといえる。

　しかしながら、実質的に教員の勤務時間管理に関して規定をしているのは教員にのみ適用される規定であり、その規定の内容は、労働基準法の定める枠組とは異なるものである。つまり、教員の勤務時間管理に関する実質的な法的枠組は、労働基準法の定める法的枠組とは異なるものであるということができる。これが教員の勤務時間管理に関する法的枠組の第二の特徴であり、かつ最も重要な特徴と言える。なぜなら、教員の勤務時間管理をめぐる問題は、その法的枠組が労働基準法の法的枠組とは異なるものであることから生ずるといえるからである。そこで、次節において、具体的事例をとりあげ、教員の勤務時間管理において、なにがどのように問題となっていったのかについて見ていくこととする。

4．運用

　第4節では、勤務時間管理に関する法的枠組の運用の具体的事例を見ていく。
　制定された制度とその運用による現実の間に乖離が生ずる可能性は、一般的にも少なからず存在するといえる。教員の勤務時間管理の場合にも、制定された制度としての法的枠組とその運用の結果には乖離が生じている。しかし、教員の勤務時間管理の場合には、その乖離が、労使関係上で重大な問題となっているところに特徴がある。それは、すでに述べたように、教員の勤務時間管理に関する法的枠組が、労働基準法の定める法的枠組とは異なるものであることの結果と考えられる。
　そこで、以下においては、時間外勤務と休憩をめぐる問題の二つをとりあげることにより、教員の勤務時間管理をめぐる問題の現状を明らかにしたい。

4．1．時間外勤務をめぐる問題

　第2節において見たように、教員の時間外勤務をめぐる問題は、給特法制定の流れの中で労使関係上の重要な問題として取り上げられ、ルールの再編がなされた。そこで決まったルールを確認しておくと、まず、ルールの体系としては二本建ての体系であった。給特法以前において不完全なみなし時間外勤務手当の形で存在した、一般公務員と比較しての俸給の割増し分が、教職調整額の支給という形でルール化されたことが一つめである。このことは、労使双方が教員の勤務時間について、一定程度の時間外勤務を期待あるいは予期していたことを表している。ところが二つめのルールとして、教員の勤務時間は割り振り制度を用いて運用することにより、ある特定の日に生じた時間外勤務は時間外勤務としては認めず、時間外勤務手当は支給しないというルールが定められた。ただし、割り振り制度だけでは消化しきれない時間外勤務も予想されるため、命ずることのできる時間外勤務の範囲を限定したのである。以上のように、一定程度の時間外勤務を予定していると解釈しうるルールが存在する一方で、時間外勤務を生じさせない制度が存在するという矛盾をもった制度として給特法は成立したのであった。

　現在の教員の時間外勤務をめぐる問題は、給特法以前から存在していた問題が、給特法という法律によって、表面上の形を変えて再度浮上したものであるといえる。それらは、次のような問題として明らかとなった。給特法において定められたルールによれば、割り振り制度の運用による代替措置により、ある特定の日に生ずる時間外勤務は解消されることになる。しかし、そこで、実際に代替措置がとられるか否かという問題をめぐって、教員の時間外勤務の問題が浮上してくるのである。具体的にどのような問題が浮上してくるのかを見るために、はじめに時間外勤務と代替措置に関する現状を概観することにする。

　A教組北部支部B班[44]では、毎年5、6月頃に、「権利拡大の運動」のひとつとして、「権利点検」が行われている。これは、教員の組合員としての権利を認識・確認させ、勤務条件や職場環境を改善していくという目的で行われるもので、勤務

---

[44] B班は、A教組のなかでも特に組合活動の活発な班であり、B班の事例が標準的であるとは言えないことは、指摘する必要がある。特に、勤務時間に関する労使関係では、分会レベルでの活動が重要になることも多く、そのような面では、B班は、きわめて順調な例であるといえる。分析の中でも指摘するように、実際、順調なゆえに、B班に特有の問題も存在している。しかし、組合の活動がB班のような状態をある意味で目指していることを考えれば、B班の状況は分析対象として有効であると考える。

時間に関しては、時間外勤務の状況や多忙化についての意見が取り上げられている。B班は、小学校23校、中学校14校を組織しているが、各年とも1、2校を除き回答を得られているので、「権利点検」の結果は、現状を反映しているといえる。

「権利点検」において、時間外勤務に関連して取り上げられているのは、職員会議、修学旅行・宿泊学習、日直、登校指導（立哨指導）、高校入試における調査書作成、免許外授業である。ここでは、代替措置との関係で問題が比較的明確に見えてくる職員会議、修学旅行・宿泊学習、日直、登校指導（立哨指導）について見ていくことにする。このうち、職員会議と修学旅行・宿泊学習は限定4項目に含まれる時間外勤務であり、日直、登校指導は限定4項目に含まれない時間外勤務である。

「権利点検」では、「職員会議の時間は、勤務時間内で行われていますか」という質問がなされている。その回答の結果は表4-2のようである。

次に、登校指導及び修学旅行・宿泊学習の代替措置に関する質問がある。「登校指導・修学旅行・宿泊学習での超過勤務分の代替措置は実施されていますか」という質問に対する回答は、表4-3、4-4のようになっている。

また、修学旅行・宿泊学習の代替措置は、他の時間外勤務の代替措置に比べて

表4-2　職員会議の時間

	1996	1997	1998
勤務時間内で行われている	17・6	13・8	18・11
勤務時間内で行われていない	5・6	10・5	5・3

（B班定期大会議案各年から作成。左数値が小学校、右数値が中学校。回答数は、年により異なる。このことは、以下の表においても同様）

表4-3　登校指導の代替措置

	小学校(1996)	中学校(1996)	小学校(1997)	中学校(1997)
なし	12	9	15	10
20分	8	1	1	0
30分	2	0	6	1
1時間	0	2	1	2

（B班定期大会議案各年から作成）

表4-4 修学旅行・宿泊学習の代替措置

修学旅行	小学校(1996)	中学校(1996)	小学校(1997)	中学校(1997)	小学校(1998)	中学校(1998)
なし	2	0	0	0		
2時間	1	0	0	0		
3時間			2	0		
4時間	8	1	11	0		
5時間	1	0	3	0	8	
6時間	7	0	4	0	7	
7時間	3	0	2	0		
8時間	0	9	0	10		12
9時間			1	1		
10時間	0	2	0	2		

宿泊学習	小学校(1996)	中学校(1996)	小学校(1997)	中学校(1997)	小学校(1998)	中学校(1998)
なし	1	0	0	0		
2時間	2	0	2	0		
3時間			1	0		
4時間	9	2	10	2	8	
5時間	1	0	5	0	7	
6時間	6	0	3	0	6	
7時間	1	0	1	0		
8時間	0	9	1	9		12
9時間			0	1		
10時間	0	1	0	2		

(B班定期大会議案各年から作成)

表4-5 修学旅行・宿泊学習の代替措置の実際

	1997	1998
取れている	5・5	6・5
大体取れている	13・6	16・9
取れていない	5・2	1・0

(B班定期大会議案各年から作成。左数値が小学校、右数値が中学校)

表4-6 「権利点検」実施月の日直時間数

平日 時間	1996	1997	1998
8時間	15・0	9・1	17・
8時間半	3・0		
9時間	3・2	11・3	
10時間	0・8	1・4	・6
10時間半	0・1		
11時間	0・1	0・4	・4
無答	1・0	2・1	

土曜日 時間	1996	1997	1998
4時間	15・0	12・1	18・
4時間半	4・1	1・0	
5時間	1・1	8・1	
6時間	1・0	0・2	
7時間	0・3	0・1	・5
7時間半	0・1		
8時間	0・6	0・5	・4
9時間		0・3	・3

(B班定期大会議案各年から作成。左数値が小学校、右数値が中学校)

表4-7 「夏休みの日直時間数」

夏休みの日直 時間	1996	1997	1998
8:10〜16:10		0・1	
8:10〜16:55	1・1		
8:15〜16:15	2・0	2・0	
8:15〜17:00	2・0		
8:20〜16:30			

	1996	1997	1998
8:30〜16:00		1・0	
8:30〜16:10	0・2		
8:30〜16:15	2・0	1・1	
8:30〜16:30	13・9	15・11	16・11
8:30〜17:00		1・0	
9:00〜17:00		1・0	
無答			

(B班定期大会議案各年から作成。左数値が小学校、右数値が中学校)

第4章　労働時間

時間数も多いため、組合員の関心も高く、「代替措置が実施されている場合、上記の代替時間は実際に取れていますか」という質問がなされている。それに対する回答は表4－5のようになっている。

「権利点検」では、日直に関しても質問を設けていて、「権利点検」を行なった月の日直時間数と、夏休みの日直時間数を調べている。

登校指導は行われる時間を考えれば明らかに時間外勤務であり、修学旅行・宿泊学習は午後5時以降においても生徒と行動をともにしているかぎり勤務が発生するので、時間外勤務が生ずることは必至である。必然的に時間外勤務が生ずるこれらの職務だけではなく、職員会議や日直においても、時間外勤務が生じていることが表から見ることができる。

このような時間外勤務に対し、修学旅行・宿泊学習に関しては、代替措置が行なわれているようにみえる。これは、修学旅行・宿泊学習の代替措置については、組合が校長会交渉などの労使交渉の場において具体的に要求[45]を継続しているためと見ることができる。しかしながら、詳細に見ていくと、分会によって代替措置の時間数にかなり差があることが分かる。このことから、予測できる時間外勤務の場合には、限定4項目に含まれる時間外勤務であっても割り振り制度による代替措置によって運用がなされることが多いものの、実際の代替措置の時間数等は、分会毎に現場における労使交渉で決定されることが予想される。

修学旅行・宿泊学習の代替措置の現状から、限定4項目であっても事前に予測される場合には割り振り制度による運用がなされていることが明らかとなった。しかし、修学旅行・宿泊学習により生ずる時間外勤務は、あらかじめ予定が組ま

[45] 1998年度B班定期大会議案に記載されている校長会交渉によると、「修学旅行及び宿泊学習の代替措置（研修と運営上の配慮）については、1泊2日で最低6時間、2泊3日で最低10時間以上の実質的に確保できるよう、措置を講ずること。」という要求がなされ、これに対し、「1泊2日で4時間以上、2泊3日で8時間以上の確保ができると思う。宿泊学習や修学旅行については、疲労回復等の健康上の配慮から、各校で弾力的に講じられていると思われる。」という回答がかえってきている。教育長交渉においても、「修学旅行及び宿泊学習の代替措置については、1泊2日で最低6時間以上、2泊3日で最低10時間以上が実質的に確保できるよう、管理職に指導すること。」という要求に対し、「1泊2日で4時間、2泊3日で8時間は、確保できているのではないか。代替措置ではなく、疲労回復をねらった配慮事項である。その週でとれない場合は、校長とよく話し合ってほしい。」と回答がなされている。さらに、A教組の出した「教職員の待遇改善及び勤務条件等の改善に関する要求書」においては、「修学旅行や宿泊学習等で長時間の時間外勤務となる場合は、次の基準を設け、研修等の運用による振替えを、地方公務員法第55条9項の規定により組合と協定を結ぶこと。①1泊2日の場合は最低6時間の振替えを行なう　②2泊3日の場合は、最低10時間の振替えを行なう」という要求が出されている。

れていることから、予測がたちやすいということはいえる。それに対し職員会議などの場合には、時間外勤務が生ずる可能性あるいはその時間数に関して、修学旅行・宿泊学習に比較して予測がそれほど明確にはたたない場合があると考えられる。このような場合、職員会議は限定４項目に含まれるため、「臨時または緊急にやむを得ない必要がある時」として、時間外勤務を命ずることが可能となる。

　しかし、職員会議に関しても、会議内容がある程度把握されている場合には勤務時間内に終了しないことが予測可能であることも考えられる。時間外勤務の発生が予測可能であるかどうかが微妙であるような限定４項目の例外的時間外勤務の場合には、時間外勤務への対処に関して困難が生ずることになる。なぜなら、時間外勤務の対処に関して労使双方の意見が食い違うからである。校長をはじめとする行政側は、予測は不可能であり、「臨時または緊急にやむを得ない必要がある」ので、時間外勤務を命ずることができ、かつ長時間に及ばない場合には代替措置は必要ないと考える。ところが、組合側は、当然事前に予測しうると考えて、代替措置を要求することになる。このような問題は、限定４項目の拡大解釈の問題としても表面化している。つまり、限定４項目に関しては、事前に予測しえない「臨時または緊急にやむを得ない必要がある」職務として代替措置を講ずることなしに時間外勤務を命ずることが解釈によっては可能になるため、校長が限定４項目の拡大解釈を行ない、命ずることのできる時間外勤務の範囲を拡大しようとしていることにより問題が生じているのである。当然、組合としては、限定４項目の拡大解釈をやめること、および、限定４項目に含まれる時間外勤務であっても、できるだけ事前に予測し、割り振り制度による代替措置を講ずることを要求することになる。

　以上のような問題は、次の理由から解決することが難しくなっている。まず、「臨時または緊急にやむを得ない必要」という要件の解釈の問題として、時間外勤務が事前に予測可能であるのか、あるいは不可能なのかという点に関する基準が明確に存在していないことがあげられる。また、代替措置に関する明白なルールの欠如も、問題の解決を困難にしている。そして、なによりも、一方で一定程度の時間外勤務を期待しながら、他方で割り振り制度による時間外勤務への対処というルールを持つ時間外勤務をめぐる制度自体の矛盾が理由としてあげられる。そのことは、とりもなおさず、教員の時間外勤務をめぐるルールが、労働基準法

において定められた時間外勤務をめぐるルールのように明確なルールではないことから生ずる問題であるといえる。

　上で見てきた修学旅行・宿泊学習や職員会議において生ずる時間外勤務は、いずれも限定4項目に含まれる時間外勤務であった。それらとは異なり、日直や登校指導は限定4項目に含まれない時間外勤務である。しかし、限定4項目に含まれなくても、事前に予測できる場合には、割り振り制度による代替措置を講ずる必要がある。たとえば、登校指導はあらかじめ担当の順番が決まっているのであるから、事前に予測可能な時間外勤務である。しかしながら、表4－3を見てみると、登校指導に関しては、代替措置がほとんど講じられていないことがわかる。限定4項目に含まれる時間外勤務においては、修学旅行・宿泊学習のように事前に予測が可能な時間外勤務に対しては代替措置が講じられていたことを考えると、限定4項目に含まれるか否かによって、時間外勤務の解消のルールが異なることが考えられる。そして、限定4項目に含まれない時間外勤務については、事前に予測が可能であっても必ずしも代替措置が講じられるというわけではないのである。給特法で定められたルールでは、事前に予測可能な時間外勤務に関しては割り振り制度の運用によって対処することになっていたことを考えると、このことは、割り振り制度で対処しきれないほどに時間外勤務が増加していることを示唆していると思われる。また、官製研修や課題研究などの増加により、教員のなすべき仕事の量が増大していることも、割り振り制度の運用の範囲をこえる時間外勤務の発生の原因となっていると考えられる。

　以上のような割り振り制度の運用で対処できない時間外勤務の増加は、給特法で定められたルールの範囲内で処理しきれない時間外勤務の増加を意味している。このような状況は、給特法制定時の状況と同じであるといえる。どちらとも、既存のルールでは消化しきれない時間外勤務が問題となっているのである。つまり、時間外勤務をめぐる問題は、再度、同じ問題に直面しているといえる。このことは、労働基準法が定める時間外勤務をめぐるルールとは異なる教員の時間外勤務に関するルールがもつ問題を明らかにしている。

4．2．休憩をめぐる問題 —三者協定の締結

3．4．2．においてみたように、「一斉休憩除外許可申請書」を提出して、「一斉に」という労基法の規定を除外したとしても、それでもまだ、教員が実質的に休憩時間をとることは難しい状況にある。そこで、できうる限り現実に沿った形で「実質的に職員の休憩が得られるよう工夫と配慮」(46)をもって対処することが必要となるのである。

教員の休憩時間に関して、労使関係上、具体的に問題となったのは、1971年12月の給特法制定に伴う条例(義務教育諸学校等の教育職員の給与等に関する特別措置に関する条例)制定の際の交渉の場においてであった。交渉の際に、「休憩時間については、実質的にとれるよう指導するとともに、その方法についてはひきつづき双方で話し合う」(47)ということになり、行政側（A県教職員一課）との話し合いが続いた。その途上、「学校現場の実態から考えて、労基法の三原則（途中に、一斉に、自由に）に基いて休憩時間を与えることは困難、それよりも学校に拘束される時間を短縮するため教特法19条、20条に保障されている自宅研修を与える方法はどうか、そのため実際に教職員の服務を監督する校長の代表として校長会を加えた三者で話し合いたい」(48)という提案があり、1972年5月以降、県教委、校長会、A教組の三者による話し合いがもたれた。

三者による話し合いは、合計11回にわたり、その結果、1973年5月に三者の合意がなされた。この合意を、「三者協定」と呼び、教員の勤務時間管理における休憩に関する重要な協定となっている。「三者協定」に基き、A県教育長が市町村教育長に送付したものが、下の文書である。同時に、この写しが全校長に送付され、「三者協定」が各分会において守られるよう指導することとなった。

市町村教育委員会教育長宛の県教育長内翰
　謹啓
　初夏の候貴職にはますますご清栄のことお喜び申し上げます。
さて、県費負担教職員の服務については、常日頃ご配慮いただいているところでありま

---

(46) 「市町村立学校県費負担教職員の勤務時間に関する条例の施行について」。
(47) A教組『私達の権利』p.8。
(48) A教組『私達の権利』p.8。

すが、このたびA県学校長会とA県教職員組合との間において、「小中学校教職員の研修の取扱いについて」別紙1、2のとおり意見の一致をみましたので送付します。

　ついては、この趣旨をご理解のうえ、管下教育職員の服務について、適切なご指導を願います。

　時節柄ご自愛専一に。

敬具

　昭和48年5月9日

A県教育委員会委員長　署名

各市町村教育委員会教育長 殿

別紙1

小中学校教育職員研修の取扱いについて

上記について、A県学校長会、A県教職員組合は協議した結果、下記のとおり合意する。

記

1　教育職員の勤務時間は、休息時間30分を含めて、1日8時間・土曜日4時間とする。

2　教育職員の勤務時間については、一般の行政事務に従事する職員と同様な時間的管理を行なうことは必ずしも適当でなく、勤務時間の管理について、運用上適切な配慮を加えるべきである。

3　正規の勤務時間内であっても、業務の種類・性質によっては、承認の下に、学校外における勤務により処理しうるよう運用上配慮を加え、またいわゆる夏休み等の学校休業期間については、教育公務員特例法第19条および第20条の規定の趣旨にそった活用を図ることが適当である。

4　前記の趣旨にかんがみ、A県内の小中学校においては、校務に支障のない限り、勤務時間の末尾に45分の自宅研修を与えるものとする。

　校務の支障とは、義務教育諸学校等の教育職員の給与等に関する特別措置に関する条例第7条第2項の規定の趣旨によるものとする。

別紙2

1　記中第1項については「原則として」という語句を入れないでも校長が運用面で「割振り」を行なった場合においても第1項違反とはならない。

2　記中第4項後段については同条例制定交渉の際の「交渉議事録」の趣旨を含むものとする。
3　研修45分は休憩時間45分の振替えではない。
4　当分の間休憩時間についてはふれない。

　「三者協定」によって決められた重要な事項は、次の三つである。第一に、勤務時間は1日8時間、土曜日は4時間とすることが確認された。ただし、第2項および別紙2第1項において、教員個々人に対する割り振り制度による運用の余地は残されている。第二に、特に、長期の学校休業期間における学校外における勤務に関して、教特法第20条の研修による運用で対応することが確認されている。そして、最も重要なことは、第三に、自宅研修として、勤務時間の末尾45分間を、職場を離れて勤務してよい時間と定めたことである。
　末尾45分間自宅研修というルールを作り、正規の労働時間より45分間早く職場を離れることを可能にすることで、事実上とることのできなかった45分間の休憩時間については、「当分の間休憩時間についてはふれない」ということで三者が合意したのである。これで、休憩をめぐる問題は一応の決着を見るはずであった。
　しかし、現在においても、休憩をめぐる問題は存在し、三者協定が結ばれたことで、問題はさらに複雑になったとも言える。たとえば、分会によっては校長が三者協定を守らないために、末尾45分間研修をとることができない場合がある。三者協定が守られている場合でも、限定4項目の拡大解釈や割り振り制度では解消しきれない時間外勤務によって、末尾45分間研修が確保されていないという問題が起こっている(49)。このような場合、三者協定において、「当分の間休憩時

---

(49)　ヒアリングを行なった北部支部では、三者協定を定着させる運動が徹底しているので、前者のような問題は起こりにくいということであった。そのことは、B班で行われている「権利点検」において、「末尾45分の自宅研修が認められていますか」という質問に対する回答が、次のようであることからも確認される。
　　ただし、A県全体を見れば、前者の問題は、いまだ問題として存在している。よって、A教組定期大会議案においても、三者協定を管理職に遵守させるといった要求は、毎年あげられている。北部支部のように、三者協定が徹底している場合には、後者のような問題が起こり、この場合、4．1．でみたように、問題はいっそう深刻であるといえる。

	1996	1997	1998
認められている	22・12	22・12	23・14
認められていない	0・0	0・1	0・0

(B班定期大会議案各年から作成。左数値が小学校、右数値が中学校)

間についてはふれない」という一文があるために、休憩時間に関する問題として労使関係上で扱うことができない。また、時間外勤務の問題として扱う場合にも、4．1．においてみたように多くの困難があるため、労使関係上の問題として扱うことが難しい状況であるといえる。

表4-8　年休時間

	1997	1998
1時間	13・8	13・5
2時間	10・5	10・9

(B班定期大会議案各年から作成。左数値が小学校、右数値が中学校)

　他にも、三者協定に関する問題として、年休とのリンクという問題がある。これは、年休をとる際に、末尾45分をふくめた時間を年休として年休簿に記載させる分会が存在するという問題である。三者協定を結ぶ際に、年休のことに関してふれていないために、労使間に共通の認識が存在せず、このような問題が起きてしまっている。たとえば、B班で行われている「権利点検」において、「8：15からの勤務として、15：15～17：00まで年休をとる場合、年休簿に何時間と書きますか」という質問に対する回答は、表4-8のようになっている。

　三者協定を遵守した場合、8：15からの勤務であれば、17：00から45分間繰り上げて、16：15に職場における勤務が終了し、その後は職場を離れてもよいことになる。よって、15：15から年休をとる場合は、15：15～16：15の1時間と記載するのが正しいのであるが、年休と末尾45分をリンクさせて、2時間と書かせる場合があるのである。また、分会によっては、帳簿上は16：00から1時間と書かせ、実質は15：15から2時間の年休をとらせるなど、分会毎にルールが出来上がっているのが実状のようである[50]。

　このように、三者協定に関しては、現在、さまざまな問題が生じており、末尾45分も確保されていないケースが存在する。そのようななかで、ふたたび休憩時間に関する問題が、休憩時間の分割などのかたちであがってきている。しかし、三者協定という県レベルでの大枠が決まっており、また、その運用に関しては分会ごとに異なるという状況では、分会毎に三者協定の遵守を要求し[51]、それぞれの状況にそくしてルールを決めていくという方法をとらざるをえず、休憩時間に関する問題を労使間の具体的課題とすることは難しい状況にある。

---

[50] A教組組織対策部長インタビューによる（1999年3月26日）。
[51] B班では、毎年4月の分会集会において、三者協定の確認が行なわれている。分会集会では、その他にも、年休に関する問題や修学旅行・宿泊学習等の代替措置など、勤務時間に関する問題を中心に議論がなされている。

5. 教員の勤務時間管理に関する特徴
―法的枠組の持つ問題点と運用上の問題

　以上、教員の勤務時間管理に関する枠組及び枠組形成や実際の運用における労使関係の構造を見てきた。そこで、最後に、教員の勤務時間管理に関する特徴を整理しておきたい。

　教員の勤務時間管理に関するルールは、労働基準法や、都道府県レベルにおいて労働基準法に基づいて一般職員に関して定められた条例、規則等とは異なる規定を持つものであるという特徴があげられる。その特徴は、現在の制度に関してのみならず、第2節においてみたように、戦後の教員の勤務時間管理に関するルールが作られる初発の段階においてすでに見られたのであった。

　第2節において取り上げた時間外勤務に関するルールについて再度見ておくと、まず、初発の段階において、教員の時間外勤務に関するルールは、労働基準法の定める法的枠組とはすでに異なるものであった。それは、一般公務員と比較しての俸給割り増しという形で、不完全なみなし時間外勤務手当のようなものが組み込まれることにより、一定程度の時間外勤務が予定されるというルールであった。

　その後、教員の仕事量の増大に伴って時間外勤務も増大し、俸給割り増しで予定されていると思われる時間外勤務の程度を明らかに越えてしまったことから、ルールの運用における問題が生じ、給特法制定への流れが始まることになる。しかし、そこにおいても、教員の時間外勤務に関するルールは、労働基準法とは異なる法的枠組をもつものとして作られることになった。しかも、給特法において制定された時間外勤務に関するルールは、労働基準法とは異なるだけではなく、給特法以前の時間外勤務に関するルールとそれとは別のルールを同時に枠組として持つという、いわば二本建てのルールであったのである。

　その二本建てのルールとは次のようなものであった。まず、給特法以前のルールを継承するものとして、教職調整額の支給が定められた。これにより、教員には一定程度の時間外勤務が予定されたと解釈される。給特法制定過程で、組合もまた暗黙のうちにこれを了承した形となったと考えられる。そのように一定程度

の時間外勤務が予定されている一方で、給特法においては、割り振り制度を用いた時間外勤務の解消のルールが明文化された。割り振り制度を用いて時間外勤務を一定の期間内で処理することにより、特定の日に生じた時間外勤務は、時間外勤務として認められないことになった。また、例外的に発生する時間外勤務に関しても範囲を定めて「臨時または緊急にやむをえない必要」という条件をつけることによって、時間外勤務手当を支給する必要もないというルールが給特法において定められたのである。

　このような労働基準法とは異なる、二本建てのルールによって教員の時間外勤務に関する法的枠組が作られた結果、現状では次のようなことが問題となっている。制度自体が持つ問題点として、教職調整額支給により一定程度の時間外勤務が予定されていると解釈されるにもかかわらず、割り振り制度の運用の余地により時間外勤務は認められないという一貫性のなさが明文化されることとなった。もちろん、A県の労働組合が割り振り制度の厳格な運用、限定4項目による時間外勤務の監視を行い、さらに給食指導時間の事実上の代替としての45分間の自宅研修の協定を締結するなど、問題の発生を防ぐ活動を積極的に展開し、少なくない効果をあげていることは事実である。だが、にもかかわらず、割り振り制度の運用では処理しきれない時間外勤務が発生しており、制度の解釈、運用によって問題に対処することが現在のところ難しくなりつつあるのである。

第5章

教育訓練

1. はじめに

　本章では、A県公立小中学校教職員に対する教育訓練の制度と実態を明らかにする。なお、第2章で触れたように、教育公務員に対する教育訓練は当事者たちによって「研修」と呼ばれているが、ここでは、法令や文書資料に現れる以外では、通常の人事管理の用語を使い「教育訓練」と呼ぶこととする。公立小中学校教職員の教育訓練の制度と実態を明らかにするにあたって、次のような限定と課題を設定する。

　第一に、教員の教育訓練については、教特法第19条で「教育公務員は、その職責を遂行するために、絶えず研究と修養に努めなければならない」、20条で「教育公務員には、研修を受ける機会が与えられなければならない」と定められており、これらの条文の解釈をめぐって、教員が教育訓練を自主的に行う、あるいは受ける権利を持っているか否かという論争があるが[1]、本章ではかかる議論にはあまり触れず、制度と実態に焦点をあてる。ただ、法令に定められた「研修」の種類については、その解釈をめぐる労使の違いを含め、簡単に論じる。

　第二に、使用者側が計画、実施する教育訓練は、研究課題を指定して、その実施を各学校に求める課題研究あるいは指定研究と、初任者研修、校長研修、教科別研修などのように、特定の職務・業務に必要とされる知識、ノウハウなどを教育する教育訓練との二つに分けることができるが、この両者を教育訓練としてとりあげることとする。そのいずれであっても、教職員の能力向上に結びつくという点では同じだと考えるからである。

　第三に、使用者側の教育訓練は階層構造をなしており、文部省、A県教育委員会、市教育委員会、各学校長がそれぞれ、上記二種類のうちのいずれか一つあるいは両方の教育訓練を行っている。これらの教育訓練の相互関係、分業関係に留

---

[1] 研修権をめぐる解釈上の対立についてはたとえば結城（1982；1985）を参照されたい。細井（1987）によると1960年代前半に文部省側で解釈の転換が生じたそうである。つまり「従来、教師の研修は、…教職の専門職性にかかわるものとして自主的に行うことが保障されていた。これに対して、文部当局の行政解釈によると、自主研修は原則として勤務時間外に教員が個人的に行うものであり、…学校管理機関から職務命令をうけて参加する行政研修こそが正規の研修にほかならない、とされる。この解釈は、教師の研修を一般公務員の研修と同列に置き、教師の自主的研修とその権利性を認めないものであり、教員の研修政策の転換をうかがわせるものであった」（pp.61-62）。

意しながら全体像を描くこととする。

　第四に、第2章でも述べたように、日教組自らが教育訓練を行っており、A教組も県レベルにおいて教育研究活動を組織している。この県レベルの教育研究活動は班、分会といった現場レベルでの活動を基礎に組織されるものであり、A教組全体を巻き込んだ活動となっている。A教組の教育研究活動の具体的内容と特徴を明らかにする。ただ、A県の場合、組合独自の活動ではなく、A県所在の国立大学、校長会なども加盟するA県教育研究連盟の活動として、教職員の自主的な教育研究活動が行われており、分析にあたっては留意を要する。

　第五に、イデオロギー、方針ではなく、教育訓練の具体的な内容に着目し、使用者側と労働組合側がそれぞれに行っている教育訓練が、いかなる点で違い、いかなる点で類似しているのかを明らかにする。それぞれは互いに補完的なものか、対立するものか、あるいは重複するものなのかを探ってみたい。

2．教育訓練の権利と義務

　公立小中学校教職員を対象とする教育訓練は、計画・実施主体、目的、内容などによって数種類に分けることができるが、ここでは、次節以降の議論の基礎として、教育訓練にかかわる権利と義務に着目した分類を紹介する。

2．1．命令による研修

　前述したように教員の「自主研修権」をめぐる解釈上の論争があるが、ひとまず行政解釈によりながら説明していこう。利用する資料は主としてA県学校長会『学校運営必携　四訂版』（1996年1月）である。

　これによれば、教員の教育訓練はまず「命令による研修」と「自主研修」に分類される。前者は校長等による職務命令にもとづいた教育訓練であり、たとえば文部省、県、市などが主催、計画あるいは実施する教育訓練に、校長の命令によって教員が参加することである。この場合には、校長は教員を教育訓練に参加させる義務を負うとともに参加を命じる権利を持ち、他方、教員は教育訓練に参加する義務を負っているわけである。上司よりの命令であるため、教員は自己の都合により拒否することはできないとされる[2]。

この「命令による研修」が、勤務している学校以外で行われる場合、たとえば研修センターなどで行われる場合には、出張扱いになる。したがって当然、出張旅費が支給される。

2．2．勤務時間内の自主研修

次に後者の「自主研修」は勤務時間内に行う場合と、勤務時間外に行う場合とに分けられる。「自主研修」を勤務時間内に行うことができるというのが、教員の教育訓練における最大の特徴である。地公法第35条は「職員は、法律又は条例に特別の定がある場合を除く外、その勤務時間及び職務上の注意力のすべてをその職責遂行のために用い、当該地方公共団体がなすべき責を有する職務にのみ従事しなければならない」と記し、地方公務員の職務専念義務を定めているが、教特法第20条2項「教員は、授業に支障のない限り、本属長の承認を受けて、勤務場所を離れて研修を行うことができる」として、教員の教育訓練に関しては、この職務専念義務を免除している。このタイプの教育訓練を「職専免による研修」と称している。もっとも、本属長＝校長の承認を得てということであるから、無制限にこの「職専免による研修」が認められるわけではない。

校長の承認要件として、前出『学校運営必携』は①授業に支障がないか、②職務を免除されるにふさわしい内容であるか、具体的にはa) 職務との関連が密接であるかどうか、b) その研修が今後の職務遂行に役立つかをあげており、また、ある程度の事前計画の提出、事後の結果報告が必要であるとしている。校長の承認、事前計画、事後報告の提出に関しては、A県教育委員会の「学校職員服務規程」（準則）第9条2項および3項に「2 職員が、教育公務員特例法……第20条第2項の規定に基づき、職免の承認を受けようとするときは、あらかじめ研修承認願……を校長に提出しその承認を受けなければならない」「3 校長は、前項の規定による承認を与えた場合には、その都度研修承認整理簿……に記載し、常

---

(2) 拒否すれば職務命令違反として懲戒処分の対象となる場合がある。法的根拠は地公法第32条「職員は、その職務を遂行するに当って、法令、条例、地方公共団体の規則及び地方公共団体の機関の定める規程に従い、且つ、上司の職務上の命令に忠実に従わなければならない。」および第29条「職員が左の各号の一に該当する場合においては、これに対し懲戒処分として戒告、減給、停職又は免職の処分をすることができる。1 この法律若しくは第57条に規定する特例を定めた法律又はこれに基づく条例、地方公共団体の規則若しくは地方公共団体の機関の定める規程に違反した場合。 2 職務上の義務に違反し、又は職務を怠った場合 （以下 省略）」である。

にその実態を明らかにしておかなければならない」と定められている。この「職専免による研修」は「勤務場所を離れて」とあるだけで、場所を特定しているわけではない。そこで、夏季、冬季など長期休業中に、校長の承認を得て「自宅」で「職専免による研修」も行えることになっている。

「職専免による研修」は、校長によって承認された「勤務時間内の自主研修」であるが、「自主」であるために、出張扱いとはならず、したがって出張旅費などの支給はない。

行政解釈では「職専免による研修」以外に、勤務時間内の自主研修は認められない。だが、「教特法20条2項は、教員の時間内校外自主研修権の保障規定である。そこで、教員研修のうちで担任教育活動に関連性を有する研究は、その教職にとっての重要性からして自主的な職務行為とみるべきである」という解釈もあり（結城　1985：74）、この解釈にしたがえば、職専免によらない勤務時間内の自主研修であっても、職務行為であり、当然に出張扱いとなり出張旅費も支給されることになる。

いずれの立場をとるにせよ、勤務時間内において自主研修が認められる制度は、きわめてユニークな制度である。A教組の新入組合員用パンフレット『Q-Box '98』は、多少、そのユニークさを誇張して、次のように紹介している。「まず、押さえたいのは『教員には研修権』があるということだ。研修というと学校の『研修時間』とか、県教委主催の『××研修』がすぐ脳裏をよぎるが、それも研修。しかし、子どもたちによりよい教育をめざす私たちはそれ以外にもさまざまな研修があると考える。自宅で読書するのも研修だし、美術館やコンサートに行くのも、エアロビクスに通うのも研修だと考えていいのである。／だから、夏休みなどには『研修』ということで自宅で仕事をすることができるのだ」（p.7）。

実際には「職専免研修は現実にはあまり存在しない。校長、教員ともにあまり利用に乗り気ではない」(3)。A県では、前章で論じた三者協定による「45分の自主研修」、長期休業期間中の「自主研修」はあるが、特に「職専免による研修」というのは多くないようである。もっとも、「自主研修」であったとしても、前出、後者の解釈のように職務行為として出張扱いをするというわけでもない。ま

---

(3) A教組組織対策部長へのインタビュー（1999年2月26日）による。

た、長期休業期間中の「自主研修」で、「研修」の内容を校長に具体的に報告するかどうかは学校によるらしい(4)。

以上を要するに、勤務時間内の自主研修という制度はきわめてユニークな教育訓練制度であり、その解釈をめぐって対立があるが、A県の実際では行政解釈上の「職専免研修」として運用されるよりも、勤務時間の末尾の「45分」および長期休業期間中の「自主研修」として運用されることが多い。

2．3．勤務時間外自主研修と教育研究活動

勤務時間外自主研修とは、教員が休暇中あるいは勤務時間後に、自主的に行う教育訓練であって、民間部門とのアナロジーでいえば自己啓発に対応しよう。

日教組および県教組が主催する教育研究活動および教育研究集会をどう位置づけるかをめぐって、労使間に意見の相違がある。労働組合側は、一般的に、「教員の自主研修権」を主張し、自らが主催する教育研究活動を上でいう「勤務時間内の自主研修」と位置づけるのに対して、使用者側は「勤務時間外の自主研修」あるいは組合活動とみなしている。前出『学校運営必携』では「一般的にみて、教研集会の内容には教育活動に関するものも含まれる」が、「…多くの場合、教育活動と組合活動を一体的に発展させるなど、組合活動の一環としての性格が強く、通常の教育活動の取扱いと同一にすることはできない」（p.105）とされている。そのため、教員は年次有給休暇を取得して、あるいは週休日に組合主催の教育訓練に参加することが期待されている。

ただ、A教組の教育研究活動は、前述したように、労働組合単独ではなく、A県に所在する国立大学、校長会など諸団体とともに組織するA県教育研究連盟を母体としているため、その取扱はやや上記の解釈とは異なっている。校長によって「命令研修」、「勤務時間内自主研修」、黙認、「勤務時間外自主研修」のいずれかになるという。「命令研修」では出張命令が出されるので、当然出張旅費が支給される。「勤務時間内自主研修」では出張旅費は出ないが、勤務時間内に勤務場所を離れて教育研究活動、集会に参加できる。黙認も同様である。「勤務時間外自主研修」の場合は、年次有給休暇を取って、あるいは週休日、勤務時間後に参加することになる。

---

(4) A教組組織対策部長へのインタビュー（1999年2月26日）による。

3．課題研究

　ここでは、A県における課題研究の内容を、文部省、A県教育委員会、B市教育委員会別に明らかにし、その相互関係を探る。課題研究とは、文部省、教育委員会などが、指定した学校に、特定の課題に関して研究を進めることを要請するものである。この研究の過程で、教職員自らも当該課題に関する知識、ノウハウなどを蓄積していくと考えられるから、これも教職員の教育訓練に含めている。課題研究は上記の区分でいえば「命令研修」と解釈しうるが、勤務場所つまり学校で行われる場合は出張扱いにはならず、他校視察や学校外での研究発表会への参加などでは、出張扱いとなる。

3．1．文部省指定とA県指定
3．1．1．研究課題と指定校

　表5-1は1999年度にA県の公立小中学校に文部省、A県教育委員会から要請された課題研究の一覧である。この表から、件数、学校数のいずれをとっても、予想以上の課題研究が行われていることがわかる。文部省の指定研究が課題として24件、文部省及びA県教育委員会が共同で指定した研究課題が2件、A県教育委員会が独自に指定した課題が5件で、これらを合わせてA県の公立小中学校が研究を推進することを要請された課題が全体で31件となっている。課題の件数でみれば、文部省指定の比重が77．4％とかなり高く、県独自指定は16．1％と低い。

　これらの課題研究は進路指導、生徒指導、不登校問題、帰国子女問題など、今日の時点において学校が特に解決を迫られている問題、あるいは科学技術、英会話、ネットワークなど学校が今後対応していかなければならない新しい課題に関するものが多い。特定の教科に関する学習指導方法の改善に関する研究についても、文部省指定の教育課程研究で行われていると考えられるが、課題研究に占める比重は小さい。もちろん、文部省は「学校における教育内容や学習指導は、時代の進展等に応じて改善を図らなければならないことから、よりよい教育課程を編成するためには、常時研究を行い、実態に根ざした資料を得る必要がある。こ

のため昭和40年度から小学校教育課程研究指定校を設け、教育課程の編成、学習指導の在り方等について研究を行っている」(5)し、また中学校においても同様の研究指定を行っている。したがって文部省がこのテーマを軽視しているとは思えないが、課題件数からみても、指定学校数からみても、全体に占める割合は低い。また、教育課程に関する課題研究は、1999年度に関しては、県独自指定にはない。

表5-1　A県公立小中学校の課題研究（文部省および県）

主体	研究課題名	学校数 小学校	学校数 中学校	地域数
文部省	教育課程研究	1	1	
	小学校における英会話等に関する研究開発	1		
	中・高校生保育等体験促進事業		1	
	へき地教育研究	1		
	中学校進路指導総合改善事業		1	
	道徳的実践活動推進事業	2	1	
	豊かな心を育む教育推進事業実践研究	1	1	
	地域の人材を活用した道徳教育推進事業		1	
	伝統文化教育推進事業	4	2	
	読書指導研究		1	
	学校図書館ボランティア活用実践研究	1		
	学校図書館情報化活性化推進モデル地域			1
	環境データ観測・活用事業モデル校		1	
	科学技術・理科教育推進モデル地域			2
	中学校生活指導総合推進校		1	
	スクールカウンセラー活用調査研究	4 4	3 0	
	不登校児童生徒の適応指導総合調査研究			1 4
	ハートケア教育相談活用モデル市町村事業			1
	帰国子女教育研究	3		
	帰国子女教育受入推進地域・センター校	2	3	
	外国人子女教育研究		1	
	外国人子女教育受入推進地域・センター校	2		
	先進的教育用ネットワークモデル地域事業			1
	光ファイバー網による学校ネットワーク活用方法研究開発事業実践研究		1	
小　計		2 4　6 2	4 6	1 9
文部省と県	教育総合推進地域			1
	人権教育研究		1	
小　計		2　0		1
県	新しい時代を拓く学校教育支援事業実践研究	小中計で26		
	進路指導研究		5	
	地域で支える生活指導モデル市町村			2
	充実した学校生活支援事業		5 0	
	心の居場所づくり総合推進事業			3
小　計		5　―	5 5	5
総　計		3 1　62+26	1 0 2	2 5

資料出所：A県教育委員会『平成11年度　教育行政の概況』（1999年4月）のp.36より作成。
注：幼稚園に対する課題研究、体育関係の課題研究、派遣事業（県指定の日本語指導協力者派遣事業、文部省指定の外国人子女等教育相談派遣事業）は除いた。

(5) 文部省『文教予算のあらまし　平成9年度』（1997年6月）のp.89。

指定学校・地域数は、文部省が小中学校計で108校、地域で19地域、文部省・県共同指定が1校、1地域、県独自が81校、5地域となっている。課題研究を要請されている学校は全部で191校、地域は25地域となる。A県全体の小中学校数は826校であるから、4校に1校は文部省かA県教育委員会の指定を受けて、課題研究に取り組んでいることになる。さらに、地域とされている課題研究であっても、実際には、当該地域の学校が関与することになるから、その数は多くなると考えられる。後述する市町村教育委員会の指定研究を含めればその数はさらに増える。

1課題あたりの研究指定校・地域数をみると、文部省が5.4校、4.75地域、共同指定が1校、1地域、県独自指定が18.3校、2.5地域となる。県独自指定の指定校数の多さが目立つ。

3．1．2．県独自指定

表5-1にあるA県教育委員会が独自に行っている課題研究についてより詳しくみてみよう。「新しい時代を拓く学校教育支援事業」とは、2002年度からの新教育課程への移行を円滑に進めるため、創意ある教育課程の編成や総合的な学習の時間の指導のあり方に関する実践研究推進校を指定し、そこで、①新しい教育課程の実践的な研究に取り組む学校を支援し、研究成果の普及に努め、②月2回学校週5日制に適切に対応するため、教育課程上の工夫改善をすすめ、③地域や産業界の教育力を積極的に学校に取り込み、生徒の能力・適性、興味・関心、進路希望等に応じた創意工夫ある学校づくりの推進に努め、④環境教育を計画的に推進することなどが期待されている[6]。

その他の四つの課題研究は、表5-2に示すように、その内容においてA県で行われている文部省指定研究とオーバーラップしている。

進路指導研究は文部省指定の中学校進路指導総合改善事業と、地域で支える生徒指導モデル市町村および充実した学校生活支援事業は、文部省指定の中学校生徒指導総合推進校(およびそれを含めた生徒指導総合推進事業全体の目的・内容)と、心の居場所づくり総合推進事業は文部省指定の不登校児童生徒の適応指導総合調査研究とそれぞれ重なっている。違いは主として課題研究を要請した学校お

---

[6] A県教育委員会『A教育プラン　実施計画編（平成10年度〜15年度）』（1999年3月）による。

表5-2　県指定研究と文部省指定研究の比較

県指定研究	文部省指定研究
(1)進路指導研究 　生徒自らが生き方を考え、将来に対する目的意識を持って、主体的に自己の進路を選択決定し、生涯にわたって自己実現を図っていくことができるよう、生徒の能力・適性・希望等の実態を把握しながら、計画的な指導・援助に努める。 　研究推進校を指定して進路指導の在り方について実践的に研究し、その成果を全中学校に波及させることによって中学校における進路指導の充実を図る	(1)中学校進路指導総合改善事業 　生徒が自らの進路を主体的に考え選択するために、自己の興味・関心の方向や能力・適性について理解させ、また、職業生活、社会生活などの幅広い理解に基づく将来の生き方の多様性、選択可能性について理解させ、将来の進路の選択を適切に行うことができるように実践的な研究をし、進路指導の改善充実を図る。
(2)地域で支える生活指導モデル市町村 　市町村が主体となり、市町村内の学校、家庭、地域社会、関係機関・団体等の連携を密にしながら生徒指導関係の各種事業を実施し、生徒指導の一層の推進を図る。 ＊校内の指導体制の充実と教員の資質向上、学校間の連携をはかる。 ＊学校、保護者、関係機関・団体間の協議、情報交換等を実施する。 ＊保護者に対する理解啓発活動を行う。 (3)充実した学校生活支援事業 中学校、高等学校の生徒指導体制の充実と関係機関等との連携強化を図るとともに、高校生の生きがいを啓発することにより、生徒一人一人が充実した生活ができる学校づくりを推進する。	(2)および(3)生徒指導総合推進事業および生徒指導総合推進校 　児童生徒の問題行動等を解決し、生徒指導の充実を図るためには、教師一人一人の指導力を高め、学校全体としての生徒指導体制を確立するとともに、家庭や地域の関係機関と連携し、学校、家庭、地域社会が一帯となって取り組んでいくことが大切である。 　生徒指導の組織運営、指導計画、指導方法等について実践研究を行う生徒指導推進校や、学校や地域の実態に応じ、学習指導の改善、生徒の学校生活の活性化の促進、教育相談の充実、家庭・地域社会・関係機関との連携強化など学校内外にわたる総合的な生徒指導の実践を行う生徒指導総合推進校の指定を行う。
(4)心の居場所づくり総合推進事業 　不登校の問題に関し、教員の指導力の向上と保護者の理解啓発を図るとともに、不登校児童生徒の再登校を促すための適応指導教室の設置を促進し、不登校の未然防止と解消を図る。	(4)不登校児童生徒の適応指導総合調査研究 　不登校問題に対応するため、適応指導教室における継続的な活動または様々な体験を通じた適応指導による学校復帰のための支援方策について調査研究する。

資料出所：A県指定研究については、(1)、(2)、(4)はA県教育委員会『平成11年度　教育行政の概況』(1999年4月)のp.24、pp.27-28より、(3)はA県教育委員会『平成10年度　教育行政の概況』(1998年4月)のp.77より作成した。文部省指定研究については、(1)、(2)および(3)は文部省『文教予算のあらまし　平成9年度』(1997年6月)のp.99、pp.96-97より、(4)はA県教育委員会『平成11年度　教育行政の概況』(1999年4月)のp.29より作成した。

よび地域の数、そして実践への関心の程度にあるようにみえる。進路指導、生活指導（充実した学校生活を含む）に関する課題研究では、明らかにそれを要請する学校数、地域数が異なる。文部省ではいずれも中学校1校であるのに対して、県では進路指導が中学校5校、生徒指導が中学校50校、2地域である。進路指導、不登校対策では、文部省とは異なり県の研究指定では、研究それ自体とともに「…成果を全中学校に波及させる…」（進路指導）、「…不登校の未然防止と解消を図る」（不登校対策）というように、その実践的含みもまた要請されている。県指定の課題研究が、文部省と比較して、より実践的含みを重視するのは、公立小中学校の学校経営により影響力を持っていることを考えれば、ある意味で当然のことである。

　以上のことから、A県独自で行っている課題研究は、まったく独自のものというよりも、文部省の要請する課題研究を踏まえて、県として特に重要だと考える課題をとりあげ、それをより広い範囲で行うか、あるいは実践的な含意をより強く求めて行うものが多いと考えられる。このように考えられるとしたら、県独自の「新しい時代を拓く学校教育支援事業実践研究推進校」についても、2002年度から開始される新教育課程に関して文部省がまったく何も研究していないということはありえないから、たまたま1999年度はA県には要請されなかった、あるいは文部省から県としてそうした研究指定を行うよう要請、助言があったと考えた方がよいように思える。文部省の要請する研究であっても、伝統文化教育推進事業、地域の人材を活用した道徳教育推進事業などに典型的にみられるように、課題研究を具体化していく過程で、県の地域的な独自性が加味されることは当然のことであるから、県独自研究も同様に対象範囲を広げる過程で、あるいは実践的な志向を強める過程で、そうした地域的な独自性が加味されることになろう。

　もちろん、A県教育委員会は前述したところからわかるように、A県独自の教育政策を持っている。「A教育プラン」と名付けられたこの政策は、「個性と創造性に富むこころ豊かな人づくり」を基本テーマに設定し、合計80の分野において、1995年度から2005年度にかけての基本計画、実施計画、具体的施策をまとめたものである。表5-1にあげた県指定の課題研究も1999年3月に改定された『A教育プラン（平成10年～15年度）』の中にすべてあげられている。

したがって、A県独自の課題研究が、文部省の指定を受けてはじめて企画立案されたというよりも、県の基本政策を基礎に企画立案、実施されたと考えられる。だが、個々の課題研究を詳しく探っていくと、文部省指定の課題研究とA県指定の課題研究との間には、上でみたような関係があるのは確かである。

3．1．3．課題件数の推移

前述したように、課題の件数でみれば、1999年度は文部省指定が24件、77.4％、文部省及びA県教育委員会の共同指定が2件、6.5％、A県教育委員会の独自指定が5件、16.1％であり、文部省指定の比重が高い。この推移を表5-3でみてみよう。

表5-3　課題研究件数の推移

年　度	1993		1994		1995		1996		1997		1998		1999	
総　計	28	100.0	29	100.0	24	100.0	28	100.0	26	100.0	21	100.0	31	100.0
文部省指定	17	60.7	18	62.1	15	62.5	20	71.4	18	69.2	15	71.4	24	77.4
文部省・県指定	2	7.1	2	6.9	2	8.3	2	7.1	2	7.7	2	9.5	2	6.5
県指定	9	32.1	9	31.0	7	29.2	6	21.4	6	23.1	4	19.0	5	16.1

資料出所：1993年度から98年まではA教組調査部内部資料『研究指定校数』、99年度については表5-1より。

この表から次のことがわかる。第一に、文部省指定の比重は7年間常に最も高い。第二に、県独自指定は減少傾向にあり、この7年間で絶対数でみても、比率でみても半分になった。第三に、そのため、文部省指定の比重は60％から70％を超えるまでに増えた。こうした県独自指定の減少は前章でみた多忙化と大きく関係していよう。県指定は表5-1および前述したところからわかるように、課題ごとの指定学校数は多いから、課題件数それ自体の減少は指定学校数の大幅な減少をもたらす。ちなみに、この7年間の県独自指定の学校数の推移をみると、小中学校計で119校、149校、74校、83校、83校、70校、81校と6、7年前に比べれば大きく減っている(7)。

以上の課題件数の推移から、A県の独自性が薄まっていると判断するのは早計である。先に明らかにしたように、課題研究における県の独自性は、文部省指定を踏まえて、県教育委員会が特に重要だと考えた課題に関して、より広範囲に、より実践的な志向をもつ研究を要請するところにあると考えられる。課題件数の

---

(7)　A教組調査部内部資料『研究指定校数』より。

減少は、A県教育委員会が課題を最重要と考えるものに絞った結果であって、それゆえ、限られた資源を集中でき、より大きな成果があがることになるかもしれない。

3．1．4 まとめ

　文部省およびA県教育委員会の要請する課題研究は1999年度には31件、指定校数は191校、地域は25地域である。要請される課題は、今日学校が特に解決を迫られている問題、今後対応していかねばならない新しい課題にかかわるものがほとんどであり、特定教科の教育課程研究もあるとはいえ、文部省指定の1件だけであり、その比重は小さい。文部省指定は課題件数が多いが、1課題あたりの指定校数は少なく、A県指定は課題件数が少ないが、1課題あたりの指定校数は多い。文部省およびA県教育委員会の指定を受けて課題研究を進めている学校は、4校に1校あるいはそれ以上である。

　県独自指定を詳しくみると、まったく県独自の課題が設定されているというよりも、文部省の課題研究を踏まえて、特に重要だと考える課題をとりあげ、対象を広げ、より強い実践的志向をもたせて、各学校に当該課題の研究が要請されているように推測しうる。その意味では文部省の課題研究と県の課題研究は一体となって教職員の教育訓練を構成している。県独自指定の課題研究は、この数年間で絶対的にも、相対的にも減少してきている。これは多忙化問題への対応の結果であると思われるが、限られた資源をより集中できることを考えれば決して県の独自性の低下にはつながらないように思える。

3．2．B市指定

　市町村教育委員会も課題研究を各学校に要請する。1999年度では、B市教育委員会は小学校3校、中学校3校を指定し、課題研究を要請している。市の研究指定は「文部省、県教委の研究指定で何が来るのかを待たなければならない。学校が重ならないよう、課題が重ならないように決める。ただ、市全体が解決しなければならない課題、現在でいえば、道徳、生徒指導については、重複してもかまわない」[8]。研究課題は表5-4にまとめてある。

---

[8] A県B市教育委員会教育次長とのインタビュー（1999年9月29日）による。

表5-4　B市指定研究

学　校	項　　目	課　　　　　題
小学校	①道徳指導	思いやりの心をもち、すすんで実践する児童の育成－自己をみつめる道徳の時間の充実と、豊かな体験活動をとおして－
	②学習指導（国語）	生きて働く力としての表現力の育成－音声言語の指導を通して－
	③教育課程	地域に生きる子どもを育てるための学校教育の在り方－地域の教育力を生かした教育課程の創造－
中学校	④学習指導	一人一人が主体的に取り組む学習指導のあり方－教育機器の活用をとおして－
	⑤特別活動	豊かな心を持ち、生き生きと活動する生徒をはぐくむ支援の在り方－地域との連携及び多様な話し合い活動を通して－
	⑥教育課程	個性を伸ばし、夢をはぐくむ教育活動の工夫－選択教科と総合的な学習の時間の研究を通して－

資料出所：B市教育委員会『'99　Bの教育』（1999年8月）のp.19およびB市教育委員会指導課『平成11年度　Bの教育－資料編－　園・学校別研究課題一覧』より作成。

　文部省、県指定の課題と比較すると、次のような点を指摘しうる。第一に、①、③、⑤、⑥のように、文部省指定あるいは県指定と内容の重なる課題がある。①は表5-1でいう道徳的実践活動推進事業と、③、⑤、⑥は県独自指定の「新しい時代を拓く学校教育支援事業」とオーバーラップしている。③、⑤は「新しい時代を拓く学校教育支援事業」の中の特に、「地域や産業界の教育力を積極的に学校に取り込み、生徒の能力・適性、興味・関心、進路希望等に応じた創意工夫ある学校づくりの推進に努める」という課題とほぼ同じである。第二に、②、④のように、国語教育（表現力の育成）、教育機器（コンピュータ）活用など、学習指導方法の改善、工夫をめざした課題研究があり、その比重は小さくない。こうした課題研究は、1999年度では文部省指定では1件、県独自指定ではなかったことを考えれば、市独自指定の特徴といってもよい。

　市独自指定の課題研究は、文部省および県独自指定の中から、市として特に重要だと考える課題を選び出し、それについての研究を当該市の公立小中学校にも広げていくとともに、具体的な学習指導方法の改善、工夫などの研究も要請するという二つの面をもつ。後者の比重が特に低いわけではないというのが市の特徴であるように思える。

3．3．課題研究の構造
3．3．1．重層的構造

以上のことから、課題研究に関して次のことを指摘することができる。文部省指定の課題研究は、今日、学校が特に解決を迫られている問題と、今後学校が対応を求められる新しい課題に関して、実践的研究を進め、そこで得られた成果を学校運営、授業内容などにフィードバックしていくことを主要目的としている。県独自指定の課題研究は、県独自の教育政策を踏まえながらも、文部省の方針を受けて、文部省が指定する課題の中で県教育委員会が特に重要と考えるものを選び出し、それをより広範囲に、より実践的な含みをもたせて、各学校に研究の推進を要請するものである。その意味では文部省指定の課題研究と県独自指定の課題研究とは一体となって、上記二つの主要目的達成のために計画されているといってよい。市独自指定の課題研究は、県独自指定したがって文部省指定研究を受けて、対象を広げるとともに、他方で、具体的な学習指導方法の改善、工夫なども要請している。前者については、市教育委員会の課題研究は、文部省、県教育委員会が指定する課題研究の一部を構成し、後者はそれらを補完するといってよい。もっとも、文部省もまた教育課程改善についての研究指定を行っていないわけではないが、その比重は低く（826校中2校）、市教育委員会の役割の方が大きいように思える（37校中2校）。

3．3．2．研究指定校数

B市が独自に課題研究を要請した学校は、上記のとおり小学校3校、中学校3校である。これに加え、文部省指定、A県教育委員会による課題研究の指定を受けた学校がB市内にも存在する。1999年度でいえば、県の「新しい時代を拓く学校教育支援事業」の指定を受けた学校が小学校1校、中学校1校の計2校、文部省の「道徳的実践活動推進事業」の指定を受けた学校が小学校2校、中学校1校、「光ファイバー網による学校ネットワーク活用方法研究開発事業実践研究校」が中学校1校、「スクール・カウンセラー活用調査研究」が中学校1校となっている(9)。B市内の公立小中学校からみれば、文部省やA県教育委員会から要請され

---
(9) B市教育委員会『'99 Bの教育』（1999年8月）のpp.19-20およびB市教育委員会指導課『平成11年度 Bの教育－資料編－ 園・学校別研究課題一覧』より。なお、この他に、文部省指定の武道指導推進校の中学校、A県指定の学校体育研究学校の中学校の計2校がある。

る課題研究と、市から要請される課題研究が半々の割合で存在することになる。市の研究指定を含めれば、小学校6校、中学校7校の合計13校が課題研究の指定を受けている。

市の公立小中学校は、小学校23校、中学校14校であるから、1999年度では小学校の30.4％、中学校の50.0％、全体では35.1％の学校が、文部省、県および市の教育委員会の要請を受けて課題研究に取り組んでいることになる。この数字は決して小さくない。課題研究の期間が2年だとすると、小学校では6、7年の間に2年間、中学校では4年の間に2年間は、必ず文部省かA県あるいはB市教育委員会の指定する課題研究を進めることになってくる。

3．4．課題研究の推進

次に、課題研究を行う小中学校を指定するプロセスと、対象小中学校に対する文部省、教育委員会などの働きかけをみてみよう。

3．4．1．学校指定

まず文部省は各県の県教育委員会に対して、一定の課題に関して、一定数の学校で研究を進めることを要請し、県教育委員会はこの文部省要請と県独自の課題研究とあわせて、県の地方教育事務所を通じて、各公立小中学校に次年度の課題研究のテーマと学校数についての情報を流す。A県の場合、これが12月頃に行われる。その後、各地方教育事務所の指導主事と各市町村教育委員会指導主事が相談しながら、課題研究を引き受ける学校を探して、協力を要請する。あるいは光ファイバー網によるネットワーク活用など特殊な課題については、県教育委員会からの学校名を指定しての依頼が市教育委員会にくることもある。1999年度からは、多忙化問題との関係から、県教育委員会が年度当初に各学校の研修担当者に対し、要望されている課題研究の説明を行い、各学校が自校の判断で応募することも行われるようになった。県独自指定の「新しい時代を拓く学校教育支援事業」の研究指定が最後のケースにあたり、県教育委員会は全体で26校の募集を行い、B市からはB市教育委員会の呼びかけに応じて2校が応募し、研究指定を受けることになった。

研究指定はいずれも補助金がついているため、市町村議会の議決を必要とし、そのため市町村教育委員会の了承が必要となる。

3．4．2．研究体制

課題研究の要請を受けた小中学校には、通常、研究推進委員会が設けられ、委員会を構成する研究主任、委員会メンバーが決められる。さらに委員会のもとに三つほどの部を設置し、部単位で研究を進めていくことになる。いま、県独自事業の「新しい時代を拓く学校教育支援事業」の指定をうけた中学校の例をみてみよう。

「新しい時代を拓く学校教育支援事業」は、前述したところからわかるように、課題の範囲が広く、そのままでは具体的な研究に移すのは難しい。したがって、この中学校では「自己の生き方を高めるための『総合的な学習の時間』の編成と運営の研究－他との係わりの中で自己の生き方を高める体験活動－」と自校のテーマを設定し、図5-1にあるような研究体制を組み、表5-5にあるようなスケジュールで研究を進めることとなった。

この課題研究の内容に立ち入ることはしない。ここでは、次のことを確認しておくだけでよい。すなわち、研究体制および担当者からわかるように、課題研究がまさに学校をあげての活動であること、研究計画からわかるように年間を通じた活動でもあることである。さらに、ここに教育委員会指導主事による指導、研究成果のまとめが加わる。

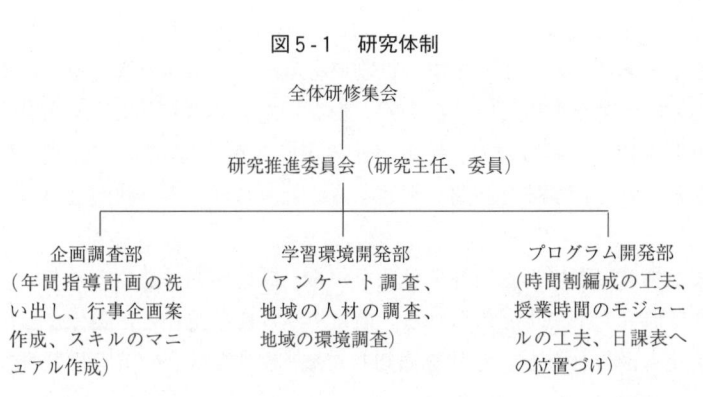

図5-1　研究体制

全体研修集会
　│
研究推進委員会（研究主任、委員）
　│
┌──────────┼──────────┐
企画調査部　　　学習環境開発部　　プログラム開発部
(年間指導計画の洗　(アンケート調査、　(時間割編成の工夫、
い出し、行事企画案　地域の人材の調査、　授業時間のモジュー
作成、スキルのマニ　地域の環境調査)　　ルの工夫、日課表へ
ュアル作成)　　　　　　　　　　　　　の位置づけ)

資料出所：B市教育委員会指導課『平成11年度　Bの教育―資料編―　園・学校別研究課題一覧』p.97より作成

表5-5 研究計画

月	行事計画	担当者
5月	組織作りと計画作成	全職員
	アンケート等による調査(全校、地域、保護者)	学習環境開発部
6月	先進校視察	推進委員
	校内研修	全職員、企画調査部
7月	「心豊かな体験学習」実施 1年	1年
	職場体験学習現地調査 2年	2年
8月	校内研修	全職員
	環境調査・時間割編成案作成	学習環境開発部、プログラム開発部
9月	課題の中間まとめ 1年	1年
	校内研修	全職員
11月	職場体験学習 2年	2年
	学校課題研究	全職員
12月	学年ごとの発表会(1年、2年)	1、2年
1月	校内研修	全職員
2月	1年間のまとめ	各部

資料出所：B市教育委員会指導課『平成11年度 Bの教育-資料編- 園・学校別研究課題一覧』p.97より作成。

3．4．3．指導と成果のまとめ

　文部省、A県独自の課題研究の要請を受けた研究指定校には、年に2回、A県教育委員会地方教育事務所の指導主事が訪問し、指導することになっている。時には文部省の担当者が訪問指導を行う場合がある。B市の研究指定校にはB市教育委員会の指導主事がやはり2回訪問する。訪問指導ではたとえば午前中に公開授業を行い、午後、それをめぐって全体で討議を行うというようなことが行われる。課題研究を推進していく際には、「山場がいくつかあり、それぞれの時に方向付けをしてあげるのが指導主事の役割である。学校全体の取り組みに指針を与える。具体的活動を進めていくなかで、かならず壁にぶちあたる。指導主事は先進校の実態を知っているので、アドバイスができる」[10]。この他、指定校からの要請にもとづいて、学校を訪問し指導すること（これを要請訪問という）も随時行う。

　こうした指導主事による指導を受けながら、課題研究は進められていく。そして最後には研究成果がまとめられる。前章でふれた多忙化との関係から研究発表会の簡素化も図られたが、それを通知したA県教育委員会の市町村教育委員会に

---

[10] A県教育委員会教育次長インタビュー（1999年9月30日）による。

対する指令第923号（1995年6月28日）から次のことがわかる。第一に、文部省指定の課題研究では、研究成果が研究紀要としてまとめられ、発表会が行われていること、第二に、A県独自指定でも、報告書を作成し、できるだけ厚くない（20ページ以下）研究紀要が作成されることもあること、原則として発表会は行わないとされていることである。最後の点については、発表会を行わないと成果が十分に表現できず、理解されがたいと認められる場合には、発表会を行ってもよいとされている。ただ、A県独自指定で原則として発表会が行われていないとは思えない。たとえばA県教育委員会でのインタビューでは「多忙化への対応ということで、研究発表会も1日を半日にしたし、資料も薄くした」(11)とされているし、またA教組北部支部B班の分会訪問の記録には「県では、紀要の縮小や発表の時間の短縮を進めているが…」(12)とあり、発表会そのものをなくしたというよりも、時間を短縮し、提出資料の量を削減しているとみた方がよいようである。発表会は半日にわたって開かれ、教育委員会の指導主事や、他校の教職員を招いて、それまでの成果を報告することとなる。上出のA県教委の通知には、招待する学校の範囲について、小学校の場合は教育事務所管内の小学校および同一郡市内の中学校、中学校の場合は教育事務所管内の中学校および同一郡市内の小学校を原則とするとある。市独自指定の課題研究であっても同様のまとめが行われ、B市の場合、研究紀要の作成、研究発表会が行われる。

　研究成果を紀要あるいは報告書としてまとめ、近隣の小中学校の教職員、教委の指導主事を招いた研究発表会を開いて、全校をあげて取り組んだ課題研究は終了することになる。課題研究に対しては、研究指定を受ければ教員の意識も違って、熱心に取り組むという(13)肯定的な意見もあれば、その簡略化、研究指定校数の削減を求める意見もあれば(14)、他方で「課題研は必要なのか。課題研をなくしてゆとりある子どもとのふれあいを」(15)という否定的な意見もある。そうした評

---

(11) A県教育委員会教育次長インタビュー（1999年9月30日）による。
(12) A教組北部支部B班『1998年度B班定期大会議案』（1998年3月7日）のp.5による。
(13) たとえば、A県教育委員会教育次長インタビュー（1999年9月30日）ではそうした意見が回答された。
(14) これがA教組の多数派の意見であろう。こうした意見はA教組北部支部B班『1997年度B班定期大会議案』（1997年3月1日）、同じく『1998年度B班定期大会議案』（1998年3月7日）の分会訪問記録で散見される。
(15) この意見はA教組内では多数派ではないように思えるが、A教組北部支部B班『1996年度B班定期大会議案』（1996年3月2日）の分会訪問記録に1つだけ掲載されている。

価がいかなるものであれ、そこに多大なエネルギーが費やされていることは確かであるように思える。

3．5．まとめ

　A県を素材に、課題研究の内容、対象校、プロセスなどをみてきた。これを要約すると次のようになる。
　研究を要請される課題は大別して三つあり、現時点において学校が特に解決を迫られている問題、今後学校として対応を迫られる新しい課題および各教科の学習指導方法の改善・工夫である。前二者の課題設定は、基本的には文部省の役割がかなり大きいようにみえる。もちろん、A県教育委員会も独自の教育政策をもっているが、独自指定の内実を探っていくと、文部省の方針を受けて、その中で特に県として重要視する課題をより広範囲に、また実践的な含みにより重点をおいて課題研究を設定しているように思える。B市教育委員会も同様である。この二つが課題研究全体に占める比重は大きい。これに対して、教科の学習指導法の改善・工夫に関する課題研究は、文部省でも企画されるものの、B市教育委員会の役割の方が大きい。
　こうして要請される課題研究は、学校の指定からはじまり、研究推進、指導、紀要作成、研究発表と続き、まさに学校をあげての、年間を通じる活動であり、多大のエネルギーが費やされる活動である。学校全体を巻き込むこの課題研究は、1999年度のB市の例でいうと、小学校の3割、中学校の5割、全体で1/3の学校で実施されている。課題研究の期間が2年間だと仮定すると、小学校では6、7年の間に1回2年間、中学校では4年の間に1回2年間、課題研究が行われていることになる。この数字は決して小さくはない。

4．校内研修

4．1．定義と種類

　校内研修とは、ここでは、さしあたり、学校を単位として、当該学校の教職員の一部あるいは全員が自主的に特定の課題に関する理論的、実践的研究をグループとして進めることをさすこととする(16)。文部省、県および市の教育委員会の指定する課題研究とは異なり、追求する課題が指定されているわけではなく、その意味で自主的であることが校内研修の特徴であり、他方、課題研究と同様に、その過程で教職員が当該課題についての知識、ノウハウなどを蓄積し、その結果、能力向上が期待できるという意味で校内研修もまた教育訓練である。「自主的」とはいえ、校長あるいは教頭の指揮の下に校内研修が行われるのが普通だから、先の分類でいえば「命令研修」であり、したがって、校外での活動は出張扱いとなるとみられる。

　校内研修には、①全教職員で共通の課題を設定して取り組む学校研究、②教科・領域の指導法を研究するための教科・領域研究、③指導技術を向上するための技術研究あるいは事前研修などがある（松尾　1985：191）。最後の技術研究、事前研究とは次のようなものである。技術研究とはたとえば「視聴覚機器の扱い方や教具の使い方、実験の仕方等の技術」を身につけるものであり、事前研修とは「学芸会を行う前に別の指導の仕方を研修するとか、図工展の前に彫塑の指導の仕方を研修する」などのことである（松尾　1985：193）。

　以下では、B市の公立小中学校における校内研修、特に学校研究の実態をみてみよう。

4．2．実態
4．2．1．実施状況
　B市教育委員会の1999年度の教育指導にかかわる努力事項の一つに、「計画的に校内研修等をすすめ、学習指導の工夫・改善を図り、児童生徒の主体的な学

---

(16)　こうした校内研修は1980年代半ばの評価では、「諸外国（とくにOECD諸国）に比べて、その実践例も多く、しかも歴史的に定着してきた研修形態」だとされている（中留　1985：29）。

習を確立する」[17]ことが定められている。いまB市教育委員会指導課『平成11年度 Bの教育－資料編- 園・学校別研究課題一覧』を利用してその実態をみてみよう。

表5-6はB市立小中学校の校内研修の実施状況を、文部省、県・市教育委員会による課題研究の指定の有無別および課題の重複別にみたものである。これによると、次のことがわかる。

表5-6　校内研修の実施状況

	合計	文部省、A県、B市その他の指定課題と重複	指定課題とは別の校内研修	独自の校内研修	未実施
小学校	100.0%	30.4%	0.0%	69.6%	0.0%
	23	7	0	16	0
中学校	100.0%	42.9%	21.4%	35.7%	0.0%
	14	6	3	5	0
合計	100.0%	35.1%	8.1%	56.8%	0.0%
	37	13	3	21	0

資料出所：B市教育委員会指導課『平成11年度　Bの教育－資料編-　園・学校別研究課題一覧』より作成。
注：1）小学校の指定課題との重複校には、日本体育・学校健康センター指定「学校安全に関する研究学校」の1校を含んでいる。
2）指定課題とは別の校内研修も行っている中学校には、文部省指定の「武道指導推進校」1校、A県指定の「学校体育研究学校」1校の2校を含んでいる。

第一に、校内研修を行っていない小中学校は皆無である。いいかえれば、B市内の全ての公立小中学校は何らかの校内研修を行っている。この点は大いに強調されてよい。第二に、文部省、県および市教委の指定を受けている小中学校の多くは、要請されている課題の実践的研究をもって校内研修としている。第三に、要請されている課題とは別の課題をかかげて校内研修を行っている中学校も3校存在する。これは、学校体育研究、武道指導研究の指定を受けている中学校、そしてスクールカウンセラーの活用調査研究の指定を受けている中学校である。これらの課題はいずれも学校全体を巻き込んだ研修になりにくいからだと考えられる。

4．2．2．研究課題

では次に、独自の校内研修を行っている小中学校の課題をみてみよう。表5-7は独自の校内研修を行っている16の小学校の研究課題を列挙したものであ

---

[17] B市教育委員会『'99　Bの教育』（1999年8月）のp.17。

表5-7　校内研修の課題―小学校―

①一人一人が「よさ」を認め合い、主体的に活動する児童の育成―生活科・総合学習を通して―
②自ら学び、自ら考え、主体的に学習する子どもの育成―総合的な学習をみすえた教科・領域の指導の在り方
③自ら学ぶ意欲を持ち、粘り強く取り組む子どもの育成―国語科における学習指導の工夫を通して―
④自分の考えを持ち、生き生きと表現できる児童の育成―よさを認め合い、学ぶ喜びを実感する総合的な学習
⑤子ども一人一人が生き生きと活動できる総合的な学習の在り方―理科、社会を核とした総合的な学習
⑥一人一人のよさを生かし、生きる力を育てる総合的な学習の展開
⑦一人一人の目の輝きを大切にした教育をめざし、主体的に学ぶ態度を育てる指導法の研究―総合的な学習―
⑧子ども一人一人がめあてを持ち、主体的に取り組む学習指導のあり方―体験的な学習活動を通して―
⑨自ら学び夢をはぐくむ児童の育成―総合的な学習を通して―
⑩自ら学び、考える力を伸ばす算数科指導の在り方―問題解決力をつけるための体験的な活動を通して―
⑪生きる力を育む総合的な学習の在り方―教科・領域との関連を図りながら―
⑫自ら学び、自ら考えて、主体的に課題に取り組む児童の育成―地域の環境・人材を活用して―
⑬一人一人の思いや願いを大切にし、生き生きと主体的に取り組む学習活動―「総合的な学習の時間」の趣旨を生かした授業展開を通して―
⑭思いやりと助け合いの心を育てる集団活動及び指導過程の工夫―特別活動（福祉教育・勤労教育）を中心として―
⑮多様な考え方のできる児童の育成を目指して―「総合的な学習の時間」の在り方の研究―
⑯自ら学び、自ら考える力を育てる学習活動の在り方――人一人のよさを大切にする総合的な学習―

資料出所：B市教育委員会指導課『平成11年度　Bの教育―資料編―　園・学校別研究課題一覧』より作成。

る。

　この表から、1999年度のB市小学校校内研修のキーワードがいくつか浮かび上がってくる。「一人一人」、「自ら学び、考える」、「主体的」、「総合的な学習」などである。いま、A県教育委員会の定めた『平成11年度　学校教育指導方針』（1999年3月）によると、基本方針として「一人一人を生かす創意と活力に満ちた学校」が掲げられ、これを具体化するための課題の一つとして「自ら学び、自ら考える力を育てる教育の推進」があげられている。さらに、この課題を実施していくための重点指導項目が列記されているが、その中に次のような項目がある。

「『教える授業』から『学ぶ授業』への指導観の転換
　自ら課題を見つけ、主体的に考え、判断し、表現できる資質や能力の育成に努める。
　自ら学び、自ら考える力の一層の育成を図るため、横断的・総合的な学習指導の工夫に努める。」（p.4）
　校内研修の課題がA県教育委員会の学校教育指導方針を踏まえて設定されたこ

とは明らかであるように思える。もちろん、県教委の学校教育指導方針は文部省の新学習指導要領に沿って策定されていることはいうまでもない。16校の校内研修の課題をさらに詳しくみると、11校は2002年度から施行される総合的な学習時間（児童生徒の生きる力を育てるために、各教科、道徳、特別活動等の連携を図った課程）をどう編成していくかを課題としており、他の5校は特定の教科あるいは活動を中心とした学習指導の改善・工夫を課題にあげている。前者は今後、学校として新しく対応することを求められている課題についての研究であり、後者は、①は生活科、③は国語、⑤は理科と社会科、⑩は算数、⑭は福祉教育・勤労教育という個別教科・特別活動の学習指導法の改善・工夫をめざした研究である。前節で触れたA県教育委員会の独自指定研究のうち「新しい時代を拓く学校教育支援事業」は、2002年度からの新教育課程への移行を円滑に進めるため、創意ある教育課程の編成や総合的な学習の時間の指導のあり方に関する実践研究推進校を指定し、その一つとして新しい教育課程の実践的な研究に取り組む学校を支援し、研究成果の普及に努めることをうたっていた。独自の校内研修を行っている16校のうち11校は、自主的にこの事業に参加しているといってよい。

　表5-8は独自の校内研修を行っている8の中学校の課題を列挙したものである。この表から次のことがわかる。

　この表からB市中学校の校内研修課題におけるキーワードを選ぶとしたら、「一人一人」、「生き生き」、「生きる力」、「主体的」となるだろう。ここで「生き

表5-8　校内研修の課題—中学校—

①生徒一人一人に生きる力をはぐくむための学校・学年行事の在り方−新教育課程と学習指導要領との関連を図って−
②温かな交流関係を基盤とした、自らの課題をもって学ぶ授業の創造−柔道の学習を通して−
③人間としての生き方について自分の考えを持つことができる生徒の育成−主体的に取り組む体験的学習を通して−
④体験を通して課題に取り組み、主体的に解決しようとする生徒の育成−新教育課程完全実施に向けて−
⑤一人一人の生徒が生き生きと活動する学校づくり−生徒が課題意識をもって主体的に取り組む学習活動の工夫−
⑥自分らしさを発揮し、ともに生きる力を育てる−学年行事と教科領域の関連をもとに−
⑦一人一人が生き生きと学び、確かな学力を身につける学習指導
⑧自ら学び、考え、生きる力を育てる教育の在り方−横断的・総合的な学習を軸として−

資料出所：B市教育委員会指導課『平成11年度　Bの教育−資料編−　園・学校別研究課題一覧』より作成。

る力」とは、文部省によれば「自ら考え、主体的に判断し、行動する能力、自らを律しつつ他人を思いやる心などの豊かな人間性といった生きる力」[18]である。この意味の「生きる力」を育成することを明示的に課題として掲げていない中学校は⑦だけである。もっともこの中学校であっても、課題設定の理由の一つとして「生徒一人一人が学習意欲をもち、主体的に学習に取り組む授業について追求することが大切であると考えた」[19]とあるので、「生きる力」と無関係の課題設定というわけではない。

　使われている言葉は違う場合もあるが、その目指すところは、先に掲げたA県教育委員会学校教育指導方針の重点指導項目と重なるといってよい。さらに課題内容を探ると、学校行事、学年行事あるいは各教科等に共通したテーマを素材に総合的な学習時間をどう編成するかを課題としてとりあげた中学校が、①、④、⑥、⑧であり、他方、学校教育指導方針にそって学習指導方法の改善・工夫を各教科ごとに進めようとする中学校が②、⑤、⑦、勤労体験、ボランティア活動をテーマに掲げた中学校が③となる。中学校では教科別に教員が分かれているため、小学校のように特定の教科についての研究を全校をあげて進めるということは難しい。そのため、各教科ごとの学習指導法の改善・工夫の研究になる。

4．3．研究の推進
4．3．1．課題の設定

　B市教育委員会は、学年末あるいは学年開始早々に、管轄する小中学校の学校課題研究主任を集めて、研修会を毎年開催している。ここでは、文部省、県および市の教育委員会の指定研究を受けた学校の代表者、あるいは指導主事を講師として、他校の成果を発表することになっている。

　他方、文部省の学習指導要領を受けて、県の学校教育指導方針、そして市の学校教育指導方針が策定され[20]、4月に教育方針の説明会がもたれる。説明会は何層かにわかれており、まず県教委指導主事が各市町村教委および地方教育事務所の指導主事に全体、各教科、道徳などに関する教育方針を説明する。その後、地

[18]　文部省『平成10年度　我が国の文教政策』(http://www.monbu.go.jp/hakusyo/1998jpn)より。
[19]　B市教育委員会指導課『平成11年度　Bの教育－資料編- 園・学校別研究課題一覧』のp.92。
[20]　B市教育委員会教育次長、指導課長とのインタビューによる（1999年9月29日）。

方教育事務所指導主事が管轄下の学校長を集めて説明会を開催し、他方、市町村教委の指導主事は各学校の教務主任に対して教育方針の説明を行う。その後、各学校で校長と教務主任が新年度の教育方針について教職員に説明することになる。

こうして学校課題に関する情報を収集し、新年度の教育方針を踏まえて、職員会議での議論などを通して各学校の課題が設定されることになる。

4．3．2．研究体制と指導

課題が設定されると、前節の課題研究の際に述べたような、研究推進委員会、専門部など設置される。さらに、同じく年間の研究計画がたてられる。課題研究の場合とまったく同じである。学校の全教職員を巻き込んだ、年間を通じた校内研修が行われることになる。

その過程でB市教委指導主事が学校課題訪問と称して2回、各学校を訪問する。最初は校内研修の研究課題を調べるためであり、2度目は進捗状況をチェックするためである。また学校の要請に応じて訪問することもある。指導主事による訪問指導もまた課題研究と同様である。

課題研究では研究発表、紀要、報告書の作成が多忙化の一因であるとして、負担軽減が課題となっていた。校内研修ではどうであろうか。前出のB市教育委員会指導課『平成11年度 Bの教育－資料編- 園・学校別研究課題一覧』の校内研修研究計画に、「研究報告のまとめ」、「紀要作成」、「研究のまとめ作成」、「研究のあゆみの原稿」という用語がある学校を抜き出してみると[21]、独自の校内研修をしている16の小学校と8の中学校のうち、小学校では4校、中学校では2校となる。他校の教職員、指導主事を招いての研究発表を予定している学校はなかった。研究発表、紀要あるいは報告書の作成という面では、文部省や教育委員会の指定研究とは違うようである。

4．4．まとめ

B市の公立小中学校では、文部省、県および市の教育委員会の指定研究を受けていない学校であっても、すべて、独自に学校全体による校内研修を行っていた。

---

[21] ただし、（実践）記録の作成、事例のまとめという学校は除いた。

研究指定を受けていても、それが学校の共通の課題になりにくいような場合には、研究指定とは異なる課題を掲げて校内研修を行っていた。教職員全体を巻き込み、学校全体でなんらかの課題について研究を行っていない学校などはないのである。この点は大いに強調されてよい。

　校内研修のテーマは、A県教育委員会の学校教育指導方針を踏まえて設定されているようにみえる。小学校、中学校ともにそうである。もちろん、県教委の学校教育指導方針は文部省の新学習指導要領に沿って策定されていることはいうまでもないから、文部省の新学習指導要領にそった、総合的な学習の時間の編成、各教科の学習指導方法の改善・工夫が試みられているのだといってよい。もちろん、それぞれの学校が置かれた環境は異なるから、同じ方針が直接に同じ内容、結果をもたらすことにはならない。だが、基本方針は各学校まで行き渡っているといってよい。各学校間で校内研修のテーマに大きな違いがみられないのは、一つには、課題設定前に行われる研究課題にかかわる研修会や、教育方針説明会によって情報が共有されていることが大きいと考えられる。

　文部省、教育委員会の指定研究とは異なり、独自の校内研修では、小学校では国語、算数、理科、社会科、生活科といった特定の教科に関する学習指導法の改善・工夫を進める学校（16校中4校）、中学校では各教科ごとに教育方針に掲げられた方向で学習指導法の改善・工夫を進める学校（8校中3校）が比較的多い。前節では、指定研究の課題は大きく分けて三つあり、今日、学校が特に解決を迫られている問題、今後、学校として新しい対応が求められる課題、そして各教科の学習指導方法の改善・工夫だと論じ、最後の学習指導方法の改善・工夫は市教委指定が中心で、全体的には比重は低く、前二者の比重が高いと述べた。文部省の学習指導要領、A県教育委員会学校教育指導方針を踏まえて計画、実施される独自の校内研修は、その比重の低さを補うものだといってよい。

　独自の校内研修でも、文部省、教育委員会の指定研究と同様に、全校をあげての体制が組まれ、年間を通じた活動が行われる。やはりここでも多大なエネルギーが費やされる。ただ、学外者を招いた研究発表を予定している学校はなく、紀要、研究報告をまとめるとした学校も少なく、その点では指定研究よりも負担は軽い。

5．階層別教育と教科別教育

　これまでに明らかにした課題研究、校内研修は、教職員が与えられたあるいは自ら定めた研究課題を自らが進めていくものであり、いわば教職員が研究活動の主体であり、その過程で教職員は当該課題に関する知識、ノウハウを身につけ、その結果、能力向上も図られると想定された。その限りで、これらを教育訓練として位置づけた。民間とのアナロジーでいえば、TQM（Total Quality Management）を実践していく中で、企業の生産性の向上が期待されるとともに、それを担った従業員の能力の向上も期待されるようなものだといってよい。

　これに対し、本節および次節でとりあげる階層別教育、教科別教育は、一般的にいうところの教育訓練に他ならない。階層別教育、教科別教育は最初の分類でいえば「命令研修」である。階層別教育には校長・教頭など管理職研修、中堅教職員研修、年次別教職員研修、初任者研修などがあり、教科別教育にはここでは各教科別の研修だけでなく、道徳教育、特別活動、進路指導、生徒指導などに関する研修も含めることとする。以下では、A県およびB市の小中学校教職員に対する主要な教育訓練の内容、特徴をみていこう。

5．1．初任者研修
5．1．1．内容

　初任者研修は、第2章で触れたように、「新任教員に対して、実践的指導力と使命感を高めるとともに幅広い知見を得させることを目的として昭和63年に創設され、平成4年度から小・中・高・特殊教育諸学校の全学校種において実施」[22]されているものである[23]。民間とのアナロジーでいえば、いわゆる新入社員教育だといってよい。

　初任者研修の方法・内容については、文部省の初任者研修実施要領モデルがほ

---

[22] 文部省『文教予算のあらまし　平成9年度』（1997年、第一法規出版社）のp.80。
[23] 初任者研修以前にも、文部省による新任教員への研修は行われていた。西（1982）によれば、文部省は昭和45年度に、4月当初の1週間、夏季休業中の約10日間に宿泊を伴う新任教員研修を実施するよう各都道府県に指示し、その後、昭和52年度からはこの研修を一般研修として期間を10日間に短縮し、他に10日間の授業研修を行うことを定めている（p.212）。これが現在の初任者研修の原型であることはまずまちがいない。

ぼそのままA県レベルにおりてきていることは、既に第2章で述べた。やや具体的にみてみよう。

　初任者研修は校内研修と校外研修とからなる。まず前者からみよう。

　新任教員もまたクラスを持ち、教科を教えるということに関しては、他の教員と変わりなく、初任者研修導入以前と同様である。ただ、1週間に2日程度、午後、当該学校の先輩教員から1対1で、学級経営、教科指導、道徳、特別活動、生徒指導などに関する教育を受ける。これが校内研修である。先輩教員は新任教員の教育全体に責任を負う指導教員と、教科ごとの教育を行う教科指導教員とからなる。指導教員は市町村教育委員会が校長の意見を聴いて指名することとなっているが、通常、担任をもっていない教務関係の教員（教務主任、副主任など）が新任教員の教育にあたっている。校内研修が行われる日の午前中は新任教員は通常どおり授業を行い、午後は校内研修を受け、その際の授業は非常勤の教員あるいは他の教員が受け持つことになっている。

　校外研修はA県の場合は、県教育委員会の主催の研修が21日、地方教育事務所主催が7日、市教育委員会主催が2日の計30日となっている。うち宿泊研修が4泊5日である。なお、この30日という日数および宿泊研修4泊5日は、文部省の初任者研修実施要領モデルの数字と同じである。1998年度のA県教育委員会の小学校初任教員に対する校外研修計画をテーマ別にみると⑭、①A県学校教育の現状、服務と心得など全般的な説明に2日、②学習指導要領に1日、③国語科指導の在り方など教科指導に5日、④学級経営に関して2日、⑤保健教育、道徳教育、人権教育、環境教育、情報教育に5日、⑤生徒指導に3日（1泊2日の宿泊研修を含む）、⑥視聴覚機器の利用に1日、⑥課題研究発表に1日、⑦企業における体験研修に1日の計21日となる。これら、県教育委員会主催の研修は、A県研修センターにおいてほとんどが講義形式で行われ、県指導主事が講義し、初任小学校教員約200人がそれを聴くということになる。ただ最初の開講式は小学校ばかりでなく、中学校、高校、特殊教育諸学校の新任教員合同で行われる。

　地方教育事務所の校外研修では体験研修、参加研修が多く、授業参観、特殊教

⑭　以下のデータはすべてA県教育委員会『平成10年度　初任者研修講座（小学校）年間計画』によっている。

育諸学校における体験研修、研究指定校での研究会への参加研修、道徳授業への参加研修がそれぞれ1日づつで、計4日となる。それに学校行事、宿泊学習、ボランティア活動などの特別活動に関する宿泊研修2泊3日（小中学校合同）が加わって、合計7日となる。市教育委員会の校外研修は市町村の教育目標、現状、課題の説明で1日、地域見学で1日の計2日となる。

　文部省「初任者研修年間研修計画作成要領」[25]によると、校外研修は「講義、演習及び実技指導等を行うとともに、他の校種の学校、社会教育施設、児童福祉施設及び民間企業等の参観、ボランティア活動及び野外活動等の体験を行うものとする」とあるから、ほぼこの条件を満たす校外研修が、A県でも行われていることがわかる。

　以上の校外研修は1998年度のA県公立小学校初任教員の場合は、火曜日に行われている。そのため、毎週、火曜日は非常勤の教員が代講するようになっており、それは校外研修がない週であっても同様となる。したがって、新任教員は校外研修がない場合、毎週火曜日、担任業務は別として、授業を行うことはなく、代わりに学校事務などを行うことになっている。

5．1．2．特徴

　以上が初任者研修の具体的内容であるが、次のような点を指摘しうる。第一に、日数、研修の方法、内容のいずれをみても文部省のモデルにほぼ沿う形で、A県の初任者研修が行われている。第二に、初任者研修は、OJT（On the Job Training）とoff-JT（off the Job Training）から構成されている。第三に、特に県教育委員会の行うoff-JTと職場で先輩教員によって行われるOJTの二つの教育訓練にはテーマにおいて重複が目立つ。たとえば教科指導、学級経営、道徳、特別活動、生徒指導などである。もっとも校外研修は講義形式で行われ「理論的である」[26]という違いがある。第四に、校外研修が行われる特定の曜日については、新任教員は校外研修がなくても授業がもてないようになっている。1998年度のA県公立小学校新任教員の例で計算すると、そうした日は18日程度ある。

　第三、第四の点に関してさらに次のように述べることができる。第三点について、たとえば、民間企業の新人営業マンに対し、同様のOJTとoff-JTが行われて

---

[25] A県学校長会『学校運営必携　四訂版』（1996年1月）のpp.108-110。
[26] A教組組織対策部長インタビューによる（1999年2月26日）。

いると仮定する。新人営業マンは先輩営業マンから、製品内容、製品特性、顧客特性、営業地域の特性、営業の方法、営業マンの心構えなどを日々仕事をしていくなかで教わりながら、営業活動に従事する。他方、それと同時期に週に1回、人事部教育訓練課の主催する講習会に参加し、これらのテーマについて理論的に学ぶ。その日は当然のことながら営業活動はできず、売り上げも伸びない。一般的にいって、こうした教育訓練を行っている企業はまずない。まず一定期間off-JTを行い、製品、顧客、営業についての基礎知識あるいは理論を身につけさせ、その後は職場に配置して、そこで先輩社員からOJTで実務知識を学んでいくというのが普通であろう。教育職といえども、新入社員教育に、営業職とさほど違いはあるまい。

　第四の点は文部省のモデルにある、校外研修は「週1日程度」で「少なくとも年間30日程度」という二つの基準と関係すると思われる。新任教員の初任者研修を実施するために、文部省は非常勤講師を配置している。つまり非常勤講師の予算をつけている。この場合の予算額は「週1日」を基準とせざるをえない。なぜなら年間30日で予算をつけていれば、それを上回った場合、予算の手当ができなくなるからである。他方、実際には校外研修は年間30日となっている。こうして非常勤講師は毎週勤務することとなる一方で、新任教員は校外研修のない日でも授業をしないことになる。営業マンの例でいえば、講習会のない場合は、週に1回たとえ営業所にいても営業活動は行わずに、営業事務等に専念させることになる。

5．1．3．不満

　こうした特徴をもつ初任者研修であるが、特に校外で行われる初任者研修に対しては教員からの不満が多い。表5-9はA教組北部支部B班の組合資料から抜粋したものである。

　ここに現れた不満を、すぐ上で指摘した特徴と重ね合わせると次のような推測がなりたつ。先輩教員による教科指導、学級経営などに関するOJTとは異なり、それらを理論的に講義する研修は「実践にすぐ使えず」または「どこでもできる」。しかも、「レポートを提出しても指導もない」。「実践的に使えない」講義を聴くために指定された曜日は「子どもたちと接すること」ができない。そればかりでなく、校外研修がない週であっても「子どもたちと接すること」ができない。だ

表5-9　初任者研修（校外研修）への不満

		不　満　の　内　容
①	1996年の分会訪問から	*初任研は学期に1度で十分である。生徒とふれあえる時間を多くした方がよい。 *初任研はいらない。研修の内容は、どこでもできる。 *初任者研修のあり方を見直してほしい 　　子どもと触れ合う時間が少なくなる。 　　レポートが多く、そのレポートに対する評価・指導もない。 　　出張が多い。
②	1997年の分会訪問から	*初任者研修のありかた 　　回数が多すぎる。 　　講義の内容は、実践にすぐ使えるものを。 　　クラスの子どもと接していた方がプラスになることが多い。 　　指導案、レポートもあまり意味がないときがある。

資料出所：①はA教組北部支部B班『1997年度B班定期大会議案』（1997年3月1日）のpp.4-5、
②は同じくB班『1998年度B班定期大会委議案』（1998年3月7日）のpp.5-6より。

から、「初任研はいらない」あるいは「学期に1回で十分」である。

5．1．4．申し入れ

　A教組はこうした教員＝組合員の不満を背景に、初任者研修の内容、方法を変えるよう求めている。たとえばA教組青年部は1996年9月11日、A県教育委員会に対し「青年教職員の勤務、及び諸権利に関する要求書」[27]を提出しているが、その中で「初任者の健康・交通安全の観点から、研修センターで行う全体研修を削減すること」と申し入れている。A教組北部支部B班もまた1996年8月の校長会交渉、B市教育長交渉で「初任者が子どもたちとふれあう時間を十分に持てるように、初任者研修の方法・内容の再検討を関係諸機関に働きかけること」と申し入れている[28]。1997年8月にも、校長会交渉、B市教育長交渉で同様の申し入れをしている[29]。

　他方、校長会、B市教育長は「研修は資質の向上のために必要。学校外で研修することは見直しが必要。具体的に検討して要望していく」（1996年の校長会

---

[27] A教組『第63回　A教組定期大会議案　別冊資料（経過報告）』（1997年6月26日）のpp.42-43。
[28] A教組北部支部B班『1997年度B班定期大会議案』（1997年3月1日）のpp.11-13、pp.23-26。
[29] A教組北部支部班『1998年度B班定期大会委議案』（1998年3月7日）のpp.13-19。
[30] A教組北部支部B班『1997年度B班定期大会議案』（1997年3月1日）のp.12。
[31] A教組北部支部B班『1997年度B班定期大会議案』（1997年3月1日）のp.24。

回答)(30)、「30日の研修のうち、市ではその内の2日を受け持っておりいずれも内容の濃いものを実施している」(1996年のB市教育長回答)(31)、「学校を離れての研修は30日あるが、長期休み中に9日実施している。残り、21日分は、校内の講師、教員でまかなわれ、内容の濃いものを実施しているものと思われる。今後もよりよい方向ですすめるられるよう関係諸機関にもはたらきかけていく」(1997年校長会回答)(32)、「子どもたちとのふれあいがないということは確かであるが、代わりの先生が来ているので、連携をとって子どもとふれあえる時間を工夫してほしい。初任者の配置については考えている」(1997年教育長回答)(33)。何らかの見直しが必要で、改善していくつもりであるが、30日という期間は資質向上のために必要であるというのが教育長、校長会の回答である。

だが、問題の根底に、先に指摘したような点、OJTとoff-JTの重複、校外研修日数の二つの異なる基準があるとすれば、その解決はそうたやすくはない。文部省の初任者研修実施要領モデルとは別の発想で、初任者研修を県独自で編成するか、あるいは文部省モデルそのものを変更するかが必要となると思われるからである。

5．1．5．まとめ

初任者研修は、新任教員の実践的指導力などを向上させるために1998年に創設された教育訓練であり、いわば新入社員教育だといってよい。中堅、大手の民間企業であれば大卒、高卒の新入社員に対し、そうした教育訓練が行われるのは普通であることを考えれば、その導入は自然なことといってよい。だが、現状ではいくつかの問題をはらんでいるように思われる。

初任者研修の日数、方法、内容は文部省の定めた初任者研修実施要領モデルが、ほぼそのままの形で県レベルまでおりてきている。少なくともA県ではそうである。その特徴は先輩教員によるOJTと講義形式、体験学習などのoff-JTの二つからなっていること、教科指導、学級経営、道徳、特別活動、生徒指導などのテーマについては二つの訓練がオーバーラップしていること、校外研修のない日（試算では年間18日程度）であっても新任教員は授業がもてない仕組みになっていることなどである。民間企業の新入社員教育では、最初に理論的、一般的なこと

---

(32) A教組北部支部班『1998年度B班定期大会委議案』(1998年3月7日)のp.14。
(33) A教組北部支部班『1998年度B班定期大会委議案』(1998年3月7日)のp.16。

に関するoff-JTを行い、その後に現場に配置してOJTで実務知識を身につけさせるというのが普通であるから、公立小中学校の新入社員教育は民間と比べてやや異質であるようにみえる。校外研修のない日に授業がもてないのは、校外研修日数の二つの異なる基準、つまり「週1日程度」と「少なくとも30日程度」のためだと考えられる。講習会のない日に本来業務をさせないというのも、民間とはやや異質であるようにみえる。

新入教員の初任者研修特に講義式の校外研修への不満は高く、労働組合としてもその改善を申し入れている。校長会、教育長などはその主張を認めながらも校外研修そのものについては必要だという認識を持っているようである。

だが、もし問題の根底に、先に指摘した点、OJTとoff-JTの重複、校外研修日数の二つの異なる基準があるとすれば、その解決はそうたやすくはない。文部省の初任者研修実施要領モデルとは別の発想で、初任者研修を県独自で編成するか、あるいは文部省モデルそのものを変更するかが必要となると思われるからである。

5．2．管理職・教職経験者研修
5．2．1．文部省

文部省は教職員の現職教育の充実を図ることを目的として、校長、教頭および中堅教員に対し、学校管理運営、学習指導上の問題についての長期の宿泊研修を行っている。A県では、1999年度に、公立小中学校および県立学校の校長・教頭合わせて16人が21泊22日の研修を受け、同じく中堅教員22人が35泊36日の研修を受ける。中堅教員が具体的に何をさすのかはわからないが、校長、教頭に限ってみると、A県全体で公立小中学校、県立高校、県立特殊学校を合計すると956になり、それぞれに校長1人、教頭1人いると仮定すると全部で1,912人になる。すると、文部省の校長・教頭研修に参加するのは1年間で全体の0.8％強となる。このほか、文部省関連の国立教育会館が新任の校長に対し1泊2日の特別研修を行っている。その他にも新任教務主任研修なども行われているが、A県ではそれらに参加する教員は1999年度にはいない。

---

(34) A県では教員に対する初任者研修以外にも、新規採用養護教員研修、新任の事務職員研修も行っている。

5．2．2．県教育委員会

　A県教育委員会は初任者研修以外(34)に、階層別教育として校長研修、教務主任研修講座、教職5年次研修、10年次研修などを行っている。これらの研修はA県研修センターで行われる。

　教職5年次および10年次研修に対しては、文部省から経費補助が行われている。もともとこの教職経験者研修は文部省によって行われていたものであるが、1977年に都道府県教育委員会に対して教職経験5年程度の教員全員を対象にした『教職経験者研修』を実施することを求め（西　1982：213）、それ以降、都道府県教委でこの訓練を実施するようになり、その後、10年次研修が追加されたものである。1999年度では5年次研修は7講座、552人を対象とし、10年次研修は7講座、735人を対象としている。いずれも教職経験5年、10年の教員全員が参加する。

表5-10　小学校教員5年次研修カリキュラム

	講　義	実　践　発　表	研究協議	演　習
第1日	①5年次教員に望むこと ②国際理解教育の現状と課題 ③豊かな人間関係の育成 ④生涯学習について			
第2日	①創意ある学級経営の在り方	①創意ある学級経営の在り方について	①学級経営の工夫点について（9分散会）	
第3日	①学習指導の在り方と評価 ②教科指導法（9分科会）			①指導計画の作成、または教材・教具の開発（12分科会）
第4日	①道徳指導の充実	①創意ある道徳の授業を目指して	①道徳の授業を進める上での問題点について（9分散会）	
第5日	①生徒指導の理論と実際		①望ましい学級活動の在り方について（9分散会）	
第6日		①指導計画に基づいた授業実践、または教材・教具を活用した授業実践（12分科会）		

資料出所：A教組内部資料

表5-11　中学校教員5年次研修カリキュラム

	講　　義	実　践　発　表	研究協議	演　　習
第1日	①5年次教員に望むこと ②国際理解教育の現状と課題 ③豊かな人間関係の育成 ④生涯学習について			
第2日	①学習指導の在り方と評価 ②教科指導法（10分科会）			①指導計画の作成、または教材・教具の開発 （12分科会）
第3日	①創意ある学級経営の在り方	①創意ある学級経営の在り方について		①生徒指導上の諸問題について （7分散会）
第4日	①道徳指導の充実	①創意ある道徳の授業を目指して	①道徳の授業を進める上での問題点について （7分散会）	
第5日	①特別活動の指導の在り方		①望ましい学級活動の在り方について （7分散会）	
第6日		①指導計画に基づいた授業実践、または教材・教具を活用した授業実践（12分科会）		

資料出所：A教組内部資料

　表5-10、表5-11で、A県の1998年度の5年次研修カリキュラム（小学校教員および中学校教員）を表したものである。
　まず、この表の説明からしよう。この研修は連続して行われるのではなく、6月から翌年の2月までの間に合計6日間の研修が行われる。研修は丸1日かけて行われる。この表にある講義は、大学教授あるいはA県教育委員会指導主事によって行われる。教科指導法の講師は指導主事である。最後の第6日の実践発表はこの研修に参加した受講者たちが行うものであるが、それ以外の実践発表は小中学校の教員が講師として招かれて自らの実践経験を発表するものである。研究協議では受講者は20人前後からなる少人数グループにわけられ、演習では10人

強からなるグループに分けられる。最後の日の受講者による実践発表は、小学校でいえば第3日目の演習、中学校では第2日目の演習およびその後の自主的な研究の成果をそれぞれが発表するものである。

　この二つの表から次のことがわかる。第一に、小学校と中学校のカリキュラムはほとんど違いがない。第二に、学級経営、教科指導、道徳、特別活動、生徒指導、教材研究など幅広いテーマが盛り込まれている。第三に、講義、実践発表、研究協議、演習など研修スタイルもバラエティに富んでいる。このように工夫されたカリキュラムでありながら、しかし、第四に、なぜにこれが特に教職経験5年の教員のために設計されたのかがわからない。わずかに「5年次教員にのぞむこと」という講義だけが、「教職経験5年」の教員に固有のものであるが、それ以外は特に「教職経験5年」を必要条件としたものではない。教職経験が2年であっても、10年であっても、30年であっても、この研修を受講して特別に困るわけではない。

　通常、階層別教育は、なんらかの役職（係長、課長、部長などの）に昇進する前後に、特に当該役職で必要となる労務管理、財務管理などの経営管理上、および業務遂行上の知識、ノウハウ、心構えなどを授けることを目的としている。したがって、係長教育は係長に昇進する予定の、あるいは昇進したばかりの従業員用につくられているのであって、従業員一般を対象にしたものではない。公立小中学校教員の5年次研修はこうした意味の階層別教育ではない。

　教員である以上、職務内容は同じであるから、以上のことは当然のことかもしれない。とするならば、おそらく10年次研修も同様であるように思われる。したがって、5年次研修、10年次研修の意義は、一定年数の経験を経た後に、再度、教育業務全般にわたって原則、理論、基礎を教えるということにありそうである。もしこの推論にして正しいのならば、即座に次のような疑問が生じる。第一に、なぜに、5年、10年なのだろうか。あるいは、3年、17年、21年の研修がないのはなぜか。第二に、テーマからみれば、前節で論じた課題研究、校内研修、さらにすぐ後で論じる教科別教育と重複するが、それらとの意味のある違いは何か。

5．2．3．市教育委員会

　B市教育委員会も独自に、教員2年次、3年次、4年次、6年次研修を全員に

対して行っている。研修はB市教育研究所で行われている。予算から考えて、県教育委員会の主催する5年次、10年次研修ほどの日程はとれないと考えられるから、内容にしても異なると思われるが、残念ながら詳しい資料を手に入れることはできなかった。

いずれにしてもB市の公立小中学校の教員は1年目から6年目までは毎年、全員参加の研修があり、そのうち5年目には6日間の県の研修がある。内容がわからないので確かなことはいえないが、民間企業において、入社6年目まで毎年のように本来業務についての全般的な教育が行われるというのは通常、考えにくい。

5．3．階層別教育の特徴

以上から、A県公立小中学校教員に対する階層別教育においても、文部省、県教育委員会、市教育委員会のいずれもが実施主体となっていることがわかる。ただ、文部省は初任者研修であれ、教職経験者研修であれ、実施主体であるよりも、それを企画し、要望する主体としての役割が強い。

校長・教頭など管理職に対する管理職教育（文部省、県教委主催のいずれも）は別として、資料の収集できた初任者研修、教職経験者研修はいくつかの問題を抱えているように思える。

第一に、初任者研修ではテーマを同じくする教育訓練を、通常よくみられるのとは違って、OJT、off-JTで同時期に行っている。

第二に、校外研修のない場合であっても、新任教員は本来業務である授業ができない。

第三に、教職経験者への研修は、バラエティに富んだカリキュラムが用意されているが、通常いわれるような階層別教育ではなく、課題研究、校内研修、次にみる教科別教育と重なる部分が多いとみられ、また5年、10年に対象者を限定した意味がよくわからない。

第四に、内容、日程についてはほとんどわからないが、B市公立小中学校教員は、これ以外にも市教委の年次別研修が毎年のように行われているが、一般的にいって、それはやや多すぎるように思える。

以上の諸問題のうち、最初の三つは、県教育委員会の教育訓練プログラムが文部省のモデル、要望に沿って設定されたことと関係しているから、その解決はそ

う容易ではないようにみえる。

5．4．教科別教育

ここでは便宜上、教科別教育に各教科別の研修だけでなく、生徒指導研修、特別活動研修、道徳教育研修なども含めることとする。

5．4．1．文部省

文部省は教科、生徒指導、進路指導などに関する各種研修講座を設けているが(関連特殊法人の国立教育会館主催を含む)、1999年度A県の公立小中学校教員が参加した主なものは、英語教育指導者講座(中学校、高校の教員合わせて12人、19泊20日)、生徒指導総合研修講座(中学校、高校の教員合わせて2人、27泊28日)、進路指導中央研修講座(中学校、高校の教員合わせて2人、5泊6日)、情報教育指導者養成講座(中学校、高校の教員合わせて10人、9泊10日)、産業教育指導者養成講座(中学校、高校の教員合わせて10人、5泊6日)である。A県からみれば、受講する教員数は少ないが、研修日数はきわめて長い。

教科にかかわる研修が少ないが、この他に音楽、図画工作、家庭科の実技の指導力を向上させることを目的とした小学校実技等講座、中学校中堅教員を対象にした指導技術向上講座がある。後者は、社会の変化に適切に対応した教育内容に関する指導方法・指導技術に関する研修を行い、その資質の向上を図るため、各都道府県において理数講座、環境教育講座、消費者教育講座、教育機器利用講座等のうち2講座程度を開催するというものである(35)。だが、A県教育委員会『平成11年度　教育行政の概況』(1999年4月)でみる限り、それらの講座に参加している教員はいない。

5．4．2．県教育委員会

A県教育委員会が1999年に企画した研修は、ここでいう教科別教育に限ると、全部で67講座あり、延べ4,562人が受講している。A県の公立小中学校教諭(校長、指導主事を含む)の定員数は1999年度で15,213人であり、ここから、各学校校長、教頭1人だと仮定して算出された1,652人を差し引くと、13,561人になる。前節でみた、初任者研修、5年次研修、10年次研修に参加する教員

---

(35) 小学校実技等講座、指導技術向上講座については、文部省『文教予算のあらまし平成9年度』(1997年)のp.86。

数を合計すると1,512人となる(36)。いま、1年間で二つ以上の講座を受講しないと仮定すると、6,074人、A県公立小中学校教員の実に44.8％（＝｛4,562＋1,512｝÷13,561×100）が県教育委員会の主催する階層別あるいは教科別教育を1999年度1年間で受けていることになる。これらの研修はいずれもA県研修センターで行われている。その内訳をみよう。

まず国語科音声言語研修講座をはじめとする教科研修がある。ここでは23講座が開催され、対象は小中学校教員のうち希望するもので、定員は558人となっている。この23講座の内訳は残念ながらよくわからない。だが、第2章で明らかにしたように、A県研修センターには53名の指導主事がいること、それよりはるかに少ない指導主事しかいないB市教育研究所（専属は1人だけである）がすぐ後に明らかにするように多くの教科別教育を行っていることを考えれば、A県研修センターでほとんどの教科についての研修が行われるとみてよいだろう。同じことが以下の研修にもあてはまろう。

ついで生徒指導研修講座等の24講座がある。対象は小中学校教員で定員は2,838人である。ここでは講座により推薦および悉皆となっている。悉皆というのは2,838人という数からみても、小中学校教員全員ということではなく、対象者全員ということであろう。これらは生徒指導主事、進路指導主事などの主事、主任を対象とした研修であろうと推測しうる。

また、希望者を対象として特別活動研修講座等の20講座がある。対象は小中学校教員で定員は1,166人である。この他に、たとえば道徳教育研修講座(37)、学級経営研修講座などの領域別研修等があると思われる(38)。

5．4．3．市教育委員会

B市教育委員会も先の階層別教育と同様、多くの教科別教育を行っている。研修場所は同じくB市教育研究所である。

教科研修として、地域学習指導者（社会）研修会、地域学習指導者（理科）研修会を初めに、保健体育、小学校理科実技、小中学校音楽科実技、小学校家庭科実技、小中学校国語科実技、小中学校社会科実技、小中学校算数・数学科実技、

---

(36) 数字はA県教育委員会『平成11年度　教育行政の概況』（1999年4月）のp.32、p.103より。
(37) 道徳教育研修講座はA県教育委員会『平成11年度　教育行政の概況』（1999年4月）のp.26に、それを開催する旨が記されており、対象が小中学校教員で期間2日間となっている。

小中学校造形教育実技、小中学校体育科実技、小中学校書写教育実技、生活科という、実技中心の13教科に関する研修会を開催している。この他に、特殊教育研修会、学級経営研修会もあり、合計15講座を開いている。

各研修会の定員に関するデータは得られなかった。ただ、いま、各研修会の定員が10名だとすると、ここにあげた15の教科別研修会等にB市全体で150人の教員が参加することになる。B市全体の小中学校教員は902人[39]であるから、重複して受講しないと仮定すると、16.7％が毎年なんらかの教科別研修に参加している。先のA県教育委員会の階層別教育、教科別教育に参加する教員の推計値44.8％がB市にもあてはまるとすると、県、市合わせて61.5％の教員が毎年、なんらかの研修を受講している。これにB市の階層別教育を加えると、この比率はさらに高まる。

5．5．受講者の選定

A県教育委員会の初任者研修、5年次、10年次研修、B市教育委員会の2年次、3年次、4年次、6年次研修などは全員参加であり、対象者はすべて受講する義務がある。おそらく、A県教育委員会の一部の主任・主事研修もここに含まれよう。

これに対して、その他の研修の場合は希望者を募る、あるいは推薦されて受講することになる。文部省のほとんどの講座、A県教委およびB市教委の教科別教育のほとんどがこのケースに該当する。ここでは受講者は次のように選ばれることになる。

まず文部省、A県教育委員会の主催する研修会の情報が、各地方教育事務所を経由して、市教育委員会に文書で送られてくる。市教育委員会は市独自の研修会を加味して、各学校長に推薦依頼、あるいは希望者の募集依頼を行う。市教委の各学校長への推薦依頼では、受講者人数、受講科目、年齢・年齢などが予め指定されており、各学校長が校務分掌、研修経歴、勤務年数などを考慮して、受講者を選定することになる。受講者には出張命令が校長から発令されることになる。

---

[38] 学級経営研修講座はA県教育委員会『平成10年度　教育行政の概況』（1998年4月）のp.80に教職研修の1例としてあげられており、おそらく1999年度も開講されたと考えた。
[39] B市教育委員会『'99　Bの教育』（1999年8月）のpp.11-12より。

もっとも、命令とはいっても、個々の教員の事情に応じて変更は可能だといわれている(40)。

5．6．まとめ

　ここでいう階層別教育、教科別教育の主たる担い手は県教育委員会、市教育委員会である。文部省はそのいずれであっても、長期研修ではあるが、受講者の数そのものはかなり少ない。また各教科に関する教育はあまり行っていないようである。だが、実施主体ではないとはいえ、特に初任者研修、教職経験者研修に関しては、教育訓練の企画について指導的役割を担っている。

　県および市の教育委員会の行う階層別教育、教科別教育の最大の特徴は、受講者数の多さである。試算にすぎないが、重複して研修に参加しないとすれば、実に県教育委員会の企画、実施する教育に半数近くの教員が毎年参加することになる。これにB市教育委員会の教育を加えれば、おそらく6割を超える教員が県、市の教育委員会主催の研修会に毎年参加している。この比率はかなり高いといってよい。

　第二の特徴は、そのカバーする課題の多さである。階層別教育でいえば、A県教育委員会主催で初任者研修、5年次・10年次研修、管理職研修、B市教育委員会主催で2年次、3年次、4年次、6年次研修、教科別教育でいえば、A県教育委員会主催で、教科研修は23講座、生徒指導研修など主任・主事に対するとみられる研修が24講座、特別活動研修、道徳教育研修、学級経営研修などがあわせて20講座、B市教育委員会主催で、教科研修などであわせて15講座ある。教科別、領域別の研修の多さは、文部省、県、市が指定する課題研究におけるそれらの比重の低さを補うことになるかもしれない。ただ、課題研究が日々の活動の中で、いわばOJTによって、知識、ノウハウを身につけていく機会を教職員に与えているのに対して、これらの講座のほとんどは講義形式で行われると考えられるから、これだけでは限界もあろう。

　第三の特徴は、文部省の指導のもとに計画され、A県教育委員会が実践している初任者研修と教職経験者研修が、人事管理一般からみて、やや異質な制度とな

---

(40) A教組組織対策部長へのインタビューによる（1999年2月26日）。

っていることである。初任者研修では職場のOJTとoff-JTが時期およびテーマにおいて重なりながら進められ、また校外研修日数の二つの基準の存在が新任教員を本来業務から遠ざける結果をもたらしている。教職経験者研修は、通常いわれる階層別教育ではなく、その理由はよくわからないが5年と10年という節目をとりあげて、教員に必要とされる知識、ノウハウを再度教えるというものであり、他の教科別教育との重複に特に注意が払われるというわけではない。この異質性は、初任者研修の場合には新任教員の不満をうんでいるように推測しうるが、その解決は、もともと文部省のモデルに沿ってつくられた教育訓練であるだけにそう容易ではないように思える。

6．教育研究連盟

　ここまで、文部省、県および市の教育委員会という使用者側の実施する教育訓練の内容、特徴をみてきた。ここでは、A教組がその組合員を組織して行う自主的な教育研究活動をとりあげる。ただ、これまでにも触れたように、A県の場合は、労働組合独自の活動というよりも、A教組、A県所在の国立大学、校長会、教育会、教育研究会から構成されるA県教育研究連盟の活動として行われ、その意味で特殊な事例となっている。

6．1．目的と組織

　A県教育研究連盟（以下、教研連と略称）は、「民主教育の実践をたかめるため現場における共同的研究を積極的に推進し、本県教育の振興に寄与することを目的」（規約第2条）とし、現在、A県所在の国立大学、A教組、A県教育会、A県学校長会、市町村レベルの教育研究会を構成組織としている。このうちA県教育会は、もともと、その起源は1884（明治17）年に教員の自己研修を目的として結成されたA県教育協会にあるとされるが、第二次世界大戦敗戦後、GHQによってその改組を迫られ、「教育者の職能向上を図り、民主教育の振興と文化の興隆発展に寄与すること」を目的とする、教員組合とは異なる、職能団体としてうまれかわった組織である[41]。A県学校長会はA県の公立小中学校等の校長で組織される団体である。教育研究会は、校長、教頭を含む教員の任意団体であり、

教育にかかわる研究、実践などの活動を自主的に行っている。任意団体ではあるが組織率はほぼ100％であり、会費は毎月250円、それに市町村教委の補助金を加えた資金によって運営されている。後述するように、この教育研究会は、A教組と並んで、教研連活動を支える重要な柱の一つである。

　教研連には評議員会がおかれ、そこで活動計画、予算の決議、決算の承認、規約制定・改廃など重要事項が決議される。評議員は次にのべる28支部を代表する者2名、上記の構成組織を代表する者2名である。

　教研連には地域ごとに28の支部がおかれており、後述するように、この支部での活動（支部教研といわれる）が県教育研究集会の母体となる。当然のことながら、各支部には、A教組など各構成団体の地域組織、当該地域のいくつかの教育研究会が参加することになる。教研連規約諒解事項の4において、「教研連支部は教組の28支部にあわせる」とある。第2章で明らかにしたように、A教組は現在、9支部、34班からなるが、28という数字そのものはA教組の以前の支部をベースとしたものである。ここで重要なことは、教研連の研究集会の母体となる支部の設定がA教組の地域組織をベースとして考えられていることである。このためA教組が、教研連支部の活動を組合地域組織の活動の一部とみなしても不思議ではない。事実、それを担う主体は教員＝組合員であり（A教組の組織率が90％を超えている）、また、地域組織と重なる部分が多いからである。A教組の定期大会議案に「支部教研」の日程が載せられているのは、そのことを物語っている。

---

(41)　樫村勝『A県教育史　下』（常陸書房、1980年）によれば次のようである（pp.810-855）。発足当初のA県教育協会は教育学の研究、授業法の研究に取り組み、また機関紙も発行していた。その後、1908（明治41）年に、A県の郡・市にあった下部組織を緊密に結びつけるためにA県教育会として改組され、その後、教員の資質向上のための各種の研修活動、教員の待遇改善、教育制度の改善、教育会館の建設などを行ってきた。第二次大戦中、A県教育会は大日本教育会の傘下の下部組織に位置づけられ、敗戦後、GHQの指令により職能団体として改組されることになったという。教職員の労働組合であるA教組との関係がどのようなものであったのか、そして現在がどうかという疑問がすぐに生じる。再び、樫村によると、戦後改革の際に「A県教育会もA教組との間に解散についてしばしば交渉が行われたが、両者の間に妥協が成立せず、改組の上存続することになった。かくして、昭和23年10月…新しい教育者の民主的団体として発足することになった」（p.852）、しかし、A教組が「教員の生活権の確保を中心として活発な活動を展開したのに対し、教育会は教育現場における教育資材の供給等に力をつくしていたため、会員も次第に減少し、再建に相当の苦悩があった」（p.852）。A県教育会の活動、組織がどうなっていったのか、現在はどうかについては残念ながらわからなかった。ただ、活動領域が事実上、A教組とほぼ重なるのであり、A教組の組織と活動の現状から類推する限り、それほど活発であるとは思えない。

第 5 章　教育訓練

　以上、A県の教育研究連盟は「現場における共同的研究を積極的に進める」ことを目的とし、A教組以外にも、国立大学、校長会、教育会、市町村レベルの教育研究会をも構成組織としているやや特殊な団体であるが、県教研集会の母体である支部はほぼA教組の地域組織と重なるように設定されたこと、そしてA教組の組織率の高さからみて、A教組の果たす役割は実質的には高いと考えられる。
　もともとA県で当初からこうした教研連があったわけではない。日教組が1951年5月の第8回定期大会で、教育研究大会の開催を決議し、同年11月に日光で第1回教育研究大会を開く以前に、A県では1950年5月に小学校、中学校、高等学校、大学を構成単位とするA県連合教育研究集会が結成され、1951年2月20日、21日の2日間にわたって「品性の教育」を研究テーマとして研究集会が開催されている(42)。
　そのためA県においては、1951年以降、A教組主催の教育研究大会とA県連合教育研究集会が二つ同時並行的に開催されることになる。この二つの研究集会は「性格的には相違があるが、県内に二つの研究組織をもつということは、労力の負担、経費の負担、参加者の重複、集会の時期など、教育活動への支障をきたすことが多く、回をかさねるに及んで、…一本化のことが強く要望されるようになってきた」(43)。こうして1956年2月A教組からA県連合教育研究集会に対して一本化の申し入れがなされ、交渉はかなり難航したといわれるが、同年9月17日に、A県教育研究連盟が結成されることになった(44)。
　その後、日教組と文部省の対立の激化などを背景に、A県においても1968年

---

(42)　樫村勝『A県教育史　下』(常陸書房、1980年)のpp.908-910より。同じく樫村によると(pp.921-931)、A県連合教育研究集会の源は、1917年に、小学校における全教科の教授法研究を目的として、男女両師範学校付属小学校を中心として結成された「A県小学校連合教授法研究会」だそうである。この研究会は、毎学期1回、年3回の研究集会を開催している。その後、研究領域の拡大を図るために、1925年「A県小学校連合教育研究会」に改組し、年に2回の研究集会をもつようになった。この研究会は1932年まで継続して活動していたが、経済環境の悪化などもあって一時休止したのち、1935年に再度、「A県初等教育連合会」として復活することになった。これらの研究会はいずれも師範学校および公立小学校の教員の個人加盟組織であり、教授法、指導法の研究のために個人の資格で参加し、研究活動を行ったとみられる。
(43)　同上樫村勝『A県教育史　下』(常陸書房、1980年)のp.934-935。以上の問題については、組合史でも確認できる。A教組『A教組50年誌』(1998年)によれば、二つの「会の性格、研究テーマの設定は異なりましたが、同時期に2つの研究会の開催は現場教職員に負担過重となっていましたので、両者の統合が要望されました」(p.68)。
(44)　A教組『A教組50年誌』(1998年)のp.68による。なお、樫村勝『A県教育史　下』(常陸書房、1980年)では結成が昭和30年9月17日となっているが、組合史の記述の方を採用している。

から10数年間、A教組主催の研究集会と教研連主催の研究集会が二本立てで開催されるという時期があるが、現在では既に述べたように研究集会は一本化され、日教組の全国研究集会への代表者を選ぶ場としても機能している。

6．2．支部教研と特徴

　教研連の毎年の活動は、4月上旬の研究推進資料の発送から始まる。5月に評議員会を開催して年度計画を定め、それと平行して支部における研究推進の体制を確立していく。各支部において各構成組織間の連絡をとりながら、研究を促し、研究発表者を募っていくことになる。8月に28の支部ごとに教育研究集会が開催され、教科、領域、課題別に1,2人の教職員が発表を行う。発表者は輪番制で決められるか、あるいは熱心な人になるといわれる(45)。1996年度でいえば、28支部は8月の1、2、7、8、9、12、19、20、22、23、26、27日のいずれかに支部教研集会を開催している(46)。

　B市は、組合組織でいえば、現在ではA教組北部支部B班に対応しているが、教研連では支部に該当し、1996年では8月20日にB支部教研集会を開催している。この支部教研集会には組合組織であるB班の所属する北部支部の執行部も参加し、B班自身も組合活動の一部として記録を定期大会議案に載せ、次のような評価と方針を述べている。「8月20日の市総合発表会の先生方の発表を見てもわかるように、一人一人の先生方が、教育の問題に真剣に取り組み、自主的に研修を深めていることがわかると思います。今後も、職場において研究活動ができる環境づくりをすすめます」(47)。他方、教研連の構成組織の一つである市町村レベルの教育研究会は、この支部教研を組合と共催で開催していると認識している。B市の教育研究会は全員加盟の組織であって国語、理科などの教科、生活指導などの領域ごとの専門部をもっている。各学校の教職員はこの専門部にはいることになる。B市教育委員会指導主事へのヒヤリング記録によれば、B市教育研究会は「全員会議を年3回開くが、1回は5月で事業計画を決め、8月中旬、今年は8月20日であったが、組合と共催で会議を開き、最後の会議は2月に開く」(48)。

---

(45)　A教組組織対策部長インタビューによる（1999年2月26日）。
(46)　A教組『第63回　A教組定期大会議案　別冊資料（経過報告）』（1997年6月26日）のp.87。
(47)　A教組北部支部B班『1997年度B班定期大会議案』（1997年3月1日）のp.23。
(48)　B市教育委員会教育次長、指導課長とのインタビューによる（1999年9月29日）。

A教組B班にしろ、B市教育研究会にしろ、ほぼメンバーは重なり（もっとも、校長、教頭は違う）、自主的な研究活動を組織するという目的も同じであり、また教研連支部の活動の一環であるから、「共催」という認識も自然なことなのかもしれない。

　支部教研での発表会をもとに、教研連支部の選考委員会が県教研集会での発表者を選ぶことになる。

　以上のように、支部教研集会は県教育研究集会における発表者選考の場と機能しているが、その活動を支えるのは教研連支部を構成する市町村の任意団体である教育研究会とA教組の班あるいは支部であり、事実上、この二つ団体の共同作業によって活動が進められると考えられる。ここにA教組の教育研究活動の強さと弱さが潜んでいるようにみえる。強さは二重である。一つは、教職員の自主的教育研究活動を行う任意団体が、その活動の一端を担っているために、労働組合としてこの活動の推進、活性化に特段の努力を払う必要があまりないことである。もちろん、このことはA教組が教育研究活動に力を注いでいないということでは全くない。ただ、単独で行うよりも、その努力は少なくてすむだろうといいたいだけである。二つは、この任意団体が校長、教頭を含んでいるため、特に校外での教育研究活動への参加が職務命令による「命令研修」になりやすいということである。弱さは、校長、教頭を含むため、労働組合独自の課題をたてて研究を進めることが相対的に難しくなるかもしれないことである。前述したように、1970年代にA教組の教育研究集会と教研連の研究集会が二本立てとなった時期があったが、その原因の一つが、A教組が日教組の全国教研集会にあって県の教研集会にない分科会の設置をめぐる対立であった[49]。この対立は、結局、10数年後に、A教組の分科会設置の申し入れを教研連が受諾することで解消し、新たに「能力発達学習と評価」、「マスコミと文化活動」が設置され、「選抜制度」、「人権・平和と民族」の二つは将来の分科会の課題として位置づけ、当面は「進路指導」および「社会科・生活指導分科会」で論議することになった[50]。

---

[49]　A教組『A教組50年誌』（1998年）のpp.68-69。
[50]　A教組『A教組50年誌』（1998年）のpp.69。

6．3．県教研集会

　支部教研集会で選考された研究発表は、10月に開催される県教研集会の場で再度、発表され、それをめぐっての討議が行われることになる。以下、詳しい資料の得られる1997年度の第42回A県教育研究集会についてみていこう。

　1997年度の県教研集会は10月17日、18日に開催された。第1日目は開会式と外部講師による講演、第2日目が午前2時間30分、午後2時間を使った発表であった。研究発表は23の分科会に分かれて行われ、それぞれの分科会は、午前、午後の計4時間30分を使って発表者による研究発表、数名の助言者によるコメント、その後の討議という形式で進められた。

　表5-12は23の分科会ごとに、発表件数、発表者数、助言者および司会者数を示したものである。このうち司会者は各分科会ともに2名で、公立小中学校の教員から選ばれている。助言者は多くの分科会で3名であり、A県所在の国立大

表5-12　第42回A県教育研究集会における研究発表

教科、領域	発表件数 小学校	発表件数 中学校	発表者数 ①	助言者、司会者数 ②	①と②の計
国語	20	8	32	5	37
外国語	0	11	11	5	16
数学	19	7	34	5	39
社会科	12	7	21	5	26
理科	12	10	22	5	27
生活科	14	0	15	5	20
技術	0	6	6	5	11
家庭科	7	7	16	5	21
音楽	6	6	13	6	19
美術	8	5	11	6	17
保健	12	1	13	5	18
体育	16	5	28	5	33
特別活動	13	6	19	5	24
道徳	12	4	16	5	21
生活指導	14	4	18	6	24
進路指導	0	7	7	6	13
環境教育	3	0	3	6	9
情報化と教育	8	3	12	6	18
幼年期の教育と保育の問題	2	0	2	5	7
障害児教育	6	4	14	5	19
教育条件整備と教育の問題	7	3	10	6	16
個性の尊重と教育評価	2	0	3	5	8
人権保障と共生の教育	1	0	1	6	7
計	194	104	372	123	450

資料出所：A県教育研究連盟『Aの教育　第42回A県教育研究集会報告』（1998年5月）
注：美術教育の分科会では2人が文書報告だけで、発表を行っていない。また、「幼年期の教育と保育の問題」分科会の発表者の1人は幼稚園教諭である。

第5章　教育訓練

表5-13　研究発表・討議に対する講評―7分科会

教科、領域	講　評
国語	レポートの内容は、新しい学力観を踏まえ、音声言語、文字言語における表現力を高める指導、一人一人のよさや可能性を伸ばす個に応じた指導、児童生徒の主体的な学習を展開するための、多様な学習活動を取り入れた指導などが大半を占めた。
外国語	生徒一人一人に、基礎的・基本的事項の定着を図るとともに、自分のことばとして、コミュニケーションできる力を身につけさせるための工夫がなされていた。
社会科	研究テーマには、「自ら学ぶ意欲」、「一人一人が意欲をもって」、「主体的に取り組む」などの文言が多く見られ、21世紀の変化の激しい社会を「たくましく生きる」資質や能力の育成を図っている様子がうかがえた。
生活科	いずれも地域の素材を生かし、児童一人一人の主体的な学習活動を考えた実践的研究であった。
家庭科	児童生徒の興味・関心・意欲を引き出すための手だてが具体的に工夫されていた。
音楽科	研究実践発表は、中教審のキーワードである「生きる力」を音楽科としてどのようにとらえるか、あるいは個性に対応し「一人一人をどのように生かすか」などの今日的な課題が様々な形で提案された。
道徳教育	道徳的実践力を高めるために、道徳の授業を改善、工夫したり、体験活動を重視しようとするレポートが多かった。また、家庭や地域社会との連携を深めるための日々の積み重ねの成果もたくさんみられた。

資料出所：A県教育研究連盟『Aの教育　第42回A県教育研究集会報告』（1998年5月）

学の教育学部教員1名、A県指導主事[51]1名、公立小中学校教諭1名からなる。ただ、生徒指導、進路指導、環境教育などの7つの分科会ではA教組からも助言者が選ばれ、助言者が4名になっている分科会もある。

　23の分科会で取り上げられたテーマは、表5-12にあるように、国語、外国語、数学から人権保障と共生の教育まで多岐にわたっている。分科会ごとに発表件数は異なり、最も多いのが国語科分科会の28件、最も少ないのが「人権保障と共生の教育」分科会の1件であり、総計で298件の研究発表が行われている。

　各分科会での研究発表の内容をすべて示すのは難しいが、表5-13にあげた講評からそれを推測することができよう。ここから浮かび上がってくるのは、各分科会において教職員たちが、「新しい学力観」を踏まえて、児童生徒たちの「個々に応じた」指導を行い、それを通じて「生きる力」をもち、「主体的」に取り組む児童生徒を育てようとする実践研究の成果を発表している姿である。

　ここでは、A県教育委員会の学校教育指導方針さらには文部省の学習指導要領

[51]　指導課以外に、保健体育課、研修センター、地方教育事務所から選ばれている分科会もある。

と大きく食い違う実践研究を行い、それを発表、討議しているようにはみえない。教職員自らが、教育指導方針、学習指導要領にそった学習指導方法の在り方を日々の授業の中で見つけだしていった、あるいは創り出していった成果が発表されているように思われる(52)。第4節で分析した校内研修の中には、教科、領域ごとの学習指導方法の改善、工夫を全校あるいは同一校の教職員グループで追求していくものもあったが、これに対して、県教研集会における発表は、一人あるいは数人の教職員が自主的にそれを日々の実践の中から探し出していった成果だといえよう(53)。

　県教研集会で奇妙な点は次のことである。第42回A県教研集会の参加者は記録によると478人とある。いま表5-12によって発表者、助言者、司会者の合計をだしてみると、450人になる。したがって、県教研集会に参加した者のほとんどは、発表者か、助言者か、司会者であって、ただ研究発表を聞くあるいは討論に参加することを目的として県教研集会に参加した者は、多く見積もっても(54)、28人しかいない。極端に言えば、県教研集会とは、選ばれた発表者が相互に発表しあい、助言者のコメントを交えて討論を行う場所であって、外部の者は入らない内々のワークショップのようなものだともいえる。発表者は分科会の間を行き来することはできるが、通常は午前、午後ともに自分が発表する分科会で過ごすであろう。とすれば、県教研集会は20～30人の、部外者の入らない小さなワークショップを23個集めたものだともいいうる。

　以上の点をどう解釈したらよいのだろうか。A県教研連盟はA県教職員の自主的な研教育研究活動を促進するユニークな組織であって、県教研集会はその活動の成果を発表する重要な機会である。だが、実際には、それは、内々だけの小さなワークショップの集合にすぎない。一つの解釈は、県教研集会、支部教研集会という発表機会の存在が、教職員の自主的な教育研究活動を促進し、自らの実践

---

(52) このことが、先に指摘したA教組としての弱さ、つまり市町村教育研究会との共同作業であることの結果なのか、あるいは学校長会をも含むA県教育研究連盟の特徴なのかどうかはわからない。
(53) もちろん、県教研集会の発表には校内研修の成果を発表したと思われるものもある。特に校内研修の成果だと明言されているわけではないので、判断が難しいが、対象が多学年にわたっているものを校内研修の成果だと考えれば、進路指導、生徒指導、環境教育、情報化教育などの分科会では、そうしたものが比較的多い。
(54) この28人の中には、当然のことながら、事務局担当者も含まれるであろうから、この人数はさらに少なくなると思われる。

を一つのリポートとしてまとめあげることにつながるのであって、その果たす役割は大きい。いま一つの解釈は、内々の小さなワークショップであれ、他の教職員の実践を聞き、また助言者のコメントを聞くことは、それだけで有意義であり、発表者にとっては十分価値がある。この二つの解釈が正しいとしても、まだ残る疑問がある。こうした研究集会を開催する一つの目的は情報の共有である。個々の教職員が生み出した新しい指導法、ユニークな指導法などをより多くの教職員が共有することである。だが、内々だけの小さなワークショップの集合では、この重要な機能を充分に果たしえず、発表者の個人的な経験の範囲にとどまり、なかなか広がらない。こうした問題が生じてくるように思える。もちろん、A教組としても、組合機関紙などを通じて情報の共有化を図ろうとしているが、「参加者の報告活動である環流学習会はここ数年行われていない」[55]のが実情である。

6.4. まとめ

　A県教育研究連盟は、「民主教育の実践をたかめるため現場における共同的研究を積極的に推進し、本県教育の振興に寄与することを目的」とし、A教組、A県所在の国立大学、A県教育会、A県学校長会、市町村レベルの教育研究会を構成組織とするユニークな教育研究組織である。

　その日々の活動を支えるのは、市町村に設置された教職員の任意団体である教育研究会とA教組の地域組織である。教育研究会は教職員全員加盟の組織であって国語、理科などの教科、生活指導などの領域ごとの専門部をもち、自主的な研究活動を行っている。毎年、8月に各地で教研連支部の研究発表集会が開催されるが、ここでも実質的な担い手はA教組地域組織と市町村の教育研究会である。ここで教科ごと、領域ごとの研究発表が行われ、そのうちのいくつかが選考されて県教研集会での発表にまわされる。

　A県公立小中学校教職員の自主的な教育研究活動が、事実上、市町村の任意団体である教育研究会とA教組地域組織という二つ団体の共同作業によって活動が進められているところに、A県の特徴がある。そして、そこにA教組の教育研究活動の強さと弱さが潜んでいるようにみえる。強さは二重である。一つは、教職

---

[55] A教組組織対策部長へのインタビューによる（1999年2月26日）。

員の自主的教育研究活動を行う任意団体が、その活動の一端を担っているために、労働組合が単独でこの活動の推進、活性化を図ろうとするよりも、少ない努力でそれをなしとげることができる。二つは、この任意団体が校長、教頭を含んでいるため、市町村レベルでの教育研究活動への参加が職務命令による「命令研修」になりやすい。弱さは、校長、教頭を含むため、労働組合独自の課題をたてて研究を進めることが相対的に難しくなる。

　10月に開催される県教研集会は23分科会にわかれ、国語、外国語などから道徳教育、進路指導、人権保障と共生の教育まで多岐にわたるテーマで発表が行われ、議論が行われる。その発表内容をみてみると、教職員自らが、A県学校教育指導方針、文部省学習指導要領にそった学習指導方法の在り方を日々の授業の中で見つけだしていった、あるいは創り出していった成果が発表されているように思われる。

　県教研集会で奇妙なことは、実際には、発表者、助言者、司会者という内々だけの小さなワークショップが23集まっただけのものにすぎないようにみえることである。もちろん、だからといって県教研集会の意義が全くないというわけではない。一つには、県教研集会、支部教研集会という発表機会の存在が、教職員の自主的な教育研究活動を促進し、自らの実践を一つのリポートとしてまとめあげることにつながるのであって、その果たす役割は予想以上に大きいのかもしれない。また、内々の小さなワークショップであれ、他の教職員の実践を聞き、また助言者のコメントを聞くことは、それだけで有意義であり、発表者にとっては十分価値があるのかもしれない。にもかかわらず、せっかくの研究実践の成果が、発表者の個人的な経験の範囲にとどまり、なかなか広がらないという問題を抱えているようにみえる。

7．多様な教育訓練と多忙化

　以上、A県公立小中学校教職員に対する主要な教育訓練を明らかにしてきた。ここではそれらの多様な教育訓練の全体像を描き、それがはらむ問題点を指摘したい。

7．1．多様な教育訓練

　図5-2はA県の主要な教育訓練を、その課題別、主催者別に描いたものである。この図を前提にこれまでの分析を簡単にまとめよう。生徒指導、進路指導、不登校問題など現在時点で、学校が解決を迫られている問題に対して、なんらかの対策を立案するためのノウハウ、データを得るために行われる指定研究、課題研究では文部省の主導性がはっきりしているようにみえる。A県教育委員会であれ、B市教育委員会であれ、文部省の方針に沿って自らの課題研究を定めていると思われる。これに加え、教育委員会ではより実践的な志向が強まり、対象をより広範囲に広げることが目指されているといってよい。英会話、ネットワークなど今後、学校が対応を迫られる課題への対応策を講じるためのノウハウ、データを収集するために行われる課題研究にしても、文部省主導であることには変わりがないように思われる。教育委員会はここでも文部省の方針にそって、さらにより実践的志向を強め、対象を広げながら課題研究を指定することになる。

　課題研究における、この二つの問題、課題の占める比重は大きい。少なくとも文部省、県レベルではそうである。

　これらに対し、教科別、領域別の学習指導方法の改善、工夫を目指した課題研究の比重は相対的に小さい。ただ、B市教育委員会レベルではその小ささを補完するように、この課題研究にも重点が置かれているようにみえる。

　以上の三つの種類の課題研究は、その過程で、教職員が対象とする問題、課題に対応するノウハウ、知識などを獲得していくことが想定され、その限りで、これも教育訓練だといってよい。いわば仕事につきながら訓練を行うOJTだといってよい。これと同じく、「自主的」に選んだ課題に関する研究活動を通じて、OJTで教職員の能力向上を図るものとして校内研修がある。ここで「自主的」と

図5-1 多様な教育訓練

	学校が現在、特に解決しなければならない問題 進路指導、生徒指導、不登校問題、帰国子女問題等	今後、対応しなければならない新しい課題 科学技術、英会話、ネットワーク等	特定階層の職務、業務に必要な知識、ノウハウ 初任者、管理職、主事、主任教育等	教科、領域ごとの学習指導方法の改善工夫等 国語、外国語等
文部省	**指定研究、課題研究** 強い影響 ↓	**指定研究、課題研究** 強い影響 ↓	校長・教頭研修 中堅教員研修 新任校長研修 生徒指導総合研修講座 進路指導中央研修講座 　その他	**指定研究、課題研究** 英語教育指導者講座 情報教育指導者養成講座 その他
A県教育委員会	**指定研究、課題研究** 強い影響 ↓	**指定研究、課題研究** 強い影響 ↓	初任者研修（文部省モデル） 5年次、10年次研修 校長研修 24の主事、主任研修講座（生徒指導研修講座等）	23の教科別研修講座 20の領域別研修講座（特別活動研修講座等）
B市教育委員会	**指定研究、課題研究** 　影響 ↓	**指定研究、課題研究** 　影響 ↓	2,3,4,6年次研修	**指定研究、課題研究** 15の教科別、領域別研修講座
各学校	**校内研修**	**校内研修**		**校内研修** ←文部省学習指導要領、A県学校教育指導方針
A県教育研究連盟（A教組、市町村教育研究会）				支部教研集会 県教研集会

注：太字は筆者が重要であると考えた教育訓練である。

したのは、課題が文部省、教育委員会によって指定されているわけではないからである。「自主的」ではあるといっても、校内研修で選ばれる課題には文部省、教育委員会の指定する課題と類似していることもあり、文部省の方針は「自主的」校内研修にまで影響を及ぼしているといってもよい。ただ、校内研修では教科別、領域別の学習指導方法の改善、工夫にも同様に力が注がれており、B市教育委員会の教科別課題研修とならんで、文部省、県教育委員会の課題研究における比重を高めることにつながっていると考えられる。

一般的な意味における教育訓練、つまり労働者の能力の向上を図ることを直接の目的とした教育訓練は、特定の階層に必要な業務知識、職務知識を与える階層別教育訓練と、教科別、領域別に必要とされる知識を与える教育訓練とに分かれる。いずれの教育訓練であっても、文部省の存在は課題研究に比べれば相対的に薄い。文部省の教育訓練の特徴は長期にわたることであるが、何よりも受講者がきわめて少ない。この分野ではA県教育委員会およびB市教育委員会の果たす役割が大きい。ただ、ここでいう階層別教育訓練のうち初任者研修、5年次、10年次研修では、その教育内容立案プロセスにおける文部省の役割は大きく、その限りで強い影響を与えている。いずれにしろ、階層別教育訓練、教科別、領域別の教育訓練ではA県教育委員会、B市教育委員会ともに多様な訓練メニューを用意している。

これらの教育委員会の用意する訓練は座学形式のいわばoff-JTであり、教科別、領域別のoff-JTの多様なメニューは、市教育委員会指定および校内研修における教科別、領域別の学習指導方法の改善、工夫をめざす教育研究活動＝OJTと一体となって、教職員に教育訓練機会を与えている。

A県教育研究連盟の組織する教育研究活動もまた、教科別、領域別の学習指導方法上の改善、工夫をめざすOJTだといってよい。A教組もはいるこのユニークな教育研究組織の活動は、市町村レベルの教育研究会とA教組の二つの組織によって支えられていると考えられるが、県教研集会に発表された研究発表をみる限りにおいては、市教育委員会の指定課題研究、校内研修、ひいては県学校教育指導方針、文部省学習指導要領とそれほど大きな隔たりはないようにみえる。

その意味では、県教研連活動と、市教育委員会指定課題研究および校内研修の一部は、ともに、教科別、領域別の学習指導方法の向上に関するOJTを与えるも

のである。それは、文部省、教育委員会の指定課題研究、および校内研修の一部が、現時点で学校が解決を迫られている問題、今後対応が必要となる新しい課題に関する知識、ノウハウについてのOJTとなっているのと同様に、教職員にとって必要不可欠のOJTの一部をなしているといってよい。

7．2．問題

　以上の教育訓練をみて最も驚かされるのは、そのメニューの豊富さと対象の多さである。

　課題研究でいえば、文部省指定、A県教育委員会指定、B市教育委員会指定のすべてを合わせると、B市の例をとれば、公立小学校の3割、中学校の5割、全体では1/3になる。しかも、これらの課題研究では、学校指定、研究組織編成、研究推進、指導、紀要作成、研究発表会と続く、まさに学校をあげての、全職員を巻き込んでの、年間を通じる活動であり、多大なエネルギーが費やされる。試算では小学校では6,7年に1回2年間、中学校では4年に1回2年間、こうした課題研究が行われる。

　課題研究の指定を受けない学校では、もれなく校内研修が行われている。課題研究に比べれば、そこに費やされるエネルギーは相対的には少ないとみられるが、やはり学校をあげての全職員による、年間を通じる活動であることは同じである。

　他方、階層別教育訓練、教科別・領域別教育訓練をみると、文部省の講座は別として、県および市の教育委員会の行う講座は多種多様であり、重複参加がないと仮定して試算すると、県教育委員会の企画した講座に参加する教職員（校長、教頭を除く）は毎年、5割弱となり、これに市教育委員会の講座に参加する教職員を入れると（1講座10人と仮定して）6割強になる。毎年、5～6割の従業員がなんらかの教育訓練（off-JT）に参加しているというのは、かなり多いように思われる。

　論理的に考えれば、教育訓練はその効果と機会費用を勘案して設計されなければならないだろう。ここで機会費用とは、教職員が教育訓練に参加しなければ得られたであろう利益をさす。具体的には、自らの教材研究、学習指導研究、採点、教育相談などに使えたであろう時間である。だが、ここにはそうした経済計算は働いているようには思えない。大手、中堅の民間企業であれば、教育訓練部門の

提供する訓練メニューのどれを選ぶかは、普通、事業部門の責任者が行う。責任者が、部下のキャリア、希望、教育訓練費用（機会費用も含めて）を勘案して、どの教育訓練に、誰を、何人くらい送るかを決めるのが普通である。だが、公立小中学校の場合は、重層的構造をもつ三つの教育訓練部門が教育訓練メニューを企画して、それに教職員を参加させることを指定する。ここには、教育訓練の教職員にとってのコストを考え、取捨選択を行う役割を担う主体は存在していない、あるいはその権限が著しく弱い。その結果が、上でみたような数多くの教育訓練であって、多忙化である。

　以上のことは、教育訓練を企画、主催、実施する使用者側に、それを行う十分な管理能力がまだ育っていないのではないかとの疑問を生じさせる。それを裏付けるように、初任者研修モデル、5年次、10年次研修にはいくつかの問題点が見いだされた。初任者研修ではOJTとOff-JTのテーマと時期が重複していたり、校外研修に指定された曜日にはたとえ研修がなくても本来業務に就けないことになっているし、5年次研修では特に5年次を対象としたカリキュラムが用意されているわけでもない。B市教育委員会の2,3,4,6年次研修でも同様の問題を見いだすことができる。

　他方、A県教研連の組織する教育研究活動が、いわば使用者側の実施する教育訓練に積み重なる。その意図はどうであれ、結果としては、これもまた教育訓練機会をさらに増やすことになる。そして、教職員自らがどう受けとめるかは別として、結果としては多忙化の度合いをますことになる。教職員の「自主的」な活動であるから、使用者側の政策とは無関係にやるべきであるとか、あるいは使用者側はそれを考慮に入れる必要はないとかの問題ではないように思える。実質的に、これまで明らかにしたように、県教研連の教育研究活動は教科別、領域別の学習指導方法向上に関するOJTとして機能しているのであり、その機能を無視すべきではない。ただ、そうした重要な役割を果たす県教研連の活動にしても、県教研集会が事実上、内々の小さなワークショップの集合となっており、せっかくの研究成果が共有されないのではないかとの問題を抱えているようにみえる。

7．3．背景

多すぎる教育訓練、問題を抱える教育訓練、これらに対して、教職員の団体であるA教組、日教組ともに教育委員会、文部省に申し入れを行い、その是正を求めている。もちろん、その成果もあがってきている。1995年6月28日には研究発表会の是正などを盛り込んだA県教育委員会の通知『研究指定校及び指定地域の研究発表会等について』、1997年度には、文部省研究指定校数の3割減（日教組　1997：430）などがその成果である。

だが、この問題は、それを生み出すいくつかの背景があるように思える。

第一には、注(41)、(42)で簡単に触れたように、教職員の間にある教育研究活動に対するある種の義務感の歴史である。教職員が自主的に教育研究活動を行うようになったのは、戦後になってからのことではない。戦前から脈々と続く自主的教育研究活動の歴史が存在する。

第二に、教特法第19条「教育公務員は、その職責を遂行するために、絶えず研究と修養に努めなければならない」という条文が、歴史的に形成された義務感をさらに強める。もちろん、歴史的に受け継がれ、法律によってさらに強められた、たえず教育研究活動を行い、自らの能力を高めなければならないという義務感は、それ自体として、何も非難されるべきことではなく、むしろ教育専門職として、そうした強い義務感をもつことは賞賛されてよい。だが、この義務感が重くのしかかれば、多忙化を自ら招くことになりかねない。

第三に、教特法第20条「教育公務員には、研修を受ける機会が与えられなければならない」という条文は、使用者側たる文部省、県教育委員会、市教育委員会に対して、教職員に対して教育訓練機会を用意し、訓練する義務をもたせたものであると受けとめられる。教育訓練は、本来業務を支援するための人事管理の一環であって、それ自体が目的となるわけではない。義務であるかどうかは問わず、本来業務遂行のために必要だから行うのが教育訓練である。だが、公立小中学校教職員に対する教育訓練を詳しく調べてみると、教育訓練の効果とコスト（機会費用）を考慮に入れながら企画、実施されているようにはみえない。そこでは教育訓練それ自体が目的となっている、つまり本来業務からの必要性とはさしあたり関係なく、義務としての教育訓練があるようにさえみえる。義務としての教育訓練が重層的構造をもつ使用者側の各当事者から行われる。

第四に、「自主研修権」をめぐる労使の対立は、使用者側をして教育訓練機会をさらに増加させることになりかねない。教職員の「自主研修権」を否定する立場からみれば次のように考えても不思議ではない。限られた年間所定内総労働時間のうち、授業、その他学校業務に必然的に付随する業務などを除いた時間を、「自主研修」に使用させるわけにはいかない。日教組が自主研修時間を確保せよと強く要求している以上、その余地をなくした方がよい。そのために、「命令研修」である教育訓練をできるだけ増やす。

　第五に、他方、労働組合側が、教育訓練の効果とコストを考えながら、教育訓練の全体を再構築していこうという姿勢をもっているようにもみえない。用意される教育訓練メニューから、学校、市、県のそれぞれの事情に合わせながら、取捨選択する主体を育てようとしている、あるいはそれを使用者側に働きかけているようにも思えない。

第 6 章

人事異動

1．はじめに

　本章では、A県公立小中学校教職員の人事異動、特に配置転換をとりあげる。特に、配置転換をとりあげるのは、それが次のように教職員にとって重大な関心事になっているからである。いま1999年度当初に勤務校が変わった教職員数をみると、A県全体で小学校で1,687人、中学校で978人、全体で2,665人であり、その割合を算出してみると、小学校で17.3％、中学校で16.3％、全体で16.9％となる(1)。毎年、17％近くの教職員が勤務校を変わるとすると、だいたい5、6年に1回は転勤を経験することになる。転勤は環境変化を伴い、時には転居も伴う。それが5、6年に1回やってくることを思えば、教職員にとって配置転換が重要な関心事となることが了解されるであろう。

　第2章でも述べたように、公立小中学校の人事管理の最終的な責任は、任命権者である県教育委員会が持っているが、市町村教育委員会は県教委に内申することができ、各学校長は市町村教委に具申することができることとなっている。人事異動に関しても、これら各当事者の法令上の権限は同様である。他方、労働組合が学校レベル、市町村、ブロック・レベル、さらには県レベルの各レベルで、その決定に影響を及ぼそうとしている。ここでは、配置転換を中心に人事異動をめぐる労使関係を明らかにしよう。具体的には、以下の課題を解いていく。

　第一に、法令で定められた権限の配分構造を述べた後、A県教育委員会の人事異動方針および具体的な選考プロセスを明らかにする。

　第二に、A教組は、各レベルで人事対策委員会を組織して、使用者側の決定になんらかの影響を行使しようと努めているが、人事異動への関与に際し、A教組はどのような基本方針をもち、各レベルでどのように関与しようとしているのかを明らかにする。

　第三に、使用者側、労働組合側の交渉、話し合いの結果、どのような人事異動、特に配置転換が行われたのか、そこにおける特徴と問題は何かを探りたい。

---

(1) 配置転換者数はA県教育委員会『平成11年度　教育行政の概況』（1999年4月）のp.31より。比率は平成10年度末の教職員総数から学校数×2人（校長と教頭）を差し引いた数字（小学校では9,731、中学校では5,991人、合計で15,722人）で配置転換者数を除した。なお、これら比率算出に利用した数値は同上資料のpp.102-103より。

なお、第2章で述べたように、ここでいう「配置転換」という用語は、一般にいう事業所内および事業所間配置転換の意味で使用しており、また、市町村内の学校間異動ばかりでなく、市町村を越える異動も含んでいる。

2．教育委員会

　ここではまず、法令上、人事異動を行う権限が使用者側にどのように配分されているのかを簡単に述べる。ついでA県教育委員会の人事異動方針を明らかにし、最後にその異動対象者の具体的選考プロセスを描くこととする。

2．1．権限配分

　前述したように、地教行法第37条1項は県費負担教職員の任命権を都道府県教育委員会に与えており、校長、教頭への昇任、教職員の学校間の異動つまり配置転換、勧奨退職などに関しても、都道府県教育委員会が決定する。なお、教特法第13条1項が「校長の採用並びに教員の採用及び昇任は、選考によるものとし、…公立学校にあってはその校長及び教員の任命権者である教育委員会の教育長が行う」と定めているから、任命権者である都道府県教育委員会の教育長が、県費負担の校長、教員の採用、昇任、配置転換などの人事異動にあたっての選考を行うことになっている。

　同じく地教行法第38条1項は、都道府県教育委員会が県費負担教職員の任免その他の進退を行う際には、市町村教育委員会の内申をまって行うとしており、昇任、勧奨退職の対象者の選考、配置転換の対象者、異動先の選考にあたっても、対象者の所属する学校を管理する市町村教委の内申を受けることになっている。市町村教委の内申と都道府県教委の選考の関係については、都道府県教委は、原則として(2)、市町村教育委員会の内申をまたずに県費負担教職員の任免その他の進退を行うことができない（木田　1983：254；若井　1992：9）。もっとも、都道府県教委は内申の内容すべてに拘束されるわけではなく、その判断によって、内申された者を選考しないことができる（木田　1983：254）。地教

---

(2) たとえば、「都道府県教育委員会が市町村教育委員会に対して、懲戒処分の対象とすべき教職員についての内申を求め、最大限の努力を払ったにもかかわらず市町村教育委員会がその求めに応ずることなく内申を行わないような場合」（岩井　1992：15）などが例外となる。

行法第38条2項は、市町村教委がこの内申を行う際に、市町村教育長の助言によって行うことと定めている。

さらに、同法第39条は、各学校長に対し、当該学校に所属する教職員の任免その他の進退に関して、市町村教委に意見を申し出ることができるとしている。

以上が、法令に規定された限りでの、人事異動の決定の手続きである。図6-1はこれを図示したものである。

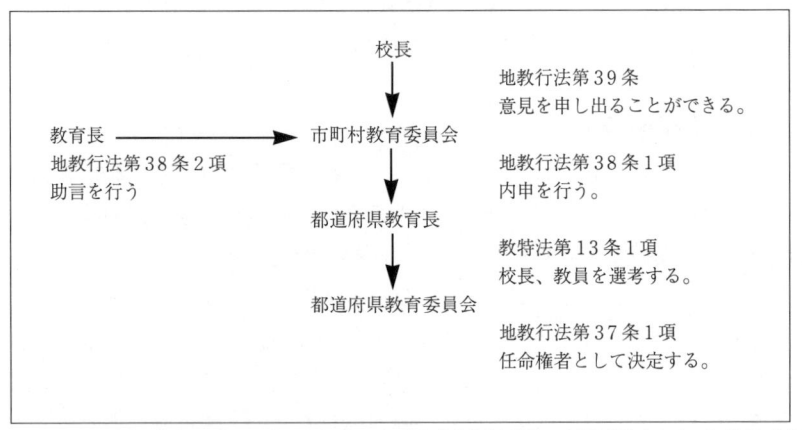

図6-1　人事異動の際の選考手続き

```
                              校長
                               ↓
教育長      ──→   市町村教育委員会        地教行法第39条
地教行法第38条2項                          意見を申し出ることができる。
助言を行う                      ↓
                                          地教行法第38条1項
                          都道府県教育長    内申を行う。
                               ↓
                                          教特法第13条1項
                                          校長、教員を選考する。
                          都道府県教育委員会
                                          地教行法第37条1項
                                          任命権者として決定する。
```

資料出所：山本＝木村（1986）のp.121にある図「県費負担教職員の任用手続」およびA教組『人事くんの素顔が見える　1998年度人事学習資料』のp.3の図を参考に、筆者作成。

2．2．基本方針

以上は、人事異動の権限が法令上、どのように各組織に配分されているかを明らかにしただけであって、それだけで実際の人事異動を行えるわけではない。しかもA県公立小中学校の教職員は約17,000人を数えるわけであり、なんらかの基本方針なくしては混乱するばかりである。

表6-1は、1998年11月21日に定められた、A県教育委員会の平成10年度定期人事異動方針を表したものである。まさにこれは基本方針であって、新規採用を別として、日常の勤務成績を考慮し適材適所を図ること、広域の配置転換を行うことがうたわれている。

表6-1　平成10年度定期人事異動方針

本県教育の目標の具現化を期し、全県的視野にたって、定期人事異動を行う。実施にあたっては、特に下記事項に留意する。 　　　　　　　　　　　　　　　記 1　人材の起用については、平素の勤務実績等を考慮し、適材を適所に配置する。 2　新規採用については、厳正な選考により優秀な人材の確保に努める。また、広く県外からも人材を集める。 3　配置換えは、広域にわたって適正に行う。

資料出所：A県教育委員会資料『定期人事異動方針決定』より。

　この基本方針と並んで、同じ11月21日に発表された人事事務取扱要領が、個々の人事異動の具体的方針および重視する要件を定めている。表6-2はその一部を示したものである。

表6-2　人事事務取扱要領―小中学校職員―

	異動の種類	具体的方針と要件
1	管理職への登用	経験が豊かで、成績優秀、健康な者で、次の基準を満たしたもののうちから候補者を定め、面接及び筆答試問を行ったうえ、総合的に判定し登用する。 　この場合、へき地、分校及び特殊学級等における勤務の経験について配慮する。なお、女性職員の登用について意を用いる。 (1)校長 　教育関係職員として、おおむね15年以上在職し、原則として、40歳以上の者で教頭2年以上の経験があるもの。 (2)教頭 　教育関係職員として、おおむね10年以上在職し、原則として、35歳以上の者で2市町村以上の学校勤務があるもの。
2	退職勧奨	退職勧奨は、50歳以上57歳以下の者を対象とする。
3	配置換え	(1)教職員構成における免許教科別、年齢別、男女別の不均衡については、特に是正に努める。 (2)同一校におおむね6年以上在職する者については、積極的に配置換えを行う。 (3)同一市町村の学校におおむね10年以上引き続き在職する者については、他の市町村の学校に積極的に配置換えを行う。 (4)小学校、中学校間の交流を計画的に推進する。 (5)へき地と平坦地、郡部と都市部との交流を積極的に推進する。 (6)特殊教育諸学校との交流を積極的に推進する。 (7)同一校在職期間が3年未満の者については、特別の事情のない限り配置換えの対象とはしない。

資料出所：A県教育委員会資料『定期人事異動方針決定』より。
注：新規採用については省いた。

こうした具体的方針および要件にしたがって、人事異動が行われることになるが、管理職への昇任、退職勧奨では、在職年数、年齢という客観的な基準によって第一次選抜が行われ、その後、試験と本人の意思確認、あるいは本人の意思確認によって、異動が決められるから、異動対象者の不満は、少なくとも表面的には出てきにくい。

　これらに対して、配置転換の場合は、通常、誰かと誰かの交換ということになり、しかも、教科別、年齢別、男女別のバランスをとりながら行うことから、不本意に選考されてしまう教職員もいて、不満が表面化しやすい。

2.3. 選考プロセス

　A県学校長会『学校運営必携　四訂版』（1996年1月）によると「教職員の異動において、本人の意思確認は必要ない。しかし、校長としては、部下職員の意思を充分把握して、市町村教育委員会へ具申することが大切であろう」(p.73)。この文章で一体何を主張したいのかは、実はあまりよくわからない。他方で意思を十分に把握するよう努めるよう促しながら、一方で意思確認をする必要がないという主張は、そのまま素直に読めば矛盾している。

　配置転換の具体的要件にある免許教科、年齢、在職年数、それまでの異動経験などは市町村教委でも把握しうるわけであるから、これらの条件をわざわざ学校長が具申する必要はない。人事異動において校長が意見を申し出ることができるとしたら、教職員の希望、意思など、データとして記録されていないことに限られてしまうのではないだろうか。もしそうだとすると、前もって、人事異動に関する教職員の希望、意思を把握しておく必要がある(3)。だが、教職員の希望どおりに配置転換を行えば、定員に足りない学校、定員をオーバーする学校、教科別にバランスのとれない学校などが出てくるのは必至であるから、その希望をそのまま受け入れて意見を申し出る必要はない。これが、先の文章の意味であろう。つまり、教職員の異動の意思を充分把握することが望ましいが、だからといってその意思どおりに具申する必要はない。

　実際に、A県ではまず各学校長が教職員に対して異動希望の調査を行う。退職、

---

(3) もちろん、校長が意見を申しでる場合に本人の意思の把握が常に望ましいというわけではなく、たとえば、勤務評定、分限、懲戒処分などに関する具申は、本人の意思の把握なしにできるであろう。

異動を希望するかしないか、どこの市町村教委への異動を希望するかなどの教職員本人の意思が、個人面接などを通じて確かめられ、個人別の異動希望調書が作成される。B市校長会は1996年8月12日に行われたA教組北部支部B班との交渉において、組合の「本人の意思を尊重し、納得のいく人事を行うこと」との要求に対して、「各学校の校長が本人の意思を十分に尊重しているのではないか」と回答しているのは(4)、個人別の異動希望調書の作成を踏まえてのことであろう。作成された異動希望調書に校長の意見をふして、市町村教委に提出されることになる。これが人事異動における校長の具申の実際である。

　その後のプロセスをやや具体的にみていこう。B市教育委員会教育長は、1996年8月5日に行われたA教組北部支部B班との交渉の中で、人事異動について「本人の希望、学級数の増減、男女比、年齢構成、教科、班からの要望を考えて行っている。できるだけ本人の希望を尊重していきたいと思う」(5)と述べている。ここから次のことがわかる。市教委が人事異動対象者の選考、異動先学校の選考といった実務作業を行っていること、その際、校長から具申された本人の希望も考慮に入れられていること、さらに後述するように班＝組合の要望も加味されていること、それだけでなく、教科、年齢、男女別のバランスも考慮しつつ選考作業を行っていることである。市町村教委だけで実務作業が行われるわけではなく、実際には「県教育委員会の地方教育事務所の人事課が全体の流れをみながら、イニシアティブをもって配置を決めていく」(6)のであり、地教委と県教委地方教育事務所の共同作業となる。その結果が県教育委員会に内申されることになる。なお、このことから、配置転換の多くはA県の5つの教育事務所管轄区域内で行われ、地方教育事務所をまたがる配置転換は少ないのではないかと推測しうる。管轄区域をこえる配置転換であれば、地方教育事務所間そして県教育委員会の調整が必要になるからである。事実、B市における1996年度末の配置転換をみると、B市を含む北部地区の外に転勤した教職員は小中学校あわせて15人、14.2％であり(7)、相対的に少ない。

---

(4)　4 A教組北部支部B班『1997年度B班定期大会議案』(1997年3月1日)のp.13。
(5)　A教組北部支部B班『1997年度B班定期大会議案』(1997年3月1日)のp.25。
(6)　A教組組織対策部長へのインタビューによる(1999年2月26日)。
(7)　A教組北部支部B班『1998年度B班定期大会議案』(1998年3月7日)のpp.22-23より算出。

この作業の結果行われる内申を踏まえて、県教育委員会が決定を下す。「実際の人事作業は地教委と教育事務所で行われ、県教委の名で決定される」(8)のである。

2．4．まとめ

以上の実際の選考プロセスは、法令で定められた手続きとはやや異なっている。校長が市町村教育委員会へ意見を申し出るにあたっては、実際には、教職員本人の異動希望が調べられ、具申はそれをもとに行われる。本人希望を考慮しつつも、教科、年齢、男女など他の要件を加味しながら、市町村教育委員会が、県教育委員会地方教育事務所のイニシアティブのもと、実際の異動対象者、異動対象校選考作業を行っている。市町村教育委員会は「内申」＝内々に申し上げるのではなく、実務作業に従事しているのである。その結果が、県教育委員会に伝えられ、ほぼそのまま決定されることになる。

法律で予定したプロセスと、実際のそれが異なることは、別に珍しいわけでもないし、特に問題があるとも思えない。A県の事例で、さらに興味深いのは、この過程に労働組合が関与してくることである。労働組合は図6-1にはまったく顔を出してはいない。だが、教職員の人事異動決定プロセスにおいて重要な役割を果たしている。

3．労働組合

ここでは人事異動に対するA教組の基本原則、そしてその活動の中心を担う人事対策委員会の組織を明らかにする。

3．1．基本原則

A教組の人事異動への取り組みの基本は「希望・納得・公開」の三原則である。この原則についてA教組の発行する文書資料で特段の説明もないところから考えれば、通常に解釈すればよいのであろう。すなわち、人事異動は、本人の希望を尊重し、本人の納得を得て行い、その決定プロセスを公開すべきであると。この

---

(8) A教組『人事くんの素顔が見える　1998年度人事学習資料』のp.5。

三原則それ自体が、使用者側にそのまま受け入れられるかどうかは別として（たとえば、第三の原則は難しいと思われる）、組合の掲げるものとしてはいわば当然のものである。A教組の特徴は、この三原則のうち「希望と納得」について、次のような限定をつけていることである。

A教組『人事くんの素顔が見える1998年度人事学習資料』によると、次のごとくである。「人事異動は教職員間に利害の対立を生じます。たとえば、ある教職員の異動希望を実現するには異動希望先校のだれかを異動させなければならず、基本的には両者の意向の衝突が生じます」（p.4）というきわめて正しい認識をふまえ、そうした利害対立をできる限り減らしながら、人事異動における組合員全員の「希望と納得」をかなえるためには、次のことが必要だと説くのである。

第一に、「『希望と納得』の原則が異動したい者にもしたくない者にも適用されるものであるとの認識を必要とします」（p.4）。「希望の原則」からいえば、Xという学校に異動したいという希望とそのXという学校から異動したくないという希望は、ともに尊重されなければならないというわけである。だが、ともに尊重されるべきだと唱えるだけでは組合員の了解を得ることは難しい。Xという学校への異動が行われるにせよ、行われないにせよ、どちらか一方の希望だけが満たされただけで、もう一方の希望がかなえられないからである。前者は人事異動に納得するが、後者は納得しない。

そこで、第二に「利害の相対する教職員の『希望』や意向の衝突を公正に調整すること、それによって得た結論にもとづき、当事者の『納得』を求めるという努力も必要になります」（p.4）。ここで「公正に調整」とは何を指すのかは明かではないが、おそらく、それは、それまでの両者の教職経験、異動経験、今後のキャリア設計、通勤などの勤務条件、生活環境などを総合的にかつ客観的に比較考量して判断を下すことではないだろうか。総合的かつ客観的な判断を示し「納得」を得ること、これが「納得の原則」である。この場合でも、結果としては、どちらか一方の希望だけが満たされるだけだが、希望がかなえられなかった者は、完全にではないにしろ「納得」してその決定を受容することになる。

これが「希望と納得」の原則である。したがって「教職員の恣意を認めるものではけっしてありません。そして当局の一方的な判断で処理されるものでもあり

ません」（p.4）。使用者側の一方的な判断を抑えながら、「公正な調整」とそれにもとづく「納得」を得つつ教職員の希望をできる限りかなえ、そのことによって教職員全体の希望を最大限に満たすような人事異動を使用者側に求めていく、これがA教組の基本方針である。

　以上の基本方針に加え、結婚、転居、遠距離長時間通勤、その他家庭の事情で、異動が特に必要となる教職員については「…その組合員の異動実現に職場のなかまとして援助しようということで、『異動希望を最優先に実現すべき教職員』として具体的に氏名をあげ、地教委・教育事務所、県教委に実現をせまる」(9)という特別方針をもち、これを優先希望人事と呼んでいる。

　こうした、責任のある政策をとってはじめて、以下でみるような、人事異動をめぐる活発な活動、交渉が可能になるといってよい。

3．2．人事対策委員会

　A教組の人事異動をめぐる活動、交渉を支えるのは、各レベルに設置される人事対策委員会である。以下、1996年度を中心に、組織について各レベルごとに、使用者側との対応関係を考慮に入れながら、具体的に明らかにしていこう。

　1996年度は、1996年8月22日に第1回のA教組本部人事対策委員会が開催された。本部人事対策委員会は14人の委員からなり、うち9人は9つのブロックごとの支部を代表し、その他の5人は本部専門部（女性部、青年部、事務職員部、養護教員部、幼稚園部）の部長である(10)。9人の支部代表のうち、7人は各支部の支部長（非専従）、1人が副支部長（非専従）、1人が専従の支部書記長である。これら9人の支部を代表する本部人事対策委員が本部と支部をつなぐ重要な役割を果たすことになる。A教組本部人事対策委員会は、主として、A教組の基本方針の決定、支部人事対策委員会の指導、支援、連絡調整、およびA県教育委員会との人事異動をめぐる交渉に従事する。

　B班の属する北部支部では、1996年11月6日に第1回の北部支部人事対策委員会が開催された。北部支部人事対策委員会は16人の委員からなり、委員長

---

(9)　A教組『人事くんの素顔が見える　1998年度人事学習資料』のp.9。
(10)　A教組『第63回A教組定期大会議案　別冊資料（経過報告）』（1997年6月26日）のp.35とp.77より。

は、本部人事対策委員会委員でもある副支部長が就任した。副委員長は支部長、事務局長は専従の支部書記長がつき、13人の委員には北部支部を構成する4つの班（B班も含む）から計9人、各専門部（青年部、女性部、養護教員部、事務職員部）の部長4人がついている(11)。班代表が9人になっているのは、B班以外の3つの班は2人の委員を出しているのに対し、B班がやや大きな班のために3人の委員を送っているからである。なお、事務局長についている専従の支部書記長以外はいずれも非専従である。

各班を代表する委員がそれぞれの班でどのような地位にあるかは詳しくはわからないが、手元に資料のあるB班の例でいうと、3人のうち1人は書記長、2人はいずれも書記次長である(12)。したがって、他の班も書記長クラス、あるいは班長クラスを支部人事対策委員に送っていると考えられる。この班を代表する委員が、支部人事対策委員会と班人事対策委員会をつなぐ重要な役割を担う。北部人事対策委員会は、主として、傘下の班人事対策委員会への指導、支援、連絡調整とともに、A県教育委員会地方教育事務所（北部）との交渉を行う。

B班で班人事対策委員会が開催されたのは、北部支部人事対策委員会の開催された日の6日後の11月12日であった。班人事対策委員会のメンバーは北部支部人事対策委員会メンバーを中心に、他の執行委員および傘下の分会代表数名を加えて構成される。なお、班人事対策委員会の活動に対しては、北部支部の専従書記長＝支部人事対策委員会事務局長が支援を行っている。B班人事対策委員会はB市教育委員会との交渉を行うが、その際、北部支部専従書記長もまた同席するのが普通である。

さらに、分会でも分会長を中心に分会役員によって分会人事対策委員会が設置されることになる。分会は後述する組合独自の異動希望調査書の回収と校長との話し合いを行う。

3．3．まとめ

A教組の人事異動対策の基本原則は「希望・納得・公開」である。このうち、希望と納得原則については、人事異動特に配置転換の場合、全ての教職員の希望

---

(11) A教組北部支部『第80回支部中央委員会議案』（1996年11月15日）のp.17より。
(12) A教組北部支部B班『1997年度B班定期大会議案』（1997年3月1日）より。

を満足させることはきわめて困難であるとの正しい認識にもとづき、A教組独特の政策をうちだしている。

それは、異動を願っている者の希望も、異動を願っていない者の希望も等しく尊重されねばならないとしたうえで、使用者側の一方的な異動を排除しながら、使用者側に対して教職員の希望を公正に比較考量し、全体として希望が最大限満たされるような配置転換を求めていくという姿勢である。さらに、結婚、転居、遠距離通勤など特段の事情がある教職員の異動希望を優先希望人事として求めていくことが、これに付け加わる。

こうした正しい認識に支えられた、責任ある政策を踏まえて、A教組は人事対策委員会を通じて使用者側に「希望と納得」の人事異動を求めていくのである。

A教組の人事委員会は県、支部、班、分会の各レベルに設置され、それぞれ鍵となるメンバーを通じて各委員会が連携をとれるようになっている。各人事対策委員会の組織と相互関係、および前節で述べた県教育委員会、地方教育事務所、市町村教育委員会、校長の間の分業関係をあわせて、A県における人事異動をめ

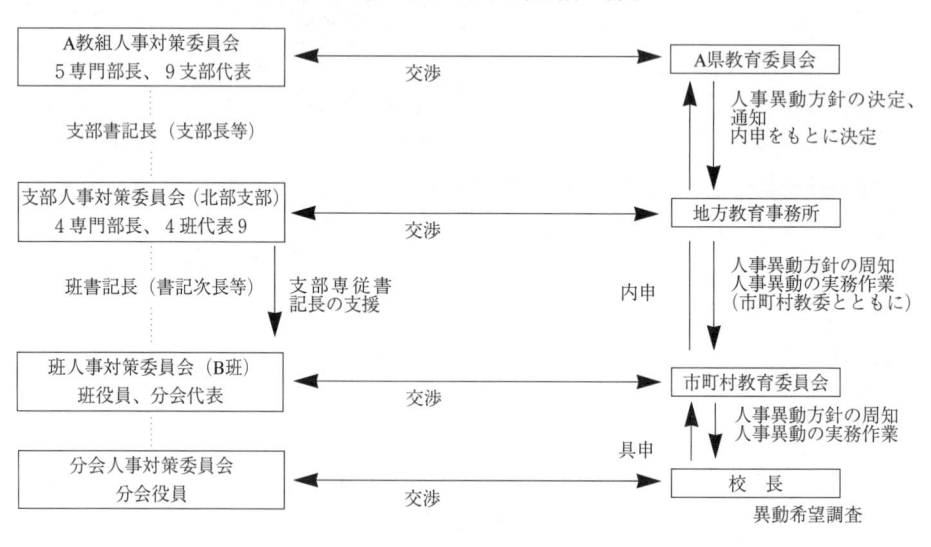

図6-2　人事異動をめぐる労使関係の構造

A教組人事対策委員会 5専門部長、9支部代表	←交渉→	A県教育委員会
支部書記長（支部長等）		人事異動方針の決定、通知 内申をもとに決定
支部人事対策委員会（北部支部） 4専門部長、4班代表9	←交渉→	地方教育事務所
班書記長（書記次長等） 支部専従書記長の支援	内申	人事異動方針の周知 人事異動の実務作業（市町村教委とともに）
班人事対策委員会（B班） 班役員、分会代表	←交渉→	市町村教育委員会
	具申	人事異動方針の周知 人事異動の実務作業
分会人事対策委員会 分会役員	←交渉→	校長
		異動希望調査

注：点線に挟まれた支部書記長（支部長等）、班書記長（書記次長等）は、彼らを通じてA教組の本部、支部、班の人事対策委員会が相互に結びついていることを表している。

ぐる労使関係の構造を描くと図6-2のようになる。

4．人事異動をめぐる交渉

　以下では県教育委員会、地方教育事務所、市町村教育委員会、学校長という使用者側と、本部、支部、班、分会人事対策委員会の労働組合側が、人事異動をめぐりどのような交渉、協議、話し合いを行うのかを探っていく。

4．1．県教育委員会

　A教組本部人事対策委員会は第1回会議の1カ月半後の10月9日に第2回会議、11月24日にはA教育委員会に1996年度の人事異動基本方針等に関するヒヤリングを行った。それらを踏まえて、A教組は11月6日に「人事異動に対する要求書」を県教育委員会に提出した。これに対して、A県教育委員会は12月18日に回答を行い、両者による交渉がもたれた。表6-3は、これらの要求のう

表6-3　人事異動をめぐる要求と回答

要　　　　　求	回　　　答
1.人事異動方針および人事事務取扱要領について	
①「配置換えは、広域にわたって適正に行う」のうち、「広域」の範囲は、職務に専念でき、家庭生活に支障が生じないことが条件であることを明示すること。	①ご意見として伺っておきたい。
②人事異動にあたっては、公平・公正を期するため「人事事務取扱要領」のみによって行うこと。	②「人事事務取扱要領」によって、公平・公正に行っている。
③「同一校におおむね6年以上、同一市町村におおむね10年以上在職する者については、積極的に配置換えを行う」との要領は、機械的・強制的な人事異動を生じさせることにもなり、また、市町村の規模の違いもあるので、合理的なものに改めること。特に大規模あるいは広範な面積を持つ市町村については、同一市町村の異動について、2市町村の異動扱いとなるようにすること。	③現在のところ改める考えはない。
2.希望・公開・納得の人事異動について	
①本人の希望を尊重し、本人が納得しない人事異動は行わないこと。	①人事異動方針に基づき行っている。
②具申・内申にあたっては、本人の希望や状況を十分に聴取して行うように、校長・地教委に指導すること。	②ご意見として伺っておきたい。（口頭）そのように指導している。
③特別な事由による異動希望（優先希望人事）については、最大限に尊重すること。	③特別な事情にあるものについては考慮している。
④同一校・同一市町村の在職年数により、機械的・強制的に異動希望を出させることはしないこと。	④ご意見として伺っておきたい。
⑤異動対象者については、その経過および進捗状況をそのつど、本人および当組合の各級機関に示すこと。	⑤要望として伺っておきたい。
⑥当組合から提出する「異動希望調書」と、地教委から出される「異動希望調書」とを照合し、人事異動事務に問題が生じないようにすること。	⑥市町村教委の内申に基づき慎重に行っている。
⑦当組合の各級機関と十分に協議するように、教育事務所・地教委・校長に指導すること。	⑦これまでも意見聴取を行っている。

資料出所：A教組『第63回A教組定期大会議案　別冊資料（経過報告）』（1997年6月26日）のpp.81-83より作成。

ち配置転換にかかわるものをまとめたものである。

　この表から次のことがわかる。県教育委員会の定めた人事異動方針および人事事務取扱要領をめぐっては次のことを指摘しうる。第一に、この人事異動の基本方針及びその要件について、A教組はその解釈（①）、遵守（②）および変更（③）を求めている。だが、第二に、労働組合は、解釈、変更に関しては組合にとって意味のある回答を県教育委員会から引き出すことはできていない。すなわち、「広域」の解釈について、県教育委員会は組合の解釈を「ご意見として伺っておきたい」としただけで、県教委自身の解釈を明らかにしたわけではない。また在職年数の要件についての変更に対しては、県教育委員会は、はっきりと「現在のところ改める考えはない」と否定している。なおこの変更を求めているのは、それがなんらかの理由をもとに算出された基準ではなく、またこの在職年数によって機械的に異動を迫られるということで、教職員の中には不満を抱く者が多いからである。第三に、人事事務取扱要領の遵守についても、県教委はそれにしたがって「公平・公正に行っている」と回答しただけであるが、その意味するところは上記二つの要求への回答とは異なる。調査時点は20年前の1981年でありデータは古いが、佐藤（1992）によると[13]、人事異動の決定プロセスに影響を及ぼす非公式要因として、校長自身が指摘したものとして、県、市町村の政界有力者（回答者の80％が指摘）、学閥（64％）、校長会有力者（60％）がある（p.184）。こうした有力者や学閥などが実際に現在でも人事異動に影響を及ぼすかどうかは別として、そうした印象が教職員の多くにもたれていることは確かなように思える[14]。したがって、「人事事務取扱要領に従って公平・公正」に行うとの県教委の回答は、こうした有力者、学閥の影響を排除するとの県教委の意志を確認したことであり、その意義は大きい。表6-3にはのせていないが、A教組の「新規採用および人事異動や管理職登用等に対する、有力者の介入を排除す

---

[13] 調査時点は1981年であり、3県を対象に全ての公立小中学校の校長全員に対し調査票を郵送し、回収した。調査対象者は1,333人、回答者は682人で回収率は51.1％である。
[14] たとえば、A県でも、1997年末に配置転換を命じられた教職員でその異動に不満を持っている者の中には次のように言うものもいる。「みんなが行きたがる、子どもが素直で、地域も協力的で、規模もちょうどよい学校には、現・元校長の娘や息子、教育長の娘や息子、元指導主事の娘や嫁・息子というような人ばかり入れて、…」「やはりA県の人事には縁故関係があるのだなあとつくづく感じた。」（A教組『人事くんの素顔が見える　1998年度人事学習資料』のp.45およびp.46）。実際にそうした縁故関係、有力者の影響があったのかどうかを確かめることは難しい。だが、以上の不満から、そうした要因が働いているらしいという思いが一部の教職員にもたれているのは明らかであろう。

ること」という要求は、より直接にこの確認を県教委に迫ったものであり、これに対しても、県教委は「人事異動方針にのっとり行っている」と回答している。

以上を要するに、人事異動の具体的方針、要件に対して、A教組はルールの解釈、遵守、変更を求めて要求を行っているが、県教委からは解釈、変更については有意味な回答を得られていないし、遵守についても県教委の意志が確認できただけである。もっとも、最後の点は政治力、学閥、縁故などの要因が人事異動に入り込まないことを県教委に再確認させたことであって、その意義は大きい。

次に、A教組の原則である「希望・納得・公開」の三原則を人事異動にいかしていくよう求めた要求については、次の点を指摘しうる。A教組の要求のうち②、③、⑦については、県教育委員会は積極的な回答を行っている。すなわち、具申、内申で本人の希望、状況を十分聴取するように校長、市町村教委を指導するようにとの要求に対して、「口頭で」そのように指導していると回答し、いわゆる優先希望人事についても特別の事情にある者については考慮しているとし、A教組の各レベルの機関（人事対策委員会）との協議についても「これまでも意見聴取を行っている」と回答した。いずれの回答もこれまでどおりに行うという教育委員会の意志を読みとることができる。たとえば、最後の点についていうと、A教組の文書資料によれば、12月18日の県教委との交渉では「人事異動に関しては、『状況と実態に基づいて交渉に応じる』という県教委からの回答を得ています」[15]とある。

②、③は、本人の希望、状況、個人的な特別の事情を考慮するということであるが、これは文書化された人事事務取扱要領にはない、人事異動に関する一つの実体的ルールがA県労使間で事実上、存在し、機能していることを示す。⑦についても同様に、人事異動をめぐって各レベルで協議あるいは意見聴取を行うという手続的ルールが存在していることを示す。

この三つの要求のうち、②、⑦に対して県教委の積極的回答を得たことの意義は大きい。各レベルで行われるA教組人事対策委員会との協議あるいは意見聴取においては、すぐ後にみるように、組合側は組合独自の異動希望調書を提出し、それと校長が作成し、提出する異動希望調書とをつきあわせて選考を進めること

---

[15] A教組『1997年度A教組運動方針案』（1997年6月26日）のp.16。

を使用者側に求めていく。異動調書の照合を下から行っていくことになり、事実上⑥の要求を、そのすべてではないにしろ、かなえることができる。また②の「本人の希望、状況の把握」を校長、地教委が行い、さらに⑦によって各人事対策委員会がチェックしていけば、その結果は、組合の人事異動原則である「希望と納得」に近づくことになる。ここでも事実上、①の要求の実現に近づいていけることになる。

だが、他方、④、⑤については県教委から意味のある回答を得ることができなかった。在職年数の機械的適用によって異動希望を強制させることに対しては、前述したように教職員の不満が大きいが、これはルールの変更につながるから、1の③と同様に、否定的回答を行っている。⑤については、三原則のうちの一つ、「公開」にかかわるが、これも拒否されている。

以上を要するに、人事異動の具体的方針、その要件などの文書化されたルールの解釈、変更とは異なり、人事異動をめぐる労使間の話し合い、優先希望人事、本人希望の重視を求めるA教組の要求に対してはA県教育委員会は積極的回答を行っている。A県労使間で、人事異動をめぐり、文書化されていない実体的、手続的ルールが制定され、運用されていることがわかる。

12月初旬のA教組とA県教育委員会との交渉の後、人事異動をめぐる交渉は支部、班、分会レベルで活発に行われることになる。

4．2．異動希望調書と委任状

A教組人事対策委員会の活動の基礎資料となるのが、各組合員から提出される人事異動希望調書である。この異動希望調書には、組合員の属性、現在校勤続年数、同一市町村教委勤続年数、免許、通勤時間と通勤方法などの他、退職希望、転勤希望の有無、希望先学校名あるいは地教委名（第1、第2、第3希望）を記入することになっている。異動希望調書は6枚1組の複写式で、それぞれ校長提出用、地方教育事務所提出用、市町村教委提出用、組合の分会控、班控、支部控からなる。校長が個々の教職員との面接などを通じて作成し、市町村教委に提出する異動希望調書とは別に、組合独自で異動希望調書がつくられ、収集されるのである。この二種類の調書は微妙にフォーマットが異なる。校長の異動希望調書には異動希望先として地教委名を記入するのに対し、組合の調書は希望学校名ま

で記入することになっている。校長の希望調書のように希望先の特定度が低いほど、配置転換で希望をかなえることが容易になることはあきらかである。

　A教組は毎年、12月初め頃、各組合員に対しこの人事異動希望調書に記入し、分会、班、支部に集約するよう求めている。その際、委任状の提出も求めている。委任状はたとえば「1996年度末における任免その他の進退に関する一切の事項」を、A教組委員長および所属する支部長に委任することを記したものである。この委任状は「…不当人事を排除するたたかいのために必要」であり、この委任状によって「…A教組はみなさんの意思を当局に通告して、支部及び本部の人事対策委員会が具体的に行動」[16]することになる。

　人事異動希望調書と委任状は、分会人事対策委員会によって組合員に配布され、組合員が記入したのち、その写しが班そして支部人事対策委員会に提出される。1996年度のB班では、人事異動希望調書と委任状の班人事対策委員会への集約は12月6日に行われた。B班では全組合員から異動希望調書、委任状を集めることに成功している。

　なお、分会では異動希望調書、委任状の配布、収集の後に、分会組合員から優先希望人事の申し込みを受け付ける。優先希望人事の申し出を受けた場合、分会はその申し出の妥当性を協議し、分会として決定する。分会で受諾された優先希望人事は班および支部の人事対策委員会に送られる。1996年度ではB班では6件、北部支部全体では19件、優先希望人事があった。

4．3．教育事務所と市町村教育委員会

　人事異動希望調書と委任状を組合員から集めた支部人事対策委員会、班人事対策委員会は、それを携えて地方教育事務所、市町村教育委員会との交渉を行う。前述したように、教育事務所と市町村教委の二機関が実質的な人事の実務作業に従事しているのであり、これらとの交渉は、人事異動をめぐる労使関係の鍵となる。

　1996年度では、A教組北部支部はA県北部教育事務所と計4回、北部支部B班はB市教委と計3回の交渉を行っている。A教組北部支部の専従書記長は、前

---

[16] A教組『人事くんの素顔が見える　1998年度人事学習資料』のp.6。

述したように支部人事対策事務局長として班人事対策委員会の活動を補佐するから、班人事対策委員会の市町村教委との交渉に参加することになる。1996年度の支部・教育事務所の交渉、班・市町村教委の交渉日程は表6-4に掲げてある。

表6-4 人事異動をめぐる交渉

月　　日	A教組北部支部人事対策委員会	北部支部加盟班人事対策委員会
1996.12.3	北部教育事務所へ人事交渉要求書提出	
12.17	第1回北部教育事務所人事交渉	
12.24		第1回B市教委人事交渉
12.27		第1回X市教育長人事交渉
1997.1.16		第2回B市教委人事交渉
1.20		第1回Y町教育長人事交渉
1.28	第2回北部教育事務所人事交渉	
2.3		第1回Z市教育長人事交渉
		第2回X市教育長人事交渉
2.4		第2回Y町教育長人事交渉
		第3回B市教委人事交渉
2.7	第3回北部教育事務所人事交渉	
2.27	第4回北部教育事務所人事交渉	
3.12		第3回X市教育長人事交渉

資料出所：A教組北部支部『第82回支部中央委員会議案』（1997年5月30日）のp.19より。
注：X市、Y市、Z町はA教組北部支部を構成する班組織が存在するB市以外の市町の仮名である。

支部・教育事務所交渉、班・市町村教委交渉において組合側は、A教組が県教委に対して掲げた要求のうち、主として「希望・納得・公開」原則の適応にかかわる要求をとりあげている。表6-5はB班人事対策委員会の要求の一部をみたものである。

表6-5 B班人事対策委員会の人事要求

①本人の希望を尊重し、本人が納得しない人事は行わないこと。
②当組合から出された『人事異動希望調書』を尊重して人事異動を行うとともに、校長から提出された『異動希望調書』と照合し、問題が生じないようにすること。
③生活や権利等を保障した最優先人事異動を積極的に進めること。
④人事異動に対する有力者の介入を排除すること。
⑤異動希望者に対しては、その進捗状況について、その都度本人に伝え、内示が出てから問題が生じないようにすること。

資料出所：A教組北部支部B班『1997年度B班定期大会議案』（1997年3月1日）のp.20。

A教組本部の三原則適応にかかわる要求とほぼ同じであることがわかるであろう。これらの事項のうち⑤を除いて、A県教委も積極的に回答しており、地方教育事務所、市町村教委にも教育委員会ルートで伝わっているだろうから、こうした支部、班の要求はそれらを再確認させる意味を持つと考えられる。

　教育事務所、市町村教委との交渉で、これらの事項を再確認させるとともに、組合独自で集約した人事異動希望調書を一括して提出する。ここでの組合側の関心事項は組合が一括提出した異動希望調書と使用者側の具申、内申との齟齬がないかどうかをチェックすること、優先希望人事を実現することにある。あくまでもチェックであって、人事異動それ自体に対して介入しようとはしていない。組合員本人の希望をできる限り尊重すること、それがかなえられない場合には、本人の納得が得られるような異動を行うこと、これが組合の基本姿勢である。こうしたチェックは、分会人事対策委員会でも当然のことながら行われており、組合独自で収集した分会各組合員の異動希望調書は校長に提出され、市町村教委への具申にあたって、違いがないように要求している。

　A教組自身も正しく認識しているように、希望がすべてかなうことなどきわめて難しい。したがって、苦情をもちこむ組合員もいる。たとえば、校長との話し合いのすれ違い、異動を希望していない地域への異動などがその原因となる。その場合には、支部、班が市町村教委および当該学校長に対し、異動に対して苦情を持つ教職員と話し合いをもち、当該教職員の納得を引き出すことを求めることとなる。A教組の「納得」原則とは、人事権を持つ行政側が、組合員個々人がたとえ希望がかなえられなくとも、納得できるような人事異動を行うよう求めることであって、労働組合自らが納得させることではない。人事異動それ自体に介入していない以上、それは当然のスタンスであろう。

4．4．結果

　以上の交渉をへて、2月頃までに人事異動がほぼ決まり、校長によって異動対象者に内示され、県教育委員会から正式に異動命令が出されることになる。

　B班を例にとると[17]、配置転換を希望した教職員が小中学校合わせて194人、

---

[17] 以下の数字はA教組北部支部B班『1998年度B班定期大会議案』(1998年3月7日) pp.21-23より。

このうち実際に勤務校の変わった教職員が106人であった。異動希望の実現率は54.6％であった。また優先希望人事を申し出た6人のうち、希望がかなった者は3人であった。勧奨退職を希望していた教職員5人は、希望どおりに退職を勧奨されている。優先希望人事の実現率は5割とやや低いが、北部支部全体[18]では78.9％（19人中15人の優先希望人事の申し出が実現した）とそれほど低いわけではない。勧奨退職については、北部支部全体でも8人全員の希望がかなっている。

北部支部全体でみる限り、優先希望人事、退職勧奨などについては、希望実現率が高いといってよいであろう。その結果に対して、支部、班人事対策委員会の活動がどの程度の効果をあげたのかを数量的に把握することは不可能であるが、何らかの影響を及ぼしているのは確かだと思われる。他方、異動希望が5割程度実現したことについての評価は、与えられたデータの限りでは難しい。この5割は異動が実現したということを意味しているだけであって、異動先の希望が実現したかどうかはわからないからである。

4．5．まとめ

A県教育委員会の定めた人事異動方針および人事事務取扱要領の解釈、変更を求めるA教組の要求は、県教育委員会から消極的な回答しかえられていないが、だが、人事異動をめぐる各レベルでの労使間の話し合い、優先希望人事、本人希望の重視などの要求に対しては、A県教育委員会からは積極的回答を引き出している。この積極的回答を基礎に、12月にはいり、人事異動をめぐる交渉は支部・教育事務所、班・市町村教委を中心に活発に行われることになる。

A教組人事対策委員会の活動の基礎資料となるのは、各組合員から提出される人事異動希望調書である。この異動希望調書には、組合員の属性、現在校勤続年数、同一市町村教委勤続年数、免許、通勤時間と通勤方法などの他、退職希望、転勤希望の有無、希望先学校名あるいは地教委名などが記されている。

支部人事対策委員会、班人事対策委員会は教育事務所、市町村教委との交渉で、本人希望の尊重、優先希望人事など県レベルで了解の得られている事項を教育事

---

[18] 以下の数字はA教組北部支部『第82回北部支部中央委員会議案』（1997年5月30日）p.19より。

A教組本部の三原則適応にかかわる要求とほぼ同じであることがわかるであろう。これらの事項のうち⑤を除いて、A県教委も積極的に回答しており、地方教育事務所、市町村教委にも教育委員会ルートで伝わっているだろうから、こうした支部、班の要求はそれらを再確認させる意味を持つと考えられる。

　教育事務所、市町村教委との交渉で、これらの事項を再確認させるとともに、組合独自で集約した人事異動希望調書を一括して提出する。ここでの組合側の関心事項は組合が一括提出した異動希望調書と使用者側の具申、内申との齟齬がないかどうかをチェックすること、優先希望人事を実現することにある。あくまでもチェックであって、人事異動それ自体に対して介入しようとはしていない。組合員本人の希望をできる限り尊重すること、それがかなえられない場合には、本人の納得が得られるような異動を行うこと、これが組合の基本姿勢である。こうしたチェックは、分会人事対策委員会でも当然のことながら行われており、組合独自で収集した分会各組合員の異動希望調書は校長に提出され、市町村教委への具申にあたって、違いがないように要求している。

　A教組自身も正しく認識しているように、希望がすべてかなうことなどきわめて難しい。したがって、苦情をもちこむ組合員もいる。たとえば、校長との話し合いのすれ違い、異動を希望していない地域への異動などがその原因となる。その場合には、支部、班が市町村教委および当該学校長に対し、異動に対して苦情を持つ教職員と話し合いをもち、当該教職員の納得を引き出すことを求めることとなる。A教組の「納得」原則とは、人事権を持つ行政側が、組合員個々人がたとえ希望がかなえられなくとも、納得できるような人事異動を行うよう求めることであって、労働組合自らが納得させることではない。人事異動それ自体に介入していない以上、それは当然のスタンスであろう。

4．4．結果

　以上の交渉をへて、2月頃までに人事異動がほぼ決まり、校長によって異動対象者に内示され、県教育委員会から正式に異動命令が出されることになる。
　B班を例にとると⑰、配置転換を希望した教職員が小中学校合わせて194人、

---

⑰　以下の数字はA教組北部支部B班『1998年度B班定期大会議案』（1998年3月7日）pp.21-23より。

このうち実際に勤務校の変わった教職員が106人であった。異動希望の実現率は54.6％であった。また優先希望人事を申し出た6人のうち、希望がかなった者は3人であった。勧奨退職を希望していた教職員5人は、希望どおりに退職を勧奨されている。優先希望人事の実現率は5割とやや低いが、北部支部全体[18]では78.9％（19人中15人の優先希望人事の申し出が実現した）とそれほど低いわけではない。勧奨退職については、北部支部全体でも8人全員の希望がかなっている。

　北部支部全体でみる限り、優先希望人事、退職勧奨などについては、希望実現率が高いといってよいであろう。その結果に対して、支部、班人事対策委員会の活動がどの程度の効果をあげたのかを数量的に把握することは不可能であるが、何らかの影響を及ぼしているのは確かだと思われる。他方、異動希望が5割程度実現したことについての評価は、与えられたデータの限りでは難しい。この5割は異動が実現したということを意味しているだけであって、異動先の希望が実現したかどうかはわからないからである。

4．5．まとめ

　A県教育委員会の定めた人事異動方針および人事事務取扱要領の解釈、変更を求めるA教組の要求は、県教育委員会から消極的な回答しかえられていないが、だが、人事異動をめぐる各レベルでの労使間の話し合い、優先希望人事、本人希望の重視などの要求に対しては、A県教育委員会からは積極的回答を引き出している。この積極的回答を基礎に、12月にはいり、人事異動をめぐる交渉は支部・教育事務所、班・市町村教委を中心に活発に行われることになる。

　A教組人事対策委員会の活動の基礎資料となるのは、各組合員から提出される人事異動希望調書である。この異動希望調書には、組合員の属性、現在校勤続年数、同一市町村教委勤続年数、免許、通勤時間と通勤方法などの他、退職希望、転勤希望の有無、希望先学校名あるいは地教委名などが記されている。

　支部人事対策委員会、班人事対策委員会は教育事務所、市町村教委との交渉で、本人希望の尊重、優先希望人事など県レベルで了解の得られている事項を教育事

---

[18]　以下の数字はA教組北部支部『第82回北部支部中央委員会議案』（1997年5月30日）p.19より。

務所、市町村教委に再確認させるとともに、組合独自で集約した人事異動希望調書を一括して提出する。組合の人事対策委員会の最大関心事項は、組合が一括提出した異動希望調書と使用者側の具申、内申との齟齬がないかどうかをチェックすること、優先希望人事を実現することにある。あくまでもチェックであって、人事異動それ自体に対して介入しようとはしていない。組合員本人の希望をできる限り尊重すること、それがかなえられない場合には、本人の納得が得られるような異動を行うこと、これが組合の基本姿勢である。

こうした支部、班レベルでの交渉の結果、B班では異動希望の半分程度、北部支部では優先希望人事の8割弱、勧奨退職のすべてが実現された。

5．成果と課題

上で述べているように、B班全体では異動希望の5割程度がかなえられた。だが、それだけでは、異動先の希望が実現されたかどうかはわからない。以下では、異動希望がどの程度満たされているのかどうかの現状、そして広域人事という新たな問題とそれへの対応に絞って見ていこう。

5．1．成果

以下ではA教組独自が行っている人事異動追跡調査の結果をみてみよう。なお、最初に述べたように、毎年、A県全体で配置転換を経験する教職員数は2,500人前後だと考えられるから、この調査は全体の1/3から1/2が回答したものである。

表6-6　異動希望の実現状況

年　　　度	1993	1994	1995
合　　　計	100.0（902）	100.0（1,054）	100.0（964）
第1希望	38.8	33.3	39.6
第2希望	12.5	11.1	13.5
第3希望	10.4	9.6	11.8
希望とは異なる	27.9	26.6	25.0
希望は出さなかった	8.2	9.3	7.4
不　　　明	2.1	10.2	2.7

資料出所：A教組『第63回定期大会議案　別冊資料（経過報告）』（1997年6月26日）のp.78より作成。
注：原表には不明データが含まれていなかったため、それを加えて比率を算出した。

表6-7 納得の有無

年　　　度	1993	1994	1995
合　　　計	100.0 (252)	100.0 (430)	100.0 (340)
内示前に話があって納得了解	64.3	46.3	53.8
内示されて知り、納得了解	26.2	30.2	26.5
了解なしで強行された	8.7	5.3	3.8
そ　の　他	0.4	18.1	15.9

資料出所：表6-6に同じ。
注：各年度の集計対象者が何であるのかは必ずしも明かではない。1993年度の252人は「希望とは異なった」と回答した人数と合致している。1994年度は「希望とは異なった」が280人、「希望は出さなかった」が98人で合計378人であり、430人から378人を引いた52人が希望の実現度に対しどのような回答した者かはわからない。1994年度では希望の実現度「不明」が107人いるので、その中の52人がこの設問に回答したと推測される。1995年度は「希望とは異なった」が241人、「希望は出さなかった」が71人で合計312人である。340人から312人を引いた28人が希望の実現度に対しどのような回答をした者かはわからない。希望実現度「不明」は17人おり、これを母数に入れたとしても11人がどのような回答をしていたのかはわからない。

　表6-6は、1993年度から95年度にかけて、配置転換を命ぜられ、勤務校を変わった教職員に対し、異動が希望どおりであったかどうかをたずねた結果である。これによると、第1希望どおりに異動した教職員は3割〜4割弱、第2、第3希望まで含めて、希望がかなった教職員は全体の6割前後である。これに対して、1/4程度の教職員が希望とは異なる学校に異動させられた。この数字をどう評価すべきかは、他県あるいは日本全体の数値がないので、難しい。

　では、希望がかなわなかった教職員は「納得」して異動したのであろうか。表6-7は、異動希望が実現しなかった、希望そのものを出さなかった、あるいは希望が実現かしたかどうか不明の教職員に対し、「納得」して異動を受け入れたのかどうかをたずねた結果である。注に詳しく書いたように、この設問の母数が実は明確ではないという難点はあるものの、ここから次のような点を指摘しうる。

　教育委員会からの内示前に、校長から異動の話があり、その説明によって納得して異動を了解した者が、年によってやや違いはあるが、大体半分程度、内示後に校長から説明があり納得して異動を了解した者が、3割弱である。異動希望が実現しなかった、あるいはそもそも異動希望を出さなかった教職員の、だいたい8割程度は、納得して異動を受け入れている。他方、了解せず、異動を強行された教職員も存在し、年によって若干異なるが5％前後となっている。納得せずに異動を強行された教職員の異動者全体に対する比率は1993年度が2.4％、1

994年度が2.2％、1995年度が1.3％であり、非常に低い。

　以上の結果から、A教組の原則である「希望と納得」はほぼ実現されているとみてよいであろう。前節で明らかにした、労働組合の人事対策委員会と使用者側の間の各レベルにおける交渉、協議、話し合いが、そうした希望と納得をもたらす一つの要因であるといってよい。希望どおりに、あるいは納得して異動し、新たな学校に勤務することは、教育委員会にとっても良いことであるから、積極的に労働組合との交渉、協議を行うことは使用者側にとってもプラスの成果をもたらす。

　ただ、「納得」の内容をさらに検討する必要があるのかもしれない。B班の分会訪問の際に、人事異動に関して組合員から出される苦情のトップは、在職年数要件である。1997年度の分会訪問では「同一地教委10年になると、他教委へ異動させられるのは納得できない」「同一地教委10年、同一校6年の異動の対象の根拠がわからない」「同一地教委10年、同一校6年の異動の対象のわくをなくしてほしい」「同一地教委10年、同一校6年と言われ、止むをえず希望を書いた」などが出されている[19]。こうした苦情が多いからこそ、A教組は県教育委員会への要求書に、在職年数要件の見直しをせまったのである。在職年数要件は客観的であり、他の教職員と比較することもできる。したがって、この要件をもって、異動を持ちかけられたら、同一校6年、同一地教委10年を越える教職員は「納得」せざるをえない。この客観的な比較の上で出された異動を拒否することは、異動を希望する教職員の願いを無視することであって、「公正」な態度とはいえないからである。人事異動の要件に「納得」を強く迫るものがあることが、上記の良い成果をもたらす一つの要因だと考えられる。とすれば、在職年数要件を弾力化することが、A教組にとってよいことかどうかわからなくなる。組合員を「納得」させる客観的要件が失われていくかもしれないからである。

5．2．新たな課題

　労働組合の人事異動希望調書の異動希望は第3希望（学校名）まで記入することになっている。校長のそれも1996年までは、希望地教委名であったにせよ

---

[19]　A教組北部支部B班『1998年度B班定期大会議案』（1998年3月7日）p.8より。

表 6-8　確認事項

①4地教委書いたからといって、必ずその場所に移動になるという訳ではなく、「順に押し出すような形で」異動をすすめる。
②「4つの希望うち1つは管外」は、「あくまでも実状に合わせて」であり、強制的に書かせる管理者がいた場合、県教委が個別に指導をする。
③通勤時間については、従来の県教委とA教組との確認により、上限「1時間程度」とする。

資料出所：A教組『1998年度A教組運動方針（案）　第64回定期大会議案』(1998年6月17日)のp.21より。
注：在職年数、優先希望人事等についての確認事項は省いた。

　第3希望まで記入することになっていた。ところが、県教育委員会は1997年度から、転出希望先をそれまでの3から4に変えるよう指示し、そのため校長による異動希望調査に対しても教職員は4地教委をあげるよう求められた。この背景には、少子化の進展に伴い大幅な学級減が生じ、地域によっては教員数が定員を上回っているという事情がある。それを解消するために、これまでより広範囲に異動を行う必要があるというのである。

　突然の変更に対して、A教組は1997年12月18日の交渉で、4地教委希望に抗議する。県教委との交渉の結果、表6-8のような確認がなされた。

　①は、おそらく第1希望から順に異動先を探すのであり、第4希望はあくまでも4番目の希望であるというような意味であろう。②の管外というのは、教育事務所の管轄外であり、たとえばB市の例で言えば北部教育事務所の管轄をこえた異動のことである。先にみたように、A県における管外への異動は1割強であり、それほど多くはない。また「実状にあわせて」というのは、③の通勤時間1時間程度以下という条件を満たすような地域があればというようなことであろう。この確認事項を読めば、広域人事がそれほど急激に広がるとは思えないが、しかし、少子化、学級減、地域間のアンバランスは今後も進んでいくとすれば、着実に配置転換の広域化が進んでいくと予想される。そうした中で、A教組が「希望・納得・公開」原則をいかに守っていけるかは、難しい課題となってくるであろう。A教組自身も次のような認識をもっている。「これまでにA教組は…、教職員の『希望・納得・公開』の三原則を守ってきましたが、一方では困難な課題をかかえていることも事実です。／それは、大きな世代交代の時期にあたり、教職員の年齢構成のバランスが崩れてきていること、地域の教職員の需要と供給に大きな格差があること、児童・生徒数が減少してきていること、都市部や農村・山

第6章　人事異動

間部の人事交流に停滞状況がみられること…などがあげられます」[20]。それは一人A教組だけの課題ではあるまい。上でみたように、A県教職員の配置転換では、希望どおりに異動した者、希望どおりではないが納得して異動した者が圧倒的多数を占めた。それは教育委員会にとっても良い結果をもたらしてきたことは間違いない。だが、広域人事の進展に伴いそれが損なわれることは、教育委員会にとっても重要な問題となる。

5．3．まとめ

　A教組のデータによる限り、A県公立小中学校教職員で配置転換を命じられた者の6割前後は、希望どおりに異動している。残りの希望のかなえられなかった、もともと希望を出さなかった教職員にしても、8割程度は納得して異動している。納得せずに異動を強行された教職員の異動者全体に対する比率は2％程度であり、非常に低い。異動に際して「希望と納得」原則が実際にも適応されていることを示すものだといってよい。この良好な成果をもたらしているのは、一つには、A教組人事対策委員会と教育委員会、教育事務所の各レベルにおける交渉、協議だといってよい。それは労働組合ばかりでなく、使用者側によっても良い成果である。もっとも、在職年数が客観的であり、比較考量できるものであるがゆえに、在職年数要件が教職員に「納得」を迫る働きをもつからこそ、良好な成果がもたらされているのだと解釈することもできる。

　良好さは、しかし、少子化の進展とともに脅かされつつあるようにみえる。その一つの現れが県教育委員会が1997年度から異動希望地教委数を3つから4つへと増やしたことである。もちろん、A教組としてはこの増加に反対し、当面は深刻な影響は出ないと推測されるが、将来　労使双方にとって解決を迫られる大きな課題となることは間違いない。

[20]　A教組『人事くんの素顔が見える　1998年度人事学習資料』のp.1。

6．自主交渉の成果

　1年間に17％程度もの教職員を配置転換させる必要があるかどうかは今は問わない。だが、全体としてA県における配置転換は、特に大きな不満、混乱を生んでいないという意味で、スムースに行われているようにみえる。A教組の「使用者側の一方的な判断は許さないが、かといって組合員の恣意も認めない」という責任ある政策を踏まえた、組合員個々人の希望を各レベルで具申、内申と照合していくというきめ細かな活動、他方で、県教育委員会が本人意思を尊重し、優先希望人事を重視し、また各レベルでの労使交渉、協議を認めていくという柔軟な姿勢の二つがこうした良好な成果を生み出している。「納得」が強いられるという仕組みがあることを忘れてはならないが、しかし、この成果は評価されてよい。

　これまでに検討してきた報酬、労働時間、教育訓練が、なんらかの問題を抱えていたことを考えると、人事異動、特に配置転換での良好な成果は異質でさえある。いったい、何が違いをうんだのか。その大きな原因の一つは、人事異動をめぐる交渉が県教育委員会とA教組との自主的な取り組みによって行われ、法令あるいは文部省の関与がきわめて少ないことにあるように思える。確かに法令によって人事異動の決定プロセスは決められている。だが、現実は、校長が教職員の意思を踏まえて具申する。地方教育事務所と地町村教委レベルでほとんど決まり、それが県教委に内申されるだけというように、現場にあわせてルールが変更されている。日常の労使関係とは必ずしも直接関係をもたない当事者によって、しかも強制力をもって定められた法令、規則が、日々の実践と適合しないことはよくあることである。人事異動をめぐる労使関係は、そうした枠組みが弱いからこそ、スムースに運営されているのではないだろうか。

　この推測にして正しいとすれば、広域人事という新たな課題であっても、労使の努力によって解決できるものであるといいうるのかもしれない。もちろん、それは困難な道であろうが。

第 7 章

階層構造と制度の混乱
―教育公務員の労使関係の特徴―

以上、A県の事例を素材に、公立小中学校の労使関係について、交渉協議機構、報酬、労働時間、教育訓練、人事異動に焦点をあてて、かなり詳細に明らかにしてきた。それぞれについては、各章の終わりに要約してあるので、ここでは、以上の分析から浮かび上がってきた労使関係の特徴を描くこととする。その特徴を簡潔に言い表わすとすれば、階層構造と制度の混乱ということになるだろう。以下、この二つの言葉をキーワードとして、公立小中学校の労使関係の特徴をまとめてみよう。

　公立小中学校の教職員は、当該学校が所在する市町村の公務員である。だが、彼らの仕事と報酬のルールを定め、運用し、変える当事者は、市町村レベルだけに存在するわけではない。事実上の使用者側に着目すれば、都道府県教育委員会が彼らの任命権者として、そして都道府県人事委員会も俸給その他のルールの制定を通じて、彼らの仕事と報酬をめぐるルールに直接影響を及ぼす。もちろん、都道府県知事、議会も条例の制定を通じて影響を及ぼす。当事者は都道府県レベルにとどまるわけではない。仕事と報酬をめぐる基本ルール、基準の制定に深く関与する当事者として文部省が存在し、人事院が存在する。労働者側もまた、班、支部、都道府県教組、日教組がそれぞれのレベルで使用者側と向き合っている。

　階層構造とは一つにはこうした構造を表している。さらに、上位のレベルの当事者の決定が労使関係の全体の枠組を基本的に決めてしまうということも、この言葉に含めている。人事異動を別にして、報酬、労働時間、教育訓練に関わる基本ルール、基準はほとんど文部省と人事院レベルで定められる。少なくとも現状ではそうである。これが持つ意味を軽視すべきではない。日教組と文部省の「歴史的和解」をこの文脈でとらえてみると、それが労使関係にとって持つ重要性が浮かび上がってくる。俸給表の改正であれ、労働時間問題の解決であれ、教育訓練の多さに起因する多忙化であれ、日教組と文部省および人事院との真摯な話し合いがなければ、スムースには処理されなかったに違いない。

　階層構造は、しかし、労使関係に深刻な問題をもたらす可能性がある。中央レベルで定められる仕事と報酬をめぐる基本ルールは、法律、政令、規則として文書化される。だが、この文書化されたルールがそのままの形で都道府県レベル、市町村レベルにおりてきて、制定者の意図とおりに運用されるわけではない。下位レベルで新たなルールが定められ、あるいは新たな運用方法が考案されるのが

普通である。たとえば、昇給方法をめぐって、県教組、県教育委員会間で話し合いが行われており、なんらかのルールがあることが想定された。労働時間管理においても、終業時間末尾の45分間の自宅研修が三者協定として制度化されていた。教育訓練でも県教委、市町村教委、学校で独自の訓練が実施されていた。これらの労使各当事者が、自らの仕事と報酬に関して、ルールを定め、変え、新たな運用方法を生み出していくことは、当然のことであり、それ自体が問題というわけではない。問題は、下位レベルで制定、変更されるルールが、法律、政令、規則、条例と抵触する可能性があるということである。たとえば、昇給方法に関する一定のルールは、厳密に解釈すれば、「職員の給与に関する」条例と抵触するかもしれない。勤務条件法定主義、条例主義の立場からすれば、そうした事態は許されざるべきものとして断罪されるかもしれない。たとえ、そうしたルールが実際に働く当事者たちの要求と実状から生み出されたもので、それなりに合理性を有していたとしても、そのように主張されるかもしれない。これが階層構造が、労使関係に深刻な問題をもたらす一つの可能性である。

いま一つの可能性は、仕事と報酬をめぐる基本ルール、基準の制定が学校で実際に働く教職員とは遠いところで行われるということによって、仕事に合致した合理的なルールをつくりあげることが妨げられるということである。特に、仕事と報酬をめぐる基本ルール、基準が、一定の「あるべき教育像」、「あるべき教師像」から演繹された場合に、その可能性が大きい(1)。その典型が労働時間制度であるように思える。教員労働の特殊性が、実際に何を意味するのかはよくわからない。たとえば、人事、経理、営業、技術、研究などに携わる民間部門で働くホワイトカラー、私立の小中学校の教職員などと比べて、どのような特殊性があるのかはよくわからない。だが、「教員労働の特殊性」から、教員は労働基準法の枠外におかれ、原則として時間外勤務を命じないこととされた。にもかかわらず、

(1) 誤解のないように付け加えておくが、「あるべき教育像・教師像」を議論することが無意味であり、または有害であると言っているわけではない。そうではなくて、「仕事と報酬をめぐるルール」をそうした理想像から演繹的につくりだすことが問題だと言っているだけである。たとえば、労働者が自らの能力を高めるために、あるいは新しい仕事・機械に適応するために、会社が教育訓練を実施し、または自己啓発を行うのはごくごく普通のことであって、何も特別なことではあるまい。その点では教師と普通の労働者に違いがあるわけではない。にもかかわらず、「教員労働の特殊性」から教育訓練を行う義務（あるいは権利）をわざわざ法律で定めていることがおかしいのではないかと言いたいだけである。

事実上の時間外勤務手当に他ならない教員特殊業務手当が創設されているし、時間外勤務は事実として存在し、多忙化が問題となっている。制度の混乱というもう一つのキーワードは、こうした事態をさしている。
　制度の混乱は他にもみられる。教育業務連絡指導手当は、その内実を探り、運用のありようを推測していくと、主任、主事という特定の役職、職位に期待される職責に対して支給される手当であるように考えられ、通常の意味の主任手当のようにみえるのに、公式には特定の業務に支給される業務手当ということになっている。初任者研修、教職経験者研修にしても、普通の人事管理からみれば、疑問点がいくつもある。初任者研修ではOJTとoff-JTのテーマと時期が重複し、校外研修に指定された曜日にはたとえ研修がなくとも、新入教員は本来業務に就くことができない。教職経験者研修にしても、特に5年次、10年次を対象としたカリキュラムが用意されているわけではない。
　教育訓練全体についてみれば、メニューの豊富さと対象者の多さに驚かされる。教育訓練ついての最大の疑問は、果たして効果と機会費用を勘案して設計されているのだろうか、ということである。一般の人事管理では、教育訓練は、本来業務遂行のために必要な場合に行われる。ところが、教育公務員の場合、各レベルで実施される多様な教育訓練は、それ自体が目的とされているかのようであり、本来業務への効果と機会費用を勘案して企画、実施されているようにはみえない。その結果が多忙化である。これもまた「あるべき教師像」から演繹された制度のもたらす問題であるように思える。
　こうした階層構造と制度の混乱がもたらす問題を軽減する役割を果たしているのが、都道府県教職員組合およびその下部組織である。本書でとりあげた事例では、県教組は事実上の時間外勤務、教育訓練に起因する多忙化という問題に真剣に取り組み、一定の成果をあげていた。人事異動がさほど深刻な問題をうむことなく行われているのも、県教組の責任ある政策ときめ細かな対応の結果だと考えられた。だが、組織率の継続的低下はこうした防波堤を徐々に崩し、公立小中学校の教職員は高波を直接かぶることになる。
　第1章で触れたように、90年代は公務員にとっては「激動の10年」であり、公務員制度は、今後、大きく変わっていくことが予想される。1999年7月には「地方分権の推進を図るための関係法律の整備等に関する法律」（分権一括法

案）が公布され、2000年4月1日から施行された(2)。すでに、分権推進委員会の第一次勧告（1996年12月20日に首相へ提出）に、教育課程の大綱化、弾力化、教育長の任命・承認制の廃止、文部省と教育委員会の関係の見直しがもられていた。1998年9月の中央教育審議会答申「今後の地方教育行政の在り方について」(3)でも、文部省、都道府県教育委員会、市町村教育委員会の役割分担の見直し、教育長の任命・承認制の廃止を含む教育委員会制度の改革、学校へのさらなる自主性、自律性の付与などが論じられている。分権推進委員会勧告、中教審答申を受け、文部省が発した1999年8月11日の通知「地方分権の推進を図るための関係法律の整備等に関する法律における文部省関係法律の改正」(4)にも同様の趣旨の改正がもられている。他方で、地方公務員制度調査研究会「地方自治・新時代の地方公務員制度－地方公務員制度改革の方向」（1999年4月）では、多様な勤務形態の導入、昇進、給与などにおける能力・実績の重視、評価システムの整備など人事管理改革がうちだされている。

　これらの改革は教育公務員の労使関係に一定の影響を及ぼすことになろう。A県の事例を詳細に検討した結果からみると、改革論議には次のような視点が欠かせないように思われる。仕事と報酬に関しては、「あるべき教育像」「あるべき教師像」といったイデオロギーからいったん離れて、学校で働く教職員たちが、仕事に真剣に取り組め、能力向上、モラールアップがはかれるようなルールはいかなるものかを、労使間で真摯に議論することの重要性を認識することである。制度の混乱を正し、階層構造の持つ危険性をできる限り取り除きながら労使関係システムを構築していくことが必要なのではないか。もちろん、分権、自立と並ぶ改革のもう一つのキーワードである情報公開を忘れてはなるまい。多くの市民が納得しうるようなシステムをつくることが基本となることはいうまでもない。現在の労使関係にかかわる情報をすべて公開した場合、多くの市民が納得するとは、少なくとも私には思えない。

---

(2) 地方分権をめぐる行政改革については、その経緯を要領よくまとめている高木（1999）を参照されたい。
(3) http://www.monbu.go.jp/series/00000046/より。
(4) http://www.monbu.go.jp/tsuuchi/html3/00000044.htmlより。

【参考文献　邦語文献】

新井雄啓　1992　「教員人事の実際」、佐藤全、若井彌一編著『教員の人事行政－日本と諸外国』、ぎょうせい、所収、45-58

石川馨　1984　『日本的品質管理＜増補版＞』、日科技連出版社

岩井彌一　1992　「教員人事に関する法制とその課題」、佐藤全、岩井彌一編著『教員の人事行政－日本と諸外国』、ぎょうせい、3-16

氏原正治郎　1979　「経済学から見た法社会学」、日本法社会学会編『日本の法社会学』、有斐閣、所収、290-304

───　1980　「試練に立つ日本的雇用慣行と労使の選択課題－年功賃金、生涯雇用、企業別組合は三位一体か－」、賃金実務、第17巻407号、所収、1-6

───　1988　『日本の労使関係と労働政策』、東京大学出版会

宇田川勝、佐藤博樹、中村圭介、野中いずみ　1995　『日本企業の品質管理』、有斐閣

金子敬一　1977　「教職員賃金の実態と課題－日教組」、氏原正治郎、倉塚精三、舟橋尚道、松尾均、吉村励編『講座＝現代の賃金２　産業別賃金の実態(1)』、社会思想社、所収、373-425

金子美雄　1973　「地方公務員給与の諸問題」、神代和欣編『日本の賃金決定機構』、日本評論社、所収、198-221

神田修　1974　「教育行政における住民自治」、兼子仁、永井憲一、平原春好編『教育行政と教育法の理論』、東京大学出版会、所収、150-172

───　1980　「教育委員会制度論」、高柳信一、小沢辰男、平原春好編『教育行政の課題』、勁草書房、所収、74-101

木田宏　1983　『教育行政法　新版』、良書普及会

木田宏監修　1987　『証言　戦後の文教政策』、第一法規出版

QCサークル本部編　1990　『QCサークル綱領（改訂版）』、日科技連出版社

教育事情研究会　1981　『中央教育審議会答申総覧』、ぎょうせい

ぎょうせい編　1986　『「第２次答申」と教育活性化への課題　臨教審と教育改革＜第３集＞』、ぎょうせい

黒崎勲　1994　「教育と教育行政」、森田尚人、藤田英典、黒崎勲、片桐芳雄、佐藤学編『教育学年報３　教育のなかの政治』、世織書房、所収、31-74

木暮正夫　1988　『日本のTQC－その再吟味と新展開－』、日科技連出版社

齊藤諦淳　1984　『－文教行政に見る－政策形成過程の研究』、ぎょうせい

笹森健　1987　『任命制下の市町村教育委員会に関する研究』、酒井書店

佐藤全　1992　「4　校長調査の結果」、佐藤全、岩井彌一編著『教員の人事行政－日本と諸外国』、ぎょうせい、所収、177-186

菅野和夫　1983　「公共部門労働法(1)－基本問題の素論」、法曹時報35巻10号、1-55

───　1999　『労働法（第5版）』、弘文堂

全日本民間労働組合連合会　1989　『産業別組織の機能の現状調査報告書』

高木健二　1999　『分権改革の到達点』、敬文堂

中留武昭　1985　「これからの教育センターの役割」、教職研修臨時増刊号・教員研修読本、教育開発研究所、26-34

中村圭介　1996　『日本の職場と生産システム』、東京大学出版会

西穣司　1982　「戦後における研修行政の特質」、牧昌見『教員研修の総合的研究』、ぎょうせい、所収、185-222

西村美香　1999　『日本の公務員給与政策』、東京大学出版会

日教組（日本教職員組合）編　1977　『日教組３０年史』、労働教育センター

| | 1997 | 『日教組50年史（CD-ROM版）』、労働教育センター |
| | 1998 | 『日本の教育　第47集』、一ツ橋書房 |

仁田道夫　1988　『日本の労働者参加』、東京大学出版会
日本労働組合総連合会　1991　『産業別組織（官公労組織）の機能の現状調査報告書　れんごう政策資料41』
細井克彦　1987　「初任者研修はどう考えられてきたか」、山田昇、土屋基規編著『初任者研修で何がかわるか』、教育史料出版会、所収、54-84
松尾桂一　1985　「校内研修の評価」、教職研修臨時増刊号・教員研修読本、教育開発研究所、190-193
山本信一郎、木村良樹　1986　『自治行政講座　5　地方公務員行政』、第一法規出版
結城忠　1982　「教員研修をめぐる法律問題」、牧昌見『教員研修の総合的研究』、ぎょうせい、所収、289-323
――――　1985　「教員研修の法制的仕組み」、教職研修臨時増刊号・教員研修読本、教育開発研究所、70-76

【英語文献】

Dunlop, John T.　1958　*Industrial Relations Systems*, Southern Illinois University Press: Illinois
Flanders, Allan　1970　*Management and Unions: The Theory and Reform of Industrial Relations*, Faber and Faber: London
Kochan, Thomas A., Katz, Harry C. and Robert B. McKersie　1986　*The Transformation of American Industrial Relations*, Basic Books, Inc.: New York

索 引

【あ行】

新しい時代を拓く学校教育支援事業　187,192,193
あるべき教育像　267,269
あるべき教師像　267,268,269
異動希望調書　245,254
A教育プラン　189
A教組の教育研究活動の強さと弱さ　225
A県学校長会　221
A県教育会　221
A県教育研究連盟　70,221,223
A県国民教育研究所　70
A県地公労共闘（地方公務員労働組合共闘会議）
　　　　　68,69,104,107
A県連合教育研究集会　223

【か行】

格差
　官民——　118
　総——　119
　追加——　119
　本——　119
学習指導要領（文部省）　202,227-228
学務課（市教委）　45
学校管理規則　41
　——準則　41
学校教育指導方針（県教委）　201,203,227-228
管理主事　37
機会費用（教育訓練の）　234
企画広報室（県教育庁）　36
希望・納得・公開　72,246
義務教育課（県教育庁）　36
義務教育費国庫負担法　78

休日出勤手当　88,89
給特法（国立および公立の義務教育諸学校の教育職員の給与等に関する特別措置法）80,90,151
級別加算係数　100
給与法（一般職の職員の給与に関する法律）79,80
給与法（1948年、新給与実施法）　136
教育委員　34,43
教育委員会
　広義の——　35
　狭義の——　35
　——の回答（人事院勧告前）　105-106
　——交渉（人事委員会勧告後）　116
教育委員会教育長事務委任規程　46
　——準則　46
教育委員長　34,43
教育研究会　221,224
教育研究所（市教委）　45
教育研究（教研）全国集会　65,70
教育研修センター（県）　37
教育事務所（地方教育事務所）　36
教育職員の超過勤務手当について（人事院回答）
　　　　　145-146
教育長　36,44
教育庁　35
教育労働の特殊性　134,148,267
教職5年次研修　213-214
教職調整額　80,86,148,150
教特法（教育公務員特例法）
　——第19条　180,236
　——第20条　180,236
　——第25条の5　48,78,80
均衡の原則　48
勤務時間の弾力的運用　159
勤務評定　19,40,46,47
勤務を要しない日　158

具申（意見を申し出る）29,39,47,242,245
県教育研究集会　70,222,226
県知事交渉　112-115
限定4項目　160,167
　——の拡大解釈　170
県費負担教職員　38
権利点検（職場の）　73,166
広域人事　262
号数カット　122
校内研修の実施状況　200
公務員共闘（日本公務員労働組合共闘会議）　54
公務員連絡会（連合公務員労働組合連絡会）　54
心の居場所づくり総合推進事業　187

【さ行】

在職年数要件　261
三者協定（末尾４５分の自宅研修）　172
時間外勤務
　　——手当　89,140,141,145,150
　みなし——手当　137
　例外的——　139,151,160
仕事と報酬をめぐる（諸）ルール　20
市町村立学校職員給与負担法　38
実体的（substantive）ルール　20
指導課（市教委）　45
指導主事　37,45,194,196,203,204,214
指導、助言、援助　31
支部教研　222,224
充実した学校生活支援事業　187
修正超勤時間数　147
昇給
　枠外の普通——　83
　枠内の普通——　83
　特別——　84
職専免による研修　182

初任者研修　31
　——校外研修　207
　——校内研修　207
　——実施要項モデル　32
　——年間研修計画作成要領　208
人材確保法（学校教育の水準の維持向上のための義務教育諸学校の教育職員の人材確保に関する特別措置法）　29
人事異動
　——追跡調査　259-261
　——方針　242
　——をめぐる労使関係の構造　250
人事事務取扱要領　243
人事委員会
　——勧告　49,112
　——事務局長回答（人事院勧告前）　104-105
　——申入書（人事院勧告後）　107-112
人事院
　——勧告・報告　48,63
　——系列　21,27,105
　——実務者との交渉　57-58,61-62
　——総裁（との交渉）　58,62
　——に対する公開質問　143
人事対策委員会　69,248
　本部——　248,251
　支部——　72,248,255
　班——　73,249,255
進路指導研究　187
成績率（勤勉手当）　19,101

【た行】

代替措置（時間外勤務の）　166
地域で支える生徒指導モデル市町村　187
地教行法（地方教育行政の組織及び運営に関する法律）　28,31,38-40,41,42,241

地方公務員法
　第２４条３項　48,78
　第２４条５項　155-156
中学校生徒指導総合推進校（文部省）　187
中学校進路指導総合改善事業（文部省）　187
賃金水準問題検討委員会　59
賃金制度検討委員会　59
賃金体系　81
手当
　義務教育等教員特別――　30,86
　教育業務連絡指導――（主任手当）　30,92-95
　教員特殊業務――　30,89-92,161
手続的（procedural）ルール　20
当事者（actors）　22,26-27

【な行】

内申　29,39,45,241,245
日私教（日本私立学校教職員組合）　53
日大教（日本国立大学高専教職員組合）　53
日教組（日本教職員組合）
　――の構成単位　53
　――の組織人員の推移　51-52
　――の組織範囲　51

【は行】

配置転換　38,240,241
不登校児童生徒の適応指導総合調査研究（文部省）　187
へき地教育振興法第５条２項　80-81
ベースアップ（率）　119,124,126-128
俸給の調整額　82,87
俸給の特別調整額　87
俸給表（教育職（三））　82-84
俸給表の改定（行政職）　121-122
俸給表の改定（教育職（三））　122-124

訪問指導　196,204

【ま行】

まとめどり（週休日の）　59,159
民間給与実態調査　118
モデル賃金　85
文部次官通知発学
　第４６号　138
　第１６８号　139-140
文部省
　――訓令第２８号　90,153
　――系列　21,26
　――交渉　59

【や行】

優先希望人事　248,255
要請訪問　196

【ら行】

臨時教育審議会の第二次答申　31
労使関係論　20,21

【わ行】

割り振り（勤務時間）　138,157,159,161,169

274

【著者略歴】

中村圭介（なかむら　けいすけ）
1952年　福岡県生まれ
1976年　東京大学経済学部卒業
1985年　雇用促進事業団雇用職業総合研究所（現　日本労働研究機構）研究員
1990年　武蔵大学経済学部助教授
現　在　東京大学社会科学研究所教授、経済学博士

主要著書
『日本の職場と生産システム』、東京大学出版会、1996年
『電気通信産業の労使関係－歴史と現状－』（共著）、日本労働研究機構、1996年
『日本企業の品質管理－経営史的研究－』（共著）、有斐閣、1995年
『日本のソフトウェア産業－経営と技術者－』（共著）、東京大学出版会、1990年
『労働組合は本当に役に立っているのか』（共著）、総合労働研究所、1988年

岡田真理子（おかだ　まりこ）
1972年　神奈川県生まれ
1996年　東京大学経済学部卒業
現　在　東京大学大学院経済学研究科博士課程在学中、経済学修士

主要論文
「国家公務員の勤務評定制度 －戦後初期における制度導入・形骸化過程の分析」、社会政策学会誌第3号『社会政策における国家と地域』（お茶の水書房、2000年）所収

教育行政と労使関係

2001年5月31日　初刷発行	著　　者	中村　圭介
		岡田真理子
	カバーデザイン	髙岡　素子
	発　行　者	大塚　智孝
	印刷・製本	中央精版印刷株式会社
	発　行　所	エイデル研究所

〒102-0073 千代田区九段北4-1-11
TEL 03(3234)4641
FAX 03(3234)4644

© Keisuke Nakamura & Mariko Okada
Printed in Japan
ISBN4-87168-314-1 C3037